安靜，就是力量

內向者如何發揮積極的力量

Quiet

THE POWER OF INTROVERTS IN A WORLD THAT CAN'T STOP TALKING

蘇珊·坎恩——著
沈耿立、李斯毅——譯

國家圖書館出版品預行編目資料

安靜，就是力量：內向者如何發揮積極的力量 / 蘇珊・坎恩（Susan Cain）著；沈耿立、李斯毅譯. -- 二版. -- 臺北市：遠流, 2019.10
面； 公分
譯自：Quiet: The Power of Introverts in a World that Can't Stop Talking
ISBN 978-957-32-8650-9（平裝）

1.內向性格 2.人際關係

173.761 108014970

安靜，就是力量

內向者如何發揮積極的力量

Quiet: The Power of Introverts in a World that Can't Stop Talking

作者 蘇珊・坎恩 Susan Cain
譯者 沈耿立、李斯毅
執行編輯 陳希林
行銷企畫 高芸珮
封面設計 賴姵伶

發行人 王榮文
出版發行 遠流出版事業股份有限公司
地址臺北市中山北路1段11號13樓
客服電話02-2571-0297
傳真02-2571-0197
郵撥0189456-1
著作權顧問蕭雄淋律師

2012年10月1日 初版一刷
2019年11月1日 二版一刷
定價 新台幣380元（如有缺頁或破損，請寄回更換）

YLib 遠流博識網 ISBN 978-957-32-8650-9
遠流博識網http://www.ylib.comE-mail: ylib@ylib.com

目次

如果每個人都像巴頓將軍，都像梵谷，那麼人類這個物種是不會成功的。我比較喜歡這樣想：這個世界需要運動員、哲學家、性感女神、畫家和科學家。世界不但需要古道熱腸的人，也需要冷酷無情，甚至是軟弱無力的人。在這個世界上，有人竭盡畢生精力研究在哪種狀況下狗的唾腺會分泌幾滴唾液，有人能夠在十四行詩中捕捉稍縱即逝的櫻花美景，有人能用二十五頁的篇幅詳細描繪一個小男孩躺在暗室中等著媽媽親吻他道晚安……這些人我們都需要。在某個領域裡面展現強項，就代表必須將原本可投注在其他領域的才智、能力轉移投入這個領域內。

——艾倫．尚恩①

作者序

我從二〇〇五年開始正式寫這本書，但其實自從我長大成人以來，我一直都在書寫這本書的內容。我曾針對本書涵蓋的議題和成千上萬的人交流過，也拜讀過很多著作、學術作品、雜誌文章、網路聊天室的討論以及部落格文章，有些作品我在書中有提到名字，其他沒出現名字的也啟發了我每字每句的靈感。《安靜，就是力量》靠著眾人協助才能付梓，特別是讓我獲益良多的學者及研究人員。然而，為了增加本書的可讀性，有些名字只列在附錄或謝詞中。

也是有基於此，某些引語並沒有用括號或引號，不過我有注意到不要讓我另加或刪減的字改變了講者或作者的本意。如果你想引用這些書面資料的原始版本，附錄中可找到引用的原出處。

我更改了一些故事中人物的姓名及可辨識的細節，以及我自己當律師及顧問時發生的故事，例如在第五章中提到的演講工作坊。當初參與工作坊的學員們並不知道自己後來會被寫入書中，為了保護他們的隱私，我第一堂課的故事是從不同的經驗中拼湊出來的；葛瑞格和艾蜜莉的故事也是從許多情況相同的朋友中訪問而來。由於人的記憶力有限，我都是依據實情或是他人告訴我的內容重述書中其他故事。我並沒有查證別人告訴我的人生故事，但只寫下了我認為屬實的內容。

前言

內向外向大不同

一九五五年十二月一號的傍晚，美國阿拉巴馬州的蒙哥馬利市，一輛公車緩緩進站。一位穿著樸實、四十多歲的女士上了車。雖然她這一整天都在市區內費爾百貨公司昏暗的地下室裡彎著身子燙衣服，但她的身形依舊挺立，只不過她的腳都腫了，肩膀也很酸痛。她坐在有色人種座位區的第一排，靜靜看著上車的人越來越多。接著，公車司機命令她讓位給一個白種乘客。

這位女士回應了一個字。以這個字為起點，二十世紀最重要的民權運動之一得以開展，美國社會也因此而得到進步。

她說：「不。」

司機威脅說要叫警察逮捕她。

「請便。」羅莎．帕克絲說。

警察到了，問帕克絲為什麼不肯讓位給白種人。

她只回答：「你們為什麼老是這樣欺負我們？」

「我不知道，」他說：「但是法律就是法律，我必須逮捕妳。」

她因違反社會秩序而遭移送法院。開庭當天下午，「蒙哥馬利權利促進協會」②在該市霍爾特街的浸禮會教堂為帕克絲舉行集會，這裡是全市最貧窮的區域，有五千人聚集支持帕克絲勇敢的行為，人群擠滿了教堂內的長凳，進不去教堂的人則耐著性子在外等待，聽著擴音器傳出馬丁．路德．金恩牧師的演說：「我們厭棄鐵蹄壓迫的時刻已經到了！我們再也不想被人從七月的耀眼陽光中驅逐，我們再也不想站在十一月的阿爾卑斯山頂，忍受刺骨的寒風。」

金恩牧師讚揚帕克絲的勇氣，接著擁抱她。她靜靜站著。光是她的出現，就足以激起群眾的鬥志。促進會發起全市抵制公車的運動，長達三百八十一天，大家徒步走很遠的路去上班，或是跟陌生人搭車共乘。他們從此改變了美國歷史的發展。

我一直想像羅莎．帕克絲是個頭高大、聲如洪鐘又性格剛烈的人，能夠毫不猶豫挺身面對公車內憤怒的乘客。但她在二〇〇五年以高齡九十二歲過世時，所有的訃告都形容她輕聲細語、個性和善、身材嬌小。大家說她「生性靦腆害羞」，但又有「如雄獅般的勇氣」，而且訃告中隨處可見「極其謙卑」或「沉默剛毅」之類的字眼。到底又沉默又剛毅是什麼意思呢？這些詞句其實問出了一個問題：一個人怎麼能既害羞又勇敢？

帕克絲自己似乎意識到這個矛盾，所以將她的自傳命名為《沉靜的毅力》。這個書名也促使我們思考我們現有的觀點：為什麼「沉默」不能是一種力量呢？我們還忽略了什麼其他沉默的優點？

個性，如同性別或種族，對我們的人生有深遠的影響。個性中最重要的一點就是我們在內向或外向量表上的落點。內向或外向，正如一位科學家所形容的，是一種「南轅北轍的特性」。我們究竟是內向還是外向，決定了我們對朋友和伴侶的選擇、說話的方式、如何解決差異問題以及表達情感的方式，也影響我們的職業選擇，以及我們是否能在職場有成就。偏內向或外向決定我們是否喜愛運動健身，是否會有外遇，能否在睡眠不足的情況下照常運作，能否從錯誤中學習，是否會在股市豪賭，會不會「急著吃掉眼前的棉花糖」，是不是成功的領導者，以及會不會顧慮「凡事總有萬一」等③。我們是內向還是外向，反映在我們大腦的路徑、神經遞質以及神經系統的偏遠角落中。今日內向與外向是人格心理學這個領域裡著墨最多的兩個主題，有數以百計的科學家竭盡心力研究。

這些研究人員在最新科技的協助之下有了令人興奮的發現，但是這些發現其實早就存在於長久以來人盡皆知的傳統之中。自古以來，詩人和哲學家都在思索內向和外向的含義；聖經中以及希臘羅馬醫學家的著作中都能找到這兩種人格類型。某些演化心理學家更指出，內、外向的歷史源頭比聖經更淵遠：動物界就能看到內向和外向之別，我們在本書稍後會探討到果蠅、駝背太陽魚和恆河猴的例子。正是因為有了內向與外向之別，加上其他的形容詞配對如陽剛和陰柔、東方及西方、開放與保守等等，人類才會變得獨特。人類如果缺乏內向與外向這兩種性格特質，數量恐怕會大幅減少。

就以羅莎・帕克絲和馬丁・路德・金恩這兩人的合作關係為例。假如一位口若懸河的演講者在種族分隔的公車上拒絕讓座，所能發揮的效果將會低於另一位態度謙遜、非在緊急情況下不會發怒的女性。如果要帕克絲站出來發表「我有一個夢」的演說，那麼她並沒有激勵群眾的本事。然而，有了金恩的協助，她無需面對群眾發表演講。

但是今日社會裡我們只接受少數幾種人格特性。我們相信大膽才是好事，要開心就得擅於社交。我們自詡為外向的國家，這樣也就意味著我們忘了自己到底是怎樣的人。多份研究指出，三分之一到半數的美國人個性內向，也就是說，在你認識的人中，每兩、三個就有一個生性內向。美國是公認相當外向的國家，因此其他國家的數據至少也應該和美國相同。就算你本人不內向，你的小孩、下屬或配偶當中一定有一個人是內向性格的。

如果上述數據讓你大吃一驚，大概是因為很多人都假裝自己天性外向。很多還沒出櫃的內向者躲藏在操場、高中更衣室和企業裡面。有些甚至裝外向裝到連自己都被騙過去，直到生命中出現轉捩點，例如被裁員、進入空巢期或是突然繼承遺產而可以花時間做自己想做的事，他們才醒悟過來，回歸本性。你不妨向朋友或認識的人提起這本書的主題，你就會知道很多外表看起來不太內向的人其實認為自己很內向。

很多內向者甚至不願意面對自己，這是有原因的。我們生活在一種我稱之為「外向理想」的價值系統中，也就是大家都認為理想的自我形象是合群、有主導能力，並且在聚光燈之下如魚得水的。最典型的外向人格強調行動而不愛三思，好冒險不喜照料他人，自信且不自疑；他們喜歡當機立斷，即使有可能出錯也不在乎。外向的人擅長團體工作，在社交圈裡如魚得水。我們都認為自己是崇尚多元價值的人，但是事實上大部分的人只欣賞一種人，也就是對於成為檯面上人物感到很自在的人。當然，我們也容忍精通電腦的宅男盡量宅下去，愛多宅有多宅，但他們是特例，不是原則，而且我們也只肯容忍那些很有錢的宅男，或者那些有可能變得很有錢的人繼續宅下去。

內向的特質，以及內向者常擁有的特質如敏感、嚴肅和害羞等，現在已經變成次等的人格特質，讓人對內向性格者失去信心，覺得他們有病。內向者活在「外向理想」的價值體系裡，就很像女人在男人稱霸的世界裡打拼，總是因為自己本身的特性而被打了折扣。外向的確是相當吸引人的人格形態，但是我們已經把外向變成一種壓迫性的標準，讓大部分的人都覺得自己應該外向才好。

「外向理想」的價值觀已經散見於很多研究中。舉例來說，一般認為多話的人比較聰明、外型佳、較有趣，也比較多人想跟他們交朋友。講話的速度和量都有影響：我們認為講話快的人比講話慢的人能力強又討人喜歡。群體中的互動也是如此，雖然具有閒聊瞎扯的能力並不代表他能提出什麼好主意，不過研究依然顯示大家都覺得健談的人比沉默的人聰明。連「內向」都成了暗藏貶意的詞彙，美國心理學家羅莉．賀爾格曾經做過非正式的研究，發現內向者能夠用生動的詞彙形容自己（藍綠色的眼睛、異國情調、顴骨很高），但若要求這些內向者來描述其他內向者的長相時，他們描繪出來的形象相當平淡又令人反感（難看、中性色、皮膚不好）。

我們想也不想就吹捧外向，其實是犯了嚴重的錯誤。人類一些最偉大的思想和發明，從演化論到梵谷的〈向日葵〉乃至個人電腦，都出自沉默寡言又聰明過人的人。這些人深知要如何傾聽自己的內心世界，也知道在自己的內心世界可以找到寶物。沒有內向的人，這個世界就不會有：

萬有引力
相對論
葉慈的《二度降臨》
蕭邦的〈夜曲〉
普魯斯特的《追憶似水年華》
《小飛俠》
歐威爾的《1984》和《動物農場》
《魔法靈貓》
查理．布朗
《辛德勒的名單》、《E．T．》以及《第三類接觸》
谷歌
哈利波特

正如作家、科學記者溫妮菲．加拉赫所言：「能夠停下來思索，而不是追尋刺激的個性，長久以來都與學術和藝術成就息息相關。相對論和《失樂園》都不是派對動物在匆忙之間完成的。」即使在某些與內向比較無關的職業當中，例如財經、政治和激進運動，有些偉大的進展還是由內向者帶動的。這本書中我們會看著名人物如伊蓮諾・羅斯福、高爾、華倫・巴菲特、甘地和羅莎・帕克絲等是如何受到內向的助力而成功，而不是因為內向而受阻。

然而，本書中將會提到，很多現代生活中最重要的制度，都是為了喜歡團體活動、喜歡大量刺激的人所設計的。小學教室裡的桌椅安排，往往是為了鼓勵群體學習。研究也指出大部分教師認為理想的學生是外向的學生。電視節目的主角早已不是早期的「鄰家小孩」如《小英雄》和《脫線家族》中的辛蒂，而是性格誇張的搖滾巨星和網路節目主持人，像是孟漢娜、強納斯兄弟和《愛卡莉》裡的卡莉。就連公共電視台出資、專供學齡前小朋友收看的《席德科學小子》，人物在出場時也都先跟朋友表演一段熱舞（「看我舞藝超群，真是個明星！」）

成年之後，很多人上班的地方都強調團隊精神，辦公室沒有牆壁相隔，主管們也都重視「人際能力」。為了打拼事業，我們必須厚著臉皮自我推銷。能獲得研究資金的科學家通常很有自信，或甚至過度有自信。作品能夠展示在當代美術館牆上的藝術家，通常也能在畫廊藝展開幕時擺出自信的神態。以往出書的作家都是深居簡出，但是現在行銷人員都要先檢討作家們有沒有能力上談話性節目。（幸好我說服了我的出版社，說我能輕易裝扮出外向性格，到外面推銷書，否則我這本書就永無出版之日。）

如果你生性內向，你就一定知道大家對於害羞的人都有偏見，這種偏見可能造成深刻的心理痛苦。小時候，你或許無意間曾經聽到父母為你的害羞而道歉（我訪問過一個人，他的父母求好心切，曾經反覆問他：「你為什麼不能像人家甘家的小男生一樣？」）。或者你曾經在學校裡一直被師長提醒，要你不要「龜縮」。師長們只會使用這個令人討厭的形容詞，卻無法領會有些動物（以及人）走到哪都帶著一個殼的妙處。有個網路社群叫做「內向者避難所」，成員用電子郵件聯繫，其中一個人這樣寫道：「我小時候聽到的所有評語都還在我耳邊迴盪：我懶惰、愚笨、遲緩又無趣。等我長大以後才瞭解自己是內向性格，可是到了這時候我心裡已經有個根深蒂固的想法，認為『我自己應該是有哪裡不對勁』。真希望我當初早點知道為何我缺乏自信，然後把情況加以改正。」

即便你長大了，有時你為了想在家讀一本好書而婉拒了別人外出用餐的邀約，這時你可能還是會感到有點對不起人家。常有人用「活在自己的世界裡」這種說法來攻擊那些比較沉默、比較喜歡思考的人。聽到這種說法，你可能也會有點罪惡感。

其實，我們對這些人有另一種稱呼：思想家。

內向者要瞭解自己的才能，是一件非常不容易的事情；不過當他們明白自己的強項之後，又能發揮極大的力量，這些我都親眼見證過。十多年來我協助過各行各業人士訓練談判技巧，包括企業律師、大學生、基金經理、夫妻、媒體負責人和社工。課程一開始當然是基本功，包括如何準備談判、何時提出條件、當另一方說「不接受就拉倒」時又該怎麼辦。但是我也幫助客戶瞭解自己的天生個性，以及如何把自己的天生個性做出最佳的發揮。

我第一個客戶是一位名叫蘿拉的年輕女性，她是華爾街的律師，但是生性害羞，愛做白日夢，很害怕受到太多人的注意，並且討厭爭執。她在哈佛法學院唸書的時候，都是在大班級上課，教室就像古羅馬的環形競技場，有一次她緊張到竟然在前往上課的途中吐了出來。可是她卻糊裡糊塗就通過了哈佛法學院嚴酷的考驗，現在她真的成為了律師，只不過委託的當事人期盼的是一位強而有力的代表，她不知道自己的能力是否足夠。

蘿拉剛開始工作的前三年，資歷還太淺，沒有機會測試自己。但是有一天她上頭的資深律師去度假，放她一個人負責重要的談判。當事人是南美洲的製造商，眼看著就要付不出銀行貸款，所以希望能和銀行重新討論貸款的條件。債權人銀行的代表和他們在談判桌上相對而坐。

蘿拉其實很想躲到桌子底下，但是她已經習慣於忽略自己這種衝動。蘿拉很勇敢地（又很緊張地）在兩位客戶中間的主位坐下：一邊是南美製造商的法律顧問，另一邊坐著資深財務主管。這兩人剛好是蘿拉最喜歡的客戶，因為他們既親切又輕聲細語，跟她事務所通常代表的當事人不一樣，那些人老以為自己是宇宙中心。蘿拉曾經帶那位法律顧問去看洋基隊打球，又陪資深財務主管一起為她的妹妹買皮包，不過這些氣氛輕鬆、蘿拉喜歡的社交場合，此刻在談判桌上感覺起來都相當遙遠。談判桌的對面是九位投資銀行家和他們的律師，每個人都穿著合身的訂製西裝和昂貴皮鞋，面色凝重。對方律師是位方下巴、個性爽朗的女士，她顯然相當有自信，立刻切入重點，開始口若懸河向蘿拉解釋說銀行願意開給蘿拉的當事人這些條件，已經算他們幸運了，這些條件真的很寬厚了。

大家都等著蘿拉回話，她卻什麼也說不出來，她只是呆坐在原地眨眼睛，大家都在看她，她左右兩位客戶也緊張起來，在座位上調整了一下坐姿。她的思維陷入熟悉的惡性循環：我實在太不會說話，我沒辦法勝任這個工作，我既不愛出鋒頭又太愛胡思亂想。蘿拉開始想像誰會比她更適合這個工作，應該是個大膽又圓滑的人，而且隨時有拍桌的準備。在學校裡，這種人跟自己完全不同，他們很外向。記得以前七年級的時候，稱讚人家「很外向」就等於是最高等級的讚美了，比稱讚女生「很漂亮」或男生是「運動健將」都還要更高一個層級。想到這裡，蘿拉默默發誓：她只要活過今天，明天立刻去找新的工作。

接著蘿拉想起我一直告訴她的事：她很內向，可是內向的人在談判桌上卻具有獨特的優勢，這種優勢可能比較沒那麼外顯，但一樣厲害。她會比別人準備更充分，她說話的方式雖然輕柔但是很堅定，話說出口前都經過深思熟慮。正因為她個性溫和，所以就算她展現強勢或甚至來勢洶洶，都不會讓人覺得太過分。她常常問很多問題，並且認真聆聽別人的答案——這個特質尤其重要，一個談判者無論個性內向外向，如果談判要成功一定要認真聆聽別人的答案。

所以蘿拉總算開始順應本性做出反應。

「我們先回到前面一點，你們提出的數據是怎麼計算出來的？」她開始提出一連串的問題。

「如果我們用這種方式來貸款，你們可以接受嗎？」

「那樣呢？」

「還是用這種方法？」

剛開始她提問題的時候都還有點怕怕的，接著越問就越帶勁，提問的力道越來越強，清楚展現出自己是有做功課的，絕不會針對事實讓步。同時她也忠於自己的風格，絕不跟人家大小聲或是失禮。每當談判桌對面的銀行家表示這已經是他們的底線了，蘿拉都試著問出有建設性的問題：「你確定真的只能這樣？如果我們用別的方法看呢？」

最後，她簡單的問題改變了談判桌的氣氛，這簡直就和談判教科書裡的內容一模一樣。銀行家收起了「雄辯滔滔」和「強勢逼人」等這種蘿拉感到棘手的態度，他們開始進行真正的對話。

談了很久還是沒有結果，其中一個銀行家火大了，把文件一摔就離開談判室。蘿拉沒有理會，主要是因為她也不知道該怎麼辦。不過，事後另一個銀行家告訴她說，那就是整個事情的轉捩點，在那個關鍵點上，蘿拉完美展現了「柔術談判」的最精髓。可是對蘿拉來說，在那個關鍵點上，她只是一個天性害羞的人，在一個眾人吵個沒完的世界裡做著自己該做的事。

最後兩邊終於達成協議。銀行家離開了，蘿拉最喜歡的當事人搭飛機回南美，而她自己回到家裡窩在沙發上看書，試著忘記今天的緊張氣氛。

第二天早上，銀行家的領頭律師，就是那個方下巴、精力旺盛的女士，打電話給蘿拉要提供一個工作機會給她。那位女士說：「我從來沒有看過這麼溫柔又這麼強悍的人。」再過一天，領頭的銀行家也打電話給蘿拉，問她的事務所願不願意代表他的公司，「我們要找的人是能夠達成協議的人才，我們不要太自大的人。」他說。

蘿拉堅持自己溫和的風格，不但讓事務所多了筆生意，還讓自己多了個工作機會，完全沒有必要跟人大小聲或是拍桌。

到今天，蘿拉已經瞭解「內向」是她個性中不可或缺的一部分，而她也接受了自己愛思考的天性。最近，她頭腦裡比較少出現一種指責她太沉默寡言又不愛出鋒頭的聲音了。蘿拉知道，她無論在什麼環境，都能怡然自得。

☪

我說蘿拉這個人「很內向」的時候，到底是什麼意思？剛開始寫這本書的時候，我的首要之務就是找出學者到底如何定義「內向」和「外向」。我知道在一九二一年間，著名的心理學家卡爾・榮格出版了一本引起軒然大波的書《心理類型學》，認為內向和外向是人類個性的基石，從此炒熱這兩個名詞。榮格說，內向者面對圍繞在他們身旁的事件時，傾向於去思考這些事件的意義，而外向者則直接投入這些事件裡面。內向者趁著獨處時充電，外向者則是在社交活動不足時才需要充電。今日大部分的大學和《財星雜誌》百大企業都採用ＭＢＴＩ邁爾斯─布里格斯性格分類法④讓學生或員工瞭解自己的性格，而這個分類法就是以榮格的思想為基礎發展出來的。如果你曾經做過這個測驗，那麼你可能已經知道內向和外向的概念了。

但是當代的研究者又有什麼看法呢？我很快就發現，無論是針對外向還是內向，世界上並沒有一體適用的定義。外向或內向並非是一種單一的分類，像是「捲髮」或「十六歲」這種大家沒有意見的分類。舉例來說，心理學上有「五大性格特質」之說，認為人的性格可以歸類成五種主要類型，信奉這種說法的人在描述內向者的時候不會形容他們「有豐富的內在生活」，而會說他們「言談沒自信而且欠缺社交能力」。世界上有多少位人格心理學家，就會有多少種針對內向和外向而下的定義。人格心理學家花費大量時間爭論到底誰的定義比較精確，有些心理學家認為榮格的想法已經過時了，有些則認為榮格是唯一下對定義的人。

然而，今日的心理學家們多少還是有點共識。舉例來說，大家都同意內、外向這兩種類型不同之處，就在於他們需要多少外界刺激。內向者覺得少量刺激比較好，譬如說跟好友把酒言歡、玩填字遊戲，或是看書。外向者喜歡熱鬧，譬如說認識新朋友、從險峻的山坡上滑雪往下衝，或是用超大音量聽音樂。任教於密西根大學的人格心理學家大衛．溫特博士解釋，典型的內向者度假時不喜歡搭郵輪和大夥一起鬧哄哄的開趴，反而喜歡一個人靜靜的在海灘上閱讀，原因是內向者認為「其他人太吵了」，這些很吵的人會在內向者心中激起恐懼，讓他們想逃離，使他們感到威脅。對內向者來說，一百個人構成的群體實在是太吵了，比一百本書還要吵，比一百粒細沙還要吵。

心理學家也同意，內向者和外向者工作的方式不同。外向者動作很快，會快速下決定（雖然這些決定有時過於草率），也比較會一心多用，比較願意冒險；他們喜歡追逐快感，追逐金錢和地位。

內向者動作比較慢，比較小心，他們喜歡專心做一件事情，有過人的專注力，通常不太在乎財富和名聲。

我們的個性也決定我們的社交模式。外向者能讓你的晚餐派對增色不少，在你說笑話的時候大笑。他們通常個性武斷，喜歡主導，並且需要別人陪伴。外向者思考速度很快，表達得也快，愛講話，比較不喜歡聆聽，很少會有詞窮的時候，有時候話講出口的速度太快，結果講出的話和自己的意思相反。他們不畏懼衝突，但害怕孤獨。

相反地，內向者雖然也可能擁有高明的社交技巧，可能喜歡跑趴或參加商務會議，但是過了一會兒之後就希望自己能穿著睡衣宅在家裡。他們喜歡把自己的社交精力投注在好友、同事和家人身上。他們聽得多講得少，並且比較容易從寫作而不是從對話中表達自己的意見。他們不喜歡衝突。他們很討厭閒談瞎扯，但是喜歡有意義的討論。

然而，「內向」並不是代表隱士或厭棄人群的人[5]。有些內向者可能是隱士，可能厭棄人群，但是大部分內向的人都很友善。英文裡最具有人性關懷的一個詞句是「一定要（和別人）連結」，這句話出自顯然很內向的英國作家福斯特之筆。他在《此情可問天》這部小說裡探討的問題是如何才能達到「人性關愛的最高點」。

內向者也未必是害羞的人。害羞的定義是害怕羞辱，害怕社會一般人對自己不認同。然而內向只是喜歡「刺激程度不要太強」的環境而已。害羞必定很痛苦，內向則不會，而大家會把害羞和內向這兩個觀念搞混，原因是這兩者有時候會重疊（只是心理學家對重疊的程度尚無共識）。你可能是害羞的外向者，像芭芭拉．史翠珊，她的個性非常鮮明，但是怯場到不行。你也可能是不害羞的內向者，像比爾．蓋茲，他不愛管人閒事，也不受別人閒言閒語的影響。當然，你也可能兩者都是。詩人T．S．艾略特相當注重隱私，他在〈荒原〉一詩中寫下自己可以「在一掊塵土裡讓你看到恐懼」。很多害羞的人變得內向，可能是想保護自己，因為與人交際讓他們很痛苦；但是很多內向者變得害羞，部分原因可能是他們從別人的反應中獲悉自己「喜歡沉思」這件事情不太對勁，另一部分也是因為他們的心理狀態讓他們不願參與刺激太多的環境。這一點之後還會詳述。

雖然內向和害羞有所不同，但兩者其實有一些很重要的共通點。當一個害羞的外向者安靜坐在商務會議裡，此時他的心理狀態可能與會議上另一位冷靜的內向者完全不同——害羞的外向者害怕發言，冷靜的內向者只是覺得這種會議環境的刺激太多了。可是在外界看來，這兩個人的行為完全一樣。瞭解這一點之後，那麼無論是內向還是外向的人都可以體會到，因為我們整個社會都爭著要當第一名，這樣反而讓人看不見那些美好、聰明與睿智的事物。雖然各自的原因不同，可是害羞的人和內向的人都可能決定要做幕後的工作，例如發明、研究、照顧重病患者或是安靜且成功地擔任領導者。他們不是最受矚目的角色，但是扮演這些角色的人仍是好榜樣。

如果你還是不知道自己到底內向還是外向，你可以做個測驗。若敘述符合你的狀況就回答「是」，若不符合你的狀況就回答「否」⑥。

1. 我比較喜歡一對一的對話多過團體活動。
2. 我喜歡用寫作表達自己。
3. 我喜歡獨處。
4. 比起同儕，我比較不在意財富、名聲及地位。
5. 我討厭閒聊瞎扯，但是我喜歡深談自己有興趣的話題。
6. 大家都說我擅於聆聽。
7. 我不太愛冒險。
8. 我喜歡可以讓我專心投入、不受打擾的工作。
9. 我喜歡小規模慶祝生日，只跟親近的朋友或家人慶祝。
10. 大家形容我「輕聲細語」或「溫和圓融」。
12. 工作完成之前，我不會跟人討論或是給別人看。
13. 我討厭衝突。
14. 我獨力工作最有效率。
15. 我在話說出口前會先想過。
16. 我在外奔波之後總是精疲力盡，即使玩得很開心也一樣。
17. 我常常讓電話轉接語音信箱。
18. 如果可以選擇的話，我寧願整個週末什麼也不幹，不要有太多計畫。
19. 我不喜歡一心多用。

20. 我很容易專心。
21. 上課的時候，我寧願聽講課，比較不喜歡參與專題討論。

你回答的「是」愈多，大概就愈內向。如果你的答案裡面「是」和「否」大約各占一半，你有可能是個既內向又外向的雙向性格者。這個名詞不是我發明的！

但即使你全部都回答「是」或全部都回答「否」，這也不表示你在每種狀況中的行為都是可預測的。我們沒辦法一概而論說內向者都是書蟲，或是外向者都會身穿奇裝異服出席派對，正如我們不能一概而論說女人天生就願意接受他人意見而男人都喜歡激烈運動。不過榮格曾經巧妙地說過：「沒有純粹的內向者或外向者，這樣的人是要關到精神病院的。」

這麼說的原因，一方面是因為我們是精細繁複的個體，另一方面也是因為內向者和外向者的種類很多。內向和外向這兩種性格，加上其他種類的人格特質及個人生命歷史，這些因素交互作用之後會產生出差異相當大的人。如果你是個很有藝術天分的美國男性，但是你父親一直希望你能跟你那些粗魯的哥哥一樣加入美式足球隊，那麼你的內向類型會與一個父母是燈塔看守人的芬蘭女生意人很不一樣。（芬蘭是個出了名的內向的國度。在芬蘭有個笑話：你怎麼知道芬蘭人喜歡你？看他是盯著你的鞋子還是盯著自己的鞋子。）

很多內向者也具有「高度敏感」的特性。這個詞聽起來很文謅謅的，但是其實是心理學的術語。如果你很敏感，則你會比一般人更容易受到貝多芬的〈月光奏鳴曲〉、優美的詞彙以及超乎尋常的仁慈表現所感動。你對暴力和醜惡的容忍度低於他人，你也可能有很強的良知。你小時候大家可能認為你很「害羞」，所以到今天你在「被人評量」的場合裡還是容易緊張（例如演講或初次約會）。我們稍後會探討為什麼同一個人會有這些看起來如此不相干的特質，以及為什麼這種人通常很內向。（有多少內向的人同時具備有高度敏感特質？這一點沒有人知道。但是我們知道百分之七十敏感的人很內向，而另外百分之三十則是說他們需要很多「獨處的時間」。）

以上提到這麼多複雜多變的狀況，意味著你在閱讀本書的時候，就算你自認是個百分之百的內向者，本書內容也不可能完全符合你的情形——例如書中有相當篇幅探討害羞和敏感等主題，但你這位內向者可能一點也不害羞，一點也不敏感。其實這樣也沒關係，只要取用書中那些符合你情況的內容就好，剩下來的內容可以拿來當參考，協助你改善你和其他人的關係。

當然，本書也不能完全忽略名詞定義。對於學者來說，定義完整的名詞非常重要，因為他們在研究中必須探究內向的界限在哪裡，以及其他特質（例如害羞）的界限在哪裡。不過，在本書裡面我們比較注重這些學者研究的「結果」。今日的心理學家與腦神經學家攜手合作，在掃描人腦的儀器協助之下有了重大發現，能夠改變我們看待這個世界以及自己的觀點。學者已經能夠回答以下這類的問題：為什麼有些人話很多，有些人卻小心斟酌字句？為什麼有些人總是埋頭工作，有些人卻喜歡在辦公室裡面舉辦慶生會？為什麼有些人喜歡指使別人，有些人卻不喜歡帶頭也不喜歡被拖著走？內向的人能當領袖嗎？我們的文化喜歡外向，到底是自然而然發展的結果還是受社會因素的影響？從演化的觀點來看，內向這種特質能保存下來一定有其原因，這個原因又是什麼？如果你是內向者，你應該順其自然發揮自己的能力，還是像蘿拉在談判桌上一樣勉強自己？

答案可能會讓你吃驚。

如果你能從這本書裡面學到一件事，我希望你學到的是忠於自己的本性。我保證，這樣會改變你的人生。記得我告訴你我第一個客戶的故事嗎？我為了隱匿她的身分，所以叫她蘿拉。

那是我的故事。我是自己的第一個客戶。

【編按】原書共列舉近五百處註釋。為便利讀者閱讀時的順暢，不干擾內文原意，除少數地方之外，中文譯本註腳未全數列出作者的研究資料。若讀者對本書所提到的研究有興趣，欲知學者原文姓名、發表之時、地與書籍、期刊之名稱等資料，請至臉書「閱讀再進化」留言索取並註明電郵地址，我們立即以電子郵件免費寄奉。

①艾倫．尚恩（Allen Shawn，生於一九四八年）美國知名音樂家、作家兼教育家，本身患有焦慮及恐慌症。

②蒙哥馬利權利促進會（Montgomery Improvement Association）是由著名民權運動領袖馬丁．路德．金恩博士等人於一九五五年十二月間因應羅莎．帕克絲案而成立的團體，後來推動「蒙哥馬利公車抗議運動」，在美國民權運動歷史上扮演重要角色。

③這幾個問題的答案如下：運動健身：外向。有外遇：外向。睡眠不足仍能照常運作：內向。從錯誤中學習：內向。豪賭一把：外向。眼前有利益就急著馬上享用：外向。成功的領導者：視情況而定，內向與外向者都

能成為成功的領導者。顧慮凡事有萬一：內向。

④MBTI是一種人格分類的方式，由美國學者凱瑟琳．布里格斯（Katherine Cook Briggs）於廿世紀初期開始研究，經其女伊莎貝爾．邁爾斯（Isabel Briggs Myers）承續後不斷觀察統計而成。經過多年來的發展，此法已成為全球各地採用的性格測試及分類法，在教育界、職場、領袖訓練及個人發展等領域均有廣泛的應用。

⑤「內向」和亞斯柏格症很不一樣。亞斯柏格症是一種泛自閉症的障礙，患者有社交互動的困難，例如他們比較難判讀對方的面部表情與肢體語言。內向者和亞斯柏格症患者同樣會在社交情境下感覺到無法負荷，似乎快要被淹沒了似的。不過內向者和亞斯伯格症患者最大的不同，在於內向的人經常擁有高超的社交技巧，而且通常來說內向者會佔總人口數的三分之一到一半，但是每一千人到五千人中間才會出現一位亞斯伯格症患者。參見National Institute of Neurological Disorders and Stroke, Asperger Syndrom Fact Sheet, http://www.ninds.nih.gov/disorders/asperger/detail_asperger.htm.

⑥這是一個非正式的測驗，並不是有科學依據的人格分類測驗。問題所敘述的內容都是當代學者所認可的內向者性格描述。

第一篇

外向是主流

第1章 外向的崛起：外向性格爲什麼會變成文化理想

陌生人用犀利、批判的眼神看著你。你有信心嗎？你怕他們的眼光嗎？

——伍德柏里肥皀平面廣告，一九二二年

時間：一九〇二年。地點：美國密蘇里州諧和教堂鎮，這個地方在地圖上只是一個小點，位於沖積平原上，距離堪薩斯市一百英里。人物：高中生戴爾，年輕、善良但充滿不安全感。

戴爾身材瘦小，不是典型的運動少年，個性焦躁，是養豬戶的兒子，家庭道德標準很高，但永遠處在破產狀態。他很尊敬父母，又很怕自己會跟隨他們的腳步踏上貧窮的道路。而且他還擔心其他的事：打雷閃電、下地獄，還有自己在關鍵時刻說不出話來。他甚至害怕自己結婚那一天，萬一他看著未來的太太，一句話都擠不出來，那該怎麼辦？

一天，有個「肖托夸終身教育運動」的講者來到戴爾的家鄉。這個終身教育運動於一八七三年在紐約州的肖托夸湖畔興起，該組織把有天分的講者送往全國各地演講，題目包含文學、科學和宗教，對美國的鄉下人來說這些演講非常珍貴，等於從外界帶來一絲繁華氣息，各地聽眾也非常崇拜那些講者震懾全場的魅力。那位前去戴爾家鄉的演講者提到自己白手起家發跡的故事，這件事深深吸引了年輕的戴爾：那位講者以前只是個看不見未來的農莊男孩，但是後來他培養出能令聽眾著迷的演講風格，成為肖托夸運動的一員，到處站上講台演講。戴爾把每一個字都聽進去了。

幾年之後，戴爾再度深切體會到優秀的公開演講能力是何等的可貴。他們家搬到密蘇里州華倫斯堡三哩外的農場，以便讓他上大學時可以住在家裡，省下食宿費。戴爾發現，在校園內贏得演講比賽的學生，都成為其他學生眼中的領導人物，所以他立志要成為很會演講的領導人，每場演講比賽他都參加，每天晚上都衝回家練習。雖然他相當執著，但畢竟不是天生的演說家，所以一輸再輸。然而，他的努力漸漸有了回報，他搖身一變成為演講比賽冠軍和校園風雲人物，其他學生紛紛前來請他傳授演講的祕訣，他開始訓練其他學生，被他訓練過的人也贏了比賽。

一九〇八年戴爾大學畢業。此時他的父母還是很窮，但是美國企業的發展正如火如荼。亨利・福特的T型車打出「送貨、生活兩相宜」的口號而熱賣；潘尼連鎖百貨公司、伍沃斯平價商店、西爾斯百貨公司、A&P超市以及雷明頓牌打字機已經成為家喻戶曉的廠牌。中產階級的家中開始有了電力，家裡的沖水馬桶讓他們半夜不用跑去屋外上廁所。

在新的經濟型態底下，需要具備全新能力的工作人才：業務人員。他們必須是社交高手，帶著滿面笑容，握手時熱忱有力，既能與同事相處愉快，同時又能在工作表現上贏過他們。戴爾加入了業務大軍行列，他不用帶多少東西上路，只要記得他的三寸不爛之舌就好。

戴爾的姓氏是卡內基（原本應該是卡耐基，但是他後來改了拼法，很可能是為了仿效偉大的實業家安德魯．卡內基），他在亞模肉品公司賣了幾年牛肉之後就開業教演說，第一堂課是在紐約一二五街上的基督教青年會夜校開課。他向校長要求一般夜校教師的薪水，也就是一堂課兩美元，可是校長不相信公眾演講課能招到學生，因此不願意付這筆薪水。

結果這門課一夜成名，後來卡內基還成立卡內基學院，致力幫助生意人戰勝不安全感。這份不安全感，在他年輕時屢次使他裹足不前。一九一三年他出版了第一本書《如何有效溝通並影響他人》，書中他寫道：「在鋼琴和浴室還不普及的年代，大家認為演講能力是獨特的天賦，只有律師、神職人員及政治人物才需要；今日我們才慢慢瞭解，在競爭激烈的商務世界中，這是不可或缺的武器。」

☾

卡內基從農莊男孩成為業務高手，又成為公眾演說的偶像，這個蛻變的過程就是「外向理想」的起源。他的故事反映了社會的文化演進，到了二十世紀初剛好達到轉捩點，徹底改變了我們的個性、偶像、我們求職面試的舉止、我們希望雇用什麼樣的人、我們如何向伴侶示愛以及如何撫養小孩。文化歷史學巨擘華倫．蘇思曼認為，美國社會從**強調品德的文化**轉變成**重視個性的文化**，也打開了潘朵拉的盒子，釋放出每一個人的焦慮，大家從此都無法完全恢復。

在品德文化的氣氛中，理想的自我形象是很認真、有紀律，並且值得尊敬；重要的不是一個人在大家面前的形象，而是不欺暗室的本性。至於「個性」一詞，在英文裡直到十八世紀才出現，而「很好相處」這個概念更是直到二十世紀才流行起來。

但是，美國人接受個性文化之後，開始關切起別人眼中的自己，在這樣的情況下，凡是個性放得開又幽默風趣的人就非常吸引人。蘇思曼的名句是如此形容的：「新的個性文化中，社會角色要求大家都能表演，每個美國人都必須要有愛現的一面。」

工業化的崛起是這個文化演進的重要推手，美國很快從草原上小家小戶的農業社會，轉變成以都市化重鎮為主的形態，「美國要做的事就是做生意」。早期美國的家庭都像戴爾．卡內基的家庭，住在農場或小鎮上，朋友都是他們從小認識的人。二十世紀的商業發展、都市化和大規模移民的結果，讓人口往大都市移動。一七九〇年，只有百分之三的美國人住在都市，一八四〇年只有百分之八，到了一九二〇年全國三分之一以上的人都是都市人。「都市沒辦法容納每一個人，但是好像大家都下定決心要搬到都市裡。」一位新聞編輯在一八六七年時在報紙上這樣撰述。

美國人發現他們職場上的同事不再是自己的好鄰居，而是陌生人；「國民」轉型為「員工」，面對跟自己沒有社交或是血緣關係的人，還得努力在對方眼中留下好印象，大家都承受這樣的壓力。「一個人升遷或是受到排擠，原因越來越難解釋，」歷史學家羅藍．馬承寫道：「可能不是老闆一直偏愛你，或是什麼家族愛恨情仇等等，因為任何因素都有可能，包含第一印象。在現代做生意或與人來往，名字姓氏越來越不重要。」為了應付這種壓力，美國人不但要能推銷公司的新玩意，也必須推銷自己。

戴爾．卡內基所象徵的勵志精神，能幫我們看清從「品德文化」到「個性文化」的轉變過程。勵志書籍一直在美國人的精神層面有很大的影響，有些早期的行為準則就是來自宗教寓意極為濃厚的書籍，例如一六七八年出版的《天路歷程》，警示讀者如果想要上天堂，就不能縱欲。十九世紀的勵志書比較像建議手冊，少了濃厚宗教色彩，但是書中依然十分推崇高尚品德的價值觀，主題多半是歷史上的英雄人物，像是已故的美國總統林肯，他們不但是天賦異稟的溝通者，而且個性謙遜，就算居高位也不會令人討厭（愛默生對這些人的形容）。十九世紀的勵志書也讚揚過著高尚道德生活的普通人。《道德：全世界最重要的事》是一八九九年很受歡迎的勵志書，書中羞怯的女店員把她微薄的薪水給了一個受凍的乞丐，然後在大家看到她的義行前就匆匆離開。讀者都知道，她的美德不只是因為慷慨，也是因為她為善不欲人知。

但是到了一九二〇年，熱賣的勵志書籍主題就從內在的美德變成外在的魅力。有一本書是這麼寫的：「知道該說什麼，以及怎麼說。」另外一本書建議：「創造個性就是力量。」第三本書告訴讀者：「努力讓自己隨時都能表現友善，讓別人認為你是個『超級親切的好朋友』，這樣大家都會知道你的個性好。」《成功》雜誌和《週六晚間郵報》都有教讀者說話藝術的專欄。在一八九九年才以《道德：全世界最重要的事》這本書出名的作家奧立森．史維特．馬登，到了一九二一年搖身一變，寫出另一本符合時代的暢銷書《高超的個性》。

許多這類的指南書籍是寫給生意人看的，但是社會也鼓勵女人發展一種謎樣的特質，叫做「魅力」。一九二〇年代的成年女性，她們的競爭壓力比祖母輩大很多，因為有一本美容指南告訴她們必須擁有魅力的外表，「除非我們看起來很聰明和迷人，否則路人不會知道我們既聰明又迷人。」

表面上看來，這類的建議應該可以改善大家的生活，但是一定讓很多人感覺不自在——就算本來有自信的人恐怕也難逃焦慮。歷史學家華倫・蘇斯曼做過統計，計算二十世紀初這類勵志書籍中最常出現的字眼，並且與十九世紀的道德指南做比較。十九世紀的指南強調任何人都能努力進步，所以常出現這類詞彙：

好國民　責任　努力　善行　榮譽　名望

道德　禮貌　誠實

但是新時代的指南書所讚揚的特質則不然。無論卡內基告訴你要擁有這些新的特質是多麼容易的事，還是很難達成。因為除非天生，否則真的無法擁有這些特質：

吸引力　魅力　外貌令人驚艷　引人注目

容光煥發　領導力　說服力　精神奕奕

美國人在一九二〇和三〇年代瘋狂迷上電影明星不是沒有原因的，有誰比戲院偶像更能表現個人魅力呢？①

☪

廣告業者也不管美國人是否喜歡，開始不斷建議美國人應該如何展現自我。早期的平面廣告是直截了當的產品公告（伊頓高原紙業：最細最乾淨的紙），而新的廣告則以個性為訴求，把消費者視為怯場的表演者，只有廣告商的產品才能拉抬他們一把。這些廣告猛力強調說，大眾的眼光是很不友善的。一九二二年伍德柏里肥皂平面廣告這麼警告大眾：「你身邊的人都在默默幫你打分數。」威廉斯刮鬍霜公司的口號則是：「陌生人的眼睛正在評判你。」

廣告業重鎮麥迪遜大道則是直接抓住男性業務和中階經理的焦慮感。在威斯醫生牙膏的廣告中，一個看起來混得不錯的人坐在辦公桌前，雙手背在身後，看來很有自信。他問觀眾們：「你們有沒有試過把自己推銷給自己？無論經商或社交，成功的第一印象是最大關鍵！」威廉斯刮鬍霜廣告裡面則有一個頭髮光滑，留著鬍子的人，呼籲觀眾「臉上要流露出自信，不可以顯出擔憂！大家喜歡用你的『風格』評斷你」。

其他廣告提醒女性，她們在約會市場的行情不只取決於長相，更取決於她們的個性。一九二四年的伍德柏里肥皂廣告中有個沮喪的年輕女性，在一次失敗的約會後回到家，廣告詞語帶同情說，她「希望自己是個成功、快樂又自在」的人，可是因為缺乏優質肥皂幫助她，這位女性在社會上就失敗了。

十年後，麗仕洗衣精的平面廣告上有一封寫給桃樂絲．迪克斯的信，也就是那個年代的專欄作家，信上說：「親愛的迪克斯小姐，我要怎樣才能更受歡迎呢？我長得不錯，也不笨，但是我很靦腆又害怕別人的眼光，我總是覺得大家不會喜歡我……瓊敬上。」

迪克斯小姐的答案簡單又堅定：只要瓊用麗仕洗衣精洗貼身衣物、窗簾和沙發抱枕，她就會得到「內心深處堅定不移的魅力」。

這些廣告將兩性交往描繪成高風險的行為，意味著一種新的個性文化已經崛起。在以往的品德文化裡，社會規範的限制很多，有時還讓人感覺很壓迫，所以兩性在交往過程中都必須展現幾分保留；如果女人話太多，或是眼神往陌生人身上飄，給人的感覺就很不莊重。雖然上流社會的女性比社會階級較低的女性有更多說話的自由，而且的確某種程度上要會耍點嘴皮子，但她們還是應該適時表現出臉紅、低目垂眉。社會上的行為準則警告她們：「男人想娶回家的是『冷若冰山』的女人，這種女人比故作熱絡的女人高尚太多了。」而男人則宜擺出一種沉靜的舉止，象徵著低調的權力與自持。當然不可以害羞，不過莊重內斂卻是良好教養的象徵。

但是隨著個性文化來臨，對女人和男人而言，禮節的價值開始崩壞，男人追求女人本來得正式登門拜訪，並且宣示自己的意圖，現在卻是要舌粲蓮花，開口搭訕調情。男人若是在女人面前不多話，別人會以為他是同性戀，就像一九二六年有本當紅的性愛指南就認為：「同性戀都很靦腆害羞，喜歡離群索居。」社會也期許女人舉止得體又開放，如果太過害羞，特別是對性事太害羞，有人會說是「性冷感」。

心理學的領域也開始處理「看起來要很有自信」的要求所帶來的壓力。一九二〇年代，一位有影響力的心理學家高登．歐普創造了「權勢——順服」診斷測試，以衡量社會的主導地位。歐普本身相當害羞含蓄，他觀察到：「現代文明似乎偏好進取的拼命三郎。」一九二一年，榮格注意到內向者的地位突然變得備受威脅，他自己認為內向者是「教育家和文化促進者」，他們展現出「我們的文化中嚴重缺乏的內心生活」，但是他也發現內向者的「退縮和看來毫無緣由的尷尬，很自然會讓社會對這種人有偏見。」

社會強調自信的重要，這點又可以從一個新的心理學概念「自卑情結」（簡稱ＩＣ，inferiority complex）來探討。自卑情節是一九二〇年代的奧地利心理學家阿爾弗雷德．阿德勒所發展出來的理論，他指出自卑情結會讓人自慚形穢，他也解釋了自卑的後果。阿德勒寫了一本暢銷書叫做《瞭解人性》，封面上的文字問道：「你感到不安嗎？你膽子很小嗎？你人微言輕嗎？」阿德勒認為所有的嬰兒和孩童都感到自卑，因為他們活在大人和兄姐的世界裡。在正常的成長過程中，嬰幼兒學習將自卑化為追求自己目標的力量，但是如果他們成長的過程出了問題，他們就會受到自卑情結的牽絆，而社會又越來越競爭，進而成為嚴重的絆腳石。

把社交焦慮包裝成某個心理學情結，對許多美國人來說很容易接受，於是自卑情結變成人生許多問題的解釋，包括愛情、養兒育女，以及職業。一九二四年《柯立爾》雜誌報導一位女士不敢嫁給心上人，因為她害怕他有自卑情結，一輩子也出不了頭；另外一本雜誌則刊出一篇名為〈你的小孩和流行情結〉的文章，向母親解釋小孩自卑情結的可能原因以及如何預防或治療自卑情結。看起來大家都有自卑情結，但是很矛盾的是，對某些人來說，自卑又表示他們與眾不同，根據一九三九年《柯立爾》雜誌的文章，林肯、拿破崙、老羅斯福、愛迪生和莎士比亞都有自卑情結，雜誌的結論是：「就算你有很嚴重的自卑情結，只要有骨氣，其實也是一種福氣。」

儘管《柯立爾》雜誌的這篇文章語調充滿希望，一九二〇年代的兒童輔導專家仍然致力於幫助兒童培養出容易成功的個性。在這之前，專家比較擔心性早熟的女童和有犯罪傾向的男童，但是現在的心理學家、社工和醫生都把重心放在「個性失調」的小孩身上，特別是害羞的小孩，他們警告說害羞的後果很嚴重，可能包括酗酒和自殺，而外向的個性則會帶來社交成功及財富，所以專家建議父母鼓勵小孩社交，並建議學校把教育重點從學習轉移到「幫助引導發展個性」之上。教育家熱切引領這個潮流，到了一九五〇年代舉辦「白宮世紀中葉兒童青年會議」時，提出的口號是「每個孩童都有健康的個性」。

二十世紀中葉用心良苦的父母們都相信，個性安靜是件壞事，合群才是男孩和女孩理想的特質，於是他們不鼓勵小孩發展單獨以及嚴肅的嗜好，例如古典音樂，因為這會讓他們不受歡迎，他們越來越早送小孩去上學，而學校的重點是讓小孩交朋友。內向的小孩會被挑出來當成問題兒童處理，這個狀況與今日並無差異。

著名記者威廉·懷特在一九五六年出版暢銷書《組織人》，書中有一段描述父母和老師共謀，想要矯正害羞小孩的個性。一位母親說：「強尼在學校表現不佳，老師告訴我他的課業沒有問題，但是社會適應不良，他只跟一、兩個朋友一起玩，有時候他一個人也很開心。」懷特表示，父母喜歡這樣的矯正，「除了少數父母，大部分都很感激學校努力消除孩子內向以及其他邊緣化的異常狀況。」

篤信這種價值觀的父母並不是不好，也不是愚鈍，他們只是想讓小孩準備進入「真正的世界」，因為這些小孩長大以後，申請大學或是面試工作時，還是得面對同樣的評量標準：你是否擅長與人相處。大學招生處要的未必是學業表現最優秀的學生，而是最外向的。一九四〇年代末期，哈佛大學教務長保羅．巴克公開表示，哈佛招生時應該偏好「健康外向」型的學生，拒收「敏感又神經質」或是「過度聰明」的學生。一九五〇年，耶魯大學校長艾弗列．惠特尼．葛利斯伍宣稱，耶魯的理想學生不是「過度嚴肅、學有專精的知識分子」，而是「健全的人」。另一位大學校長也告訴《組織人》的作者威廉．懷特，他在看高中生的入學申請時，一方面主要是考慮大學想招收什麼樣的學生，不過更重要的是要看四年後的職場需要怎樣的員工。這位校長說：「公司喜歡合群又活潑的人，所以我們覺得，理想學生的課業平均分數只要八十到八十五分，不過要從事很多課外活動；很聰明但很內向的學生沒什麼用處。」

這位大學校長充分掌握了二十世紀中期模範員工的樣貌：即使是工作性質比較不需要面對大眾，例如公司實驗室裡的科學研究人員，最後獲聘的往往是有推銷員個性的外向者，而不是擅長於思考的人。懷特解釋：「通常只要用到『聰明』這個形容詞，後面都會接『但是』，例如『我們喜歡聰明的人，但是……』不然就是會接一些其他的形容詞，像是古怪、奇特、內向、怪異等。」一九五〇年，有位高階主管評論他聘用的一群可憐科學家：「如果這些人能夠給人家好印象的話，那就更完美了。」

科學家的工作不只是做研究，也要幫忙促銷，要有很熱忱的態度才能符合這種需求。IBM是個標準的上班族公司，業務每天早上都要聚集起來唱公司的主題曲〈持續前進〉，並且用要跟著〈銷售IBM之歌〉的旋律（旋律取自金凱利的名曲〈在雨中唱歌〉）來合音，這首歌是這樣唱的：「我們要銷售IBM，這個感覺多麼美妙，全世界都是我們的朋友。」歌曲最後進入振奮人心的結尾：「我們狀態良好，我們工作努力，我們要銷售，銷售IBM。」

然後業務員開始外出探訪客戶，用行動證明哈佛和耶魯招生處的想法應該是對的：只有某種性格的人，才會對一大早就要做這些動作感到興趣。

其他的上班族只能盡力而為。如果醫藥消費的歷史正確無誤的話，我們可以知道很多人都受不了這種壓力。一九五五年一間名為卡特華勒斯的藥廠推出抗焦慮藥物：安寧片（Miltown），主打男性市場，藥廠宣稱焦慮是社會的自然產物，因為社會現狀殘酷又需要大量社交活動。根據社會歷史學家安德蕾雅．通恩的研究，此藥一推出，馬上成為美國史上最暢銷的藥物，一九五六年時每二十個美國人裡就有一人吃過安寧片；到了一九六〇年，三分之一美國醫生開的處方是安寧片，或是一種叫做眠爾通（Equanil）的類似藥物，這個藥物的廣告說，「焦慮和緊張：這是當代常態」。一九六〇年代的鎮定劑美索達嗪（Serentil）用更直接的方式吸引那些想要在社會上更有表現的人，廣告詞強調專治「因為無法融入群體而產生的焦慮」。

當然，強調外向並不完全是現代的產物。根據某些心理學家的研究，我們的基因裡就帶有外向特質，這個特質在亞洲與非洲比較少見，歐洲與美洲則比較常見，而歐洲與美洲的居民大部分是移民的後代。研究人員說，移民外地的人比留在老家的人外向，這一點並不奇怪，而且移民當然會把外向的特質保留下來，傳給一代又一代的後人。心理學家肯尼斯·歐森寫道：「人格特質既然是由基因傳遞，則每一批外移人口在一段時間後，都會演化出比原生地更外向的人。」

從希臘人和羅馬人身上，也可以看到欣賞外向的傾向。希臘人認為雄辯是崇高的技能，而羅馬人最嚴厲的處罰則是將人逐出城外，不能與別人社交。同理可證，我們崇敬開國元勳，也是因為他們對缺乏自由而發出不平之鳴：「不自由毋寧死！」就連宗教也是這樣②：從十八世紀美國基督教第一次大復興開始，早期的宗教復興都需要能言善道的牧師，如果牧師能讓平常含蓄斯文的會眾哭泣、大喊或是失態，才算成功。一份宗教報紙在一八三七年抱怨：「有些牧師傳道的時候平鋪直敘，簡直像數學家在計算從月亮到地球的距離，真令人痛苦不堪。」

這樣的鄙夷態度，證明早期的美國人崇尚行動，輕看智識，並且把「內心的世界」與緩慢無能的歐洲貴族聯想在一起，而新大陸的美國人早已揚棄了遲滯、無能的歐洲貴族風格。一八二八年的美國總統選舉有兩位候選人，一位是當時任內的總統、前哈佛教授約翰·昆西．亞當斯，挑戰者則是強而有力的軍事英雄安德魯．傑克森。傑克森的口號很清楚地區分了兩位候選人的差異：「亞當斯搖筆桿，傑克森挺槍桿。」

最後誰贏了？文化歷史家尼爾．蓋柏勒的說法，是槍桿子打贏筆桿子。（順便一提，政治心理學家認為昆西．亞當斯是美國總統史上少見的內向者之一。）

然而，個性文化的崛起加深了「只看重外向」的這種偏見，並且把這種偏見加諸於政治、宗教領袖之外的一般人身上。儘管強調魅力和領導能力可以讓肥皂製造商從中獲利，但並不是所有人都喜歡看到這樣的發展。一位知識分子在一九二一年做出以下的觀察：「我們對於個人特質的尊重降到了最低點，對一個不斷強調個性的國家而言，這是最大的諷刺。我們有教『自我表達』和『自我發展』的學校，不過通常只是讓孩童展現出或者培養出一個成功的房地產仲介性格。」

同時期另外一位評論家則哀嘆美國人對藝人的癡迷，他抱怨：「雜誌上到處都是舞台表演和相關的報導。」如果從二十年前「重視品德的文化」的觀點來看，當時的人會認為這類主題很粗俗，但現在卻占了社會生活中很大的一部分，社會裡從上到下的人隨時都在討論這樣的主題。

就連詩人T．S．艾略特都在一九五一年的名詩〈普魯佛洛克的情歌〉中，感嘆他需要「準備一個專門面對眾人的面貌」，看來像是對於當時社會要求大家展現自我而發出的不平之鳴。他的前輩詩人可以在鄉間比雲彩更孤寂地漫步（華茲華斯，一八〇二年），或是在湖濱靜養（梭羅，一八四五年），艾略特筆下的普魯佛洛克卻要擔心別人「公式化的問候，但眼睛盯著你瞧」，然後用那眼神把你釘到牆上，讓你在牆上掙扎著。

☪

時間快轉，將近一百年之後，普魯佛洛克的抗議收入了美國的高中課本，年輕學子為了應付功課死背，考完馬上就忘，這些學生已經越來越懂得塑造不同的人格，分別使用在網路世界和現實生活中。從來沒有一個世代像他們現在的生活一樣，無論是地位、收入和自尊，都要看他們是否能夠達到個性文化的要求。他們得娛樂他人，推銷自己，還要保持鎮靜，壓力越來越大。認為自己害羞的美國人從一九七〇年代的百分之四十，到一九九〇年代增加到百分之五十，這大概是因為我們用更高的標準來衡量我們是否害怕自我表達。現今每五個人當中就有一個人是「社會焦慮失調」，也就是病態的害羞。《診斷及統計手冊》是心理醫生診斷精神失調症狀時不可或缺的聖經，這本書的最新版本認為，如果因為害怕公眾演說而影響到工作表現，這就是一種病態。請注意，不是令人煩惱的事，不是缺點，而是疾病！伊士曼柯達公司的資深主管告訴《診斷及統計手冊》作者丹尼爾．戈曼：「假如有人可以坐在電腦前因為一個很棒的回歸分析而感到興奮，而要他把分析結果向高階主管報告時，他卻感到不自在，那麼這樣是不行的。」（顯然如果你演講的時候很興奮，做分析時卻不安，那就沒有關係。）

不過，衡量二十一世紀個性文化最有效的方法，還是回歸到勵志領域。時至今日，距離戴爾．卡內基開始在基督教青年會教演講技巧已經過了一世紀，他最暢銷的書《如何交朋友及影響他人》至今依舊出現在機場書店及經營類暢銷書排行榜上，卡內基協會仍然提供最新版的卡內基課程，課程核心還是環繞在高超的溝通技巧上。「國際演講協會」是建立於一九二四年的非營利組織，會員每週聚會練習公開演講。創辦人宣稱：「所有的話術都是推銷，所有的推銷都是話術。」這個協會仍在成長，在一百一十三個國家裡有一萬兩千五百個分會。

「國際演講協會」網站上的推廣短片中有個短劇，主角是艾德華多和席拉兩位同事，他們倆正在參加第六屆國際商業會議，看著台上一個緊張的演講者說話結結巴巴。

艾德華多悄悄說：「我真高興我不是他。」

席拉偷笑：「你開什麼玩笑？你不記得上個月跟新客戶的業務報告了嗎？那時我還以為你會昏倒咧。」

「我沒有這麼糟糕吧？」

「你就是這麼糟糕，很糟糕，糟到不能再糟。」

艾德華多看來很窘，而席拉則似乎完全沒發現自己說錯話了。

席拉說：「但是你可以解決這個問題，你可以做得更好，你有聽過國際演講協會嗎？」

席拉這個年輕漂亮的褐髮女子於是帶著艾德華多參加國際演講協會的聚會，會中她自願表演一個叫做「大騙局」的練習活動，由她告訴十五位左右的與會者有關她的人生故事，然後與會者必須判斷她說的是否值得相信。

走向講台前，她悄悄對艾德華多說：「我一定可以騙過大家。」

她上台詳述自己擔任歌劇演唱家多年的經驗，結局是她為了跟家人相處，只好忍痛放棄大好事業。她講完後，當晚的主持人問大家他們相不相信席拉的故事，大家都舉手表示相信，主持人問席拉這是不是真的。

席拉露出勝利的微笑：「我根本五音不全！」

席拉讓人感覺很虛偽。但是很奇怪，她也令人同情，她就像一九二〇年代急著從個性指南書籍找答案的讀者，她只是努力想在公司出人頭地，她面對攝影機坦承：「我的工作環境很競爭，所以我一定要具備這種本事。」

但是所謂的「這種本事」到底是什麼東西？難道是我們都應該要有優秀的表達能力，這樣就沒人能看出我們有所遮掩嗎？我們一定要學會控制自己的聲音、手勢和肢體語言，好讓我們可以敘述我們的故事，讓大家相信我們的故事嗎？這些目標看來實在太虛偽了，也讓我們知道若把當下和戴爾．卡內基的童年時代相比，我們到底改變了多少。而這樣的改變並不是好事。

戴爾的父母道德標準很高。他們希望兒子能從事宗教或教育相關職業，不要當業務，他們覺得撲克牌是「魔鬼骯髒的爪子」，他們應該會反對採用「大騙局」這樣的練習達到自我進步的目的，他們也不會贊同卡內基暢銷書裡的建議，也就是為了要達到人生目標，你必須要讓大家欣賞你這個人。《如何交朋友及影響別人》書裡的章節名稱都像這樣：〈讓別人開心從命〉、〈如何讓大家馬上喜歡你〉。

這些章節名稱讓人產生一個疑問：我們從「品德文化」發展到「個性文化」，卻沒有感覺到犧牲了某些重要的事。我們到底怎麼了？

①一九〇七年全美國有五千家電影院，一九一四年暴增為十八萬家。第一部電影出現在一八九四年，當時的社會氣氛比較保守，片廠連片中演員的身分都不肯公開，到了一九一〇年「電影明星」這個觀念已經出現了。往後五年間，經典片導演大衛．葛里菲斯作品中可以見到明星臉部特寫，同時還有一群面目難辨的群眾。這樣的訊息非常明顯：這才是成功的人，光彩奪目，在茫茫人海中脫穎而出。美國社會熱情接受了這種觀念，二十世紀初期《柯立爾雜誌》或《週六晚間郵報》等媒體上大量出現政治人物、成功商人及專業人士的人物報導，可是到了一九二〇年及一九三〇年，幾乎所有的人物報導都以卓別林或葛落利亞．史璜生等影星為主角了。前述論點出自Warren Susman, Culture as History: The Transformation of American Society in the Twentieth Century（Washington, DE: Smithsonian Institution Press, 2003）, and Amy Henderson, "Media and the Rise of Celebrity Culture," Organization of American Historians Magazine of History 6（Spring 1992）.以及Charles Musser, The Emergence of Cinema: The American Screen to 1907 [Berkley: University of California Press, 1994], 81; and Daniel Czitrom, Media and the American Mind: From Morse to McLuhan [Chapel Hill: University of North Carolina Press, 1982m o.42].

②早在戴爾．卡內基還沒受到「肖托夸終身教育運動」的演講者啟蒙之前很久，全美國就已經歷了熱烈的信仰大復興，各地都有人搭起巨型帳棚宣揚福音。就連「肖托夸終身教育運動」本身也是模仿自一七三〇到一七四〇年代的「大復興運動」。在各類大復興運動中，基督教也有了全新的、幾乎是富含戲劇性的面貌：基督教領袖們有如高明的業務員，擅長於把群眾吸引到大型帳棚內聽道，而牧師的名聲則繫於他們的活力，是否在傳道時能夠有精彩的演說及手勢。

至於「明星」的概念也是早就出現在基督教界裡了，甚至比「電影明星」這個觀念的出現還要早。十八世紀第一次大復興時代的超級講員是個名叫喬治．懷特菲爾德的英國人，他以非常精彩的方式模仿聖經人物，講道時毫不遮掩地大哭、大叫又高喊，吸引大批人潮出現，聽他講道的人只能站著，以便讓會場容納更多群眾。第一次大復興成功結合了戲劇化演出與知識這兩種要素，因此促成普林斯頓大學、達特矛斯學院等一流學府的誕生。到了十九世紀初期的第二次大復興時期，完全強調個人魅力，基督教領袖們只在意是否能夠吸引到大批人潮。當時的宗教領袖們相信，如果講道的內容太深奧、太「學術」，那就無法吸引人潮填滿整個大帳棚（今日許多超大型教會的領袖，依舊懷抱這樣的觀念），因此許多福音領袖乾脆完全不講聖經知識，反而專心呈現自己業務員或娛樂者的一面。十九世紀非常有名的佈道家慕迪（D. L. Moody）曾經喊著說：「我的神學觀？我怎麼不知道我有神學觀！」

這種演講術不但影響了崇拜進行的方式，更從根本改變了「耶穌」在人們心中的樣貌。一九二五年，廣告界名人、曾任眾議員的布魯斯．巴騰（Bruce Fairchild Barton）出版《無人認識的人》（The Man Nobody Knows）一書，將耶穌描繪為超級業務員，「有辦法把十二位出身低微的門徒從事業的最底層開始鍛鍊打造，最後創造出震撼全球的基督教組織」。書中所描述的這種耶穌一點也不溫柔謙卑，反而是「全球最偉大的企業領袖」，而且是「當代企業的肇基者」。「耶穌是企業領袖的模範」這種說法廣泛獲得社會大眾的熱烈喜愛，《無人認識的人》這本書也成為二十世紀最暢銷的非文學類書籍之一（美國Powell's書店的統計）。參見Adam S. McHugh, Introverts in the Church: Finding Our Place in an Extroverted Culture（Downers Grove, IL: IVP Books, 2009），23-25. 另見Neal Gabler, Life: The Movie: How Entertainment Conquered Reality（New York: Vintage Books, 1998），25-26.

第2章
魅力領袖的迷思：當代強調個性的文化

社會這個大團體，本身就是以外向性格的標準來教育大眾，而且很少會有哪個社會如此積極鼓吹這種價值。雖然詩人約翰．唐恩說沒有人是一座孤島，但如果唐恩聽見當今社會以各種理由、如此頻繁且好像永不厭倦似的不斷傳播說人不可以當孤島，想必連唐恩自己也會覺得痛苦吧。

——威廉．懷特

業務員精神就是美德：和東尼．羅賓斯①一起活躍吧

「妳現在有沒有覺得很興奮？」這位名叫史黛西的女孩對著我大喊，她甜美的聲音彷彿往上飛揚，組合出一個巨大的驚嘆號。我剛把報到表格交給她，然後對她點點頭，盡可能展露出我最燦爛的笑容。我正站在亞特蘭大會議中心的大廳裡，並且聽見大廳的另一邊正有人在尖叫。

「是什麼聲音啊？」我問史黛西。

「他們在幫大家打氣，進場前先打氣！」史黛西熱情地說：「這是我們UPW（釋放內在力量）活動的一部分。」她遞給我一個紫色的講義夾，在我的脖子掛上一張護貝識別證。講義夾上印著大大的粗體字：**釋放內在力量**。歡迎參加東尼．羅賓斯的初階專題講座！

我花了八百九十五美元來參加這場講座。根據廣告內容，我將可以在這裡學到如何變得精力充沛，獲得生命中的動能，還可以克服我的恐懼。但是，事實的真相是，我到這裡來並不是為了想要釋放內在的力量（雖說我非常樂於學幾個訣竅）。我來到這裡，是因為這個講座是我瞭解外向性格的第一站。

我讀過東尼．羅賓斯的宣傳，他宣稱無論在一天裡的任何時段，都能聽到他的廣播節目，他讓我覺得他是世界上最外向的人。他不僅性格外向，他還是心靈勵志這個主題領域裡面的超級大師，曾經幫助過美國前總統柯林頓、高球名將老虎伍茲、南非前總統曼德拉、前英國首相柴契爾夫人、黛安娜王妃、前蘇聯最高領袖戈巴契夫、德雷莎修女、網球名人小威廉絲、著名時尚設計家唐娜．凱倫等名人，客戶人數累積達五千萬人。成千上萬的美國人將自己的身、心、靈投注在這一類的心靈勵志、自我成長課程當中，每年可創造出一百一十億美元的商機。這類課程幫助我們發現理想自我的概念，成為我們渴望變成的模樣。我們只要遵循某種七大原則以及另外某種三大信條等等，就可以成為這樣的理想自我。我很想知道這種所謂的「理想自我」到底是什麼樣子。

史黛西問我有沒有自備餐點。我覺得這個問題有點奇怪，怎麼會有人從紐約飛到亞特蘭大來的時候，還會隨身帶著晚餐？她解釋，我坐在座位上的時候，應該會需要補充一些能量，因為這次講座為期四天，從星期五到星期一，每天十五個小時，從早上八點到晚上十一點，只有下午安排一次短短的休息時間。至於主講人東尼·羅賓斯則從頭到尾都會站在講台上，參加講座的人不會願意錯過任何一分鐘的。

我環顧大廳，其他來參加講座的學員看起來好像都已經準備好了，人人神采奕奕地往演講廳方向走去，手裡拿著裝滿能量棒、香蕉或洋芋片等零食的袋子。我到點心吧買了幾顆表皮挫傷的蘋果，然後就往演講聽走。接待人員身上穿著印有「釋放內在力量」的T恤，臉上掛著超誇張的笑容，在禮堂入口處蹦蹦跳跳，手掌上下來回擺動。如果不先跟他們擊掌歡呼，是進不了演講廳大門的，真的，我本來想要硬闖，但是失敗了。

在寬敞的演講廳內，一群舞者正隨著歌手比利·艾鐸的歌曲〈Mony Mony〉舞動身體，為進場的學員們暖場。音樂透過頂級擴音器傳出，影像則從舞台區兩側的巨型螢幕投射出來。這些舞者的穿著看起來像上班族中階主管，可是舞蹈動作就像小甜甜布蘭妮音樂錄影帶中的伴舞群。表演帶頭的人是個年約四十多歲的禿頭男，身上穿著白色襯衫，繫了一條花色保守的領帶，捲起襯衫的袖子，臉上露出「很高興認識你」的迷人笑容。這個表演似乎在傳遞一個訊息，要全場的學員早上去上班時都像這般活力四射。

其實那些舞者的舞蹈動作非常簡單，每個人在座位上都能夠輕鬆跟著學：往上跳躍一次拍手兩下，往左拍一次，往右拍一次。當音樂換成了〈給我一點愛〉的時候②，觀眾席上許多人都站到自己坐的金屬摺疊椅上，跟著高聲歡呼及拍手。我原本只是悶悶站著，雙手抱胸，後來才發現除了和身旁的人一起跟著舞動之外，好像也沒有別的事情可做，於是才開始加入陣容。

終於，我們期待已久的時刻到了，主講人東尼．羅賓斯躍上了舞台。東尼兩百多公分的身高本來就像巨人，從舞台兩側真空映像管螢幕上照映出來的他，看起來大概超過三千公分吧。他的面容俊俏得像電影明星，有著一頭濃密的棕髮，如牙膏廣告般的魅力笑容，以及完美到令人難以置信的臉部線條。這次活動的廣告文案上寫著：**現場體驗東尼．羅賓斯的神奇魔力！**而此刻，這位神奇的東尼．羅賓斯就站在這裡，與心醉神迷的學員們一起舞動著身體。

演講廳內的溫度大概只有攝氏十度左右，可是東尼身上只穿著一件短袖的馬球杉和一條短褲。現場許多人都帶著毛毯，好像他們早就知道演講廳的空調會調低到冰箱的程度，以便配合東尼的超級熱力。或許這個世界上還得再出現一次冰河時期，才能冷卻這個男人四散的熱力。東尼一直跳一直跳，一直散發出迷人光彩，而且也一直與現場三千八百位聽眾進行眼神交流。剛才在門口負責接待的工作人員也興高彩烈地在走道上跟著跳。東尼張開雙臂，彷彿一口氣擁抱著全場的聽眾。如果耶穌回到這個世界上，並且第一站就先蒞臨這裡，迎接祂的場面恐怕也不會比此刻更加熱鬧。

真的，我們這些花了八百九十五美元買到後排座「一般區」的人，都已經非常投入了，至於前排「頂級鑽石區」的聽眾，花了兩千五百美元購得一席，更可以和東尼．羅賓斯進行超級近距離接觸。我打電話訂購門票的時候，售票人員說購買前排座位的人才屬於「人生勝利組」，因為在前排「保證可以直接與東尼面對面」，不必靠大螢幕就看得見東尼本尊。

「前排座位的觀眾更有活力，」那位售票小姐表示：「前排座位的觀眾很會尖叫喔。」此刻我無法評斷坐在我身邊的人到底是人生中的勝組或是敗組，但是他們看起來都非常興奮。當他們看見舞台燈光照映出東尼臉龐上的豐富表情時，後排的學員興奮地大聲喊叫，彷彿像是在搖滾區聆賞熱門音樂演唱會一般，還有人激動地衝到走道上。

不一會兒，我也加入了他們的陣容。我本身就是個愛跳舞的人，而且我必須承認，與全場觀眾一起隨著排行榜經典金曲的旋律舞動身體，真的是打發時間的好方法。東尼．羅賓斯說，想要釋放能量，就要先具備充沛的精力。我明白他的意思了，難怪人們願意不遠千里跑到這裡來見他一面。（我身邊還坐著一位遠從烏克蘭而來的年輕美女，不，她不是坐著，她是面帶喜悅跳躍著。）我已經決定，等我回紐約之後，我一定要立即去上有氧舞蹈課。

☪

熱門音樂終於停下來，接著東尼以一種刺耳的聲音對大家說話。他的聲音有點像是幼教節目《芝麻街》裡的玩偶，又帶著有點像是在臥房裡耳語時的性感語調。他向大家介紹「實證心理學」的理論，這個理論的重點是：除非身體力行，否則知識無用。東尼說話速度很快且十分吸引人，或許連《推銷員之死》裡面的主角推銷員威利．羅曼都會自嘆不如。為了落實「實證心理學」的論點，東尼指示我們隨意在現場找一個夥伴彼此打招呼，並且假裝我們此刻覺得不如人，很怕在人際互動上被人拒絕。我和一位來自亞特蘭大市中心的建築工人同一組，簡短握手之後，我們便在老歌〈我要你要我〉的背景音樂中害羞地盯著地上。

接著，東尼大聲喊出一連串很有技巧性的問題：

「你們現在的呼吸，是深呼吸還是很淺薄的呼吸？」

很淺薄！全場聽眾異口同聲叫著回答。

「你們彼此打招呼的時候，是勇往直前還是畏縮恐懼？」

畏縮恐懼！

「你們的身體是緊張的還是放鬆的？」

緊張的！

東尼要大家和小組搭檔重新做一次打招呼的練習，但這一次換個態度，我們要拿出自己和客戶初次見面的態度，對方將會在三到五秒鐘之內決定是否願意與我們合作生意；我們還要設想，如果我這次打招呼失敗，導致對方不肯與我們合作，那麼後果嚴重，我們心愛的人「就會像豬一般慘死在地獄」。

東尼十分強調生意成功的重要性，這點讓我感到相當驚訝。這只是一場指導個人釋放內在力量的講座，應該與生意無關吧？接著我又想到，東尼不僅是一位日常生活疑難雜症的指導者，也是一位生意狂人。他靠推銷技術，開創出自己的事業，目前擔任七家公司的董事長。《商業週刊》推估他每年收入高達八千萬美元。他此刻似乎想以他強勢的個性來向大家宣揚業務銷售的技巧。他希望聽眾們不只是內在感覺舒暢，同時還要對外散發能量；不只是受到別人喜愛，而且必須是**非常受到喜愛**。東尼．羅賓斯要我們學會如何推銷自己。為了要來參加這個週末所舉行的講座，我事前已經在線上完成一項個性測驗，根據測驗結果，他開設的「安東尼．羅賓斯」公司給了我一份長達四十五頁的客製化報告，裡面建議「蘇珊」（我的名字）應該多多「表達」她的想法，而不是忙著想「推銷」她的想法。這份報告以第三人稱的方式撰寫，宛如模擬某位經理人在評估我的人際關係技巧。

好，全場聽眾現在再度被分為兩人一組，搭檔們先熱情地彼此自我介紹，兩兩握手問安。自我介紹的儀式結束之後，東尼．羅賓斯又繼續問問題。

「你現在有沒有感覺舒服多了？有沒有？」

有！

「你有沒有使用不同的方式運用你的肢體？」

有！

「你有沒有更充分運用臉部肌肉？」

有！

「你是否可以毫不猶豫面對人群？能不能？」

能！

這個活動的目的似乎是要證明我們的生理狀態可以影響我們的行為與情緒，但這也暗示著推銷術甚至可以主導最中性的人際互動行為。這個活動的寓意是：人與人之間的每一次接觸都像是一場高賭注的遊戲，在其中我們可能贏得或失去對方的好感。這樣的想法可以激勵我們盡量用活潑外向的態度去面對社交上的恐懼，我們必須自信又充滿活力，我們不能遲疑，我們必須面帶微笑，這樣我們交談的對象才會對我們微笑。這些小動作會讓我們感覺良好。一旦我們感覺良好，我們就能夠更出色地推銷自己。

東尼本身似乎就是這項技巧的完美示範。他讓我聯想到「過動」的性格——某種因類固醇而引發的外向人格。套用某位精神科醫師的話，這種性格「充滿活力、樂觀積極、精力旺盛且有點過於自信」，非常適合從事業務工作。擁有這些特質的人通常是很不錯的夥伴，就像是此刻舞台上的東尼。

如果你欣賞人群中具有過動特質的人，但是也喜歡冷靜且深思熟慮的自己，那該怎麼辦呢？如果你只是單純地喜歡瞭解新知，並沒有打算非要把知識拿來運用不可，那又該怎麼辦呢？如果你希望世界上有更多人是屬於深思熟慮的類型，又該怎麼辦呢？

東尼似乎早就準備好要面對這些問題了。「也許你會說：『可是我又不是個性格外向的人！』」講座一開始的時候東尼就這樣對大家說：「那又如何？誰規定只有外向的人才能夠活潑好動？」

說得沒錯！但是，根據東尼的說法，如果我們不想搞砸生意，如果我們不想看見我們心愛的家人如豬一樣慘死在地獄，我們就必須表現得像是外向的人！

☾

晚上的高潮點是「赤足過火」，這是釋放內在力量講座的經典時刻。所有的學員都可以挑戰自己是否能夠赤腳走過長約三公尺的炭床，並且毫髮無傷。許多人前來參加釋放內在力量講座，就是聽說有這個赤足過火的活動，想要親身體驗看看。這項活動的目的是激勵你進入一種至高無上的大無畏心智狀態，甚至能夠忍受高達攝氏六百五十度的火炭。

在這個經典時刻之前，我們先花了好幾個小時練習東尼的技巧——運動、舞蹈動作、擬真想像。我發現學員們開始模仿東尼的每個動作與每個表情，包括他揮動手臂模仿投擲棒球的招牌動作。夜晚漸漸邁入高潮，到了午夜前夕，學員們手持火把，一起往停車場前進。將近四千人以原住民舉行慶典般的節奏，伴隨著鼓聲大聲吶喊：**我可以！我可以！我可以！**這些吶喊聲激發了所有前來參加釋放內在力量講座的學員，但是對我而言，這些在鼓聲底下的**我可以**反倒讓我聯想起古羅馬時代的大將軍，來到他即將洗劫的城池門口，用這種喧囂來宣示自己的駕臨。那些負責管理會場出入口、與大家擊掌微笑的工作人員已經搖身變成赤足過火的把關者，以手勢指著學員前往那道火焰之橋。

根據我的瞭解，想要成功赤足過火好像不能光靠意志力，重點可能是看你的腳底板夠不夠厚，因此我選擇躲在安全距離外靜靜觀賞就好。我可能是全場唯一一個退卻的人，大部分的學員們都通過了考驗，並且大聲歡呼。

「我辦到了！」這些人走到火焰通道的盡頭時，紛紛忍不住大叫：「我辦到了！」

他們進入了東尼．羅賓斯所說的意志狀態。但是這種意志力是由哪些元素所組成的呢？

第一個元素，是心理狀態的優越性——就是心理學家阿德勒所稱「自卑情結」的解藥。東尼訴求的是「釋放內在的力量」而非「釋放內在的優越性」（現代人比較矯揉世故，當我們在追求自我成長的時候，已經不會以赤裸裸的社會地位來衡量自己的成就。可是在二十世紀初「重視個性的文化」剛興起時，則是以社會地位來衡量成就），但是東尼所說的每一件事情都與優越性有關：他三不五時以優越的姿態稱呼觀眾為「女孩和男孩」，不斷提及自己氣派的豪宅與顯赫的友人，以及他如何達到鶴立雞群的地位。此外，他超乎常人的身高，也是他的重要招牌；而他的暢銷著作《喚醒心中的巨人》，更清楚表明了他的思維。

東尼的才智也令人留下深刻印象。雖然東尼對大學教育顯得很不屑（他說大學不會教導你有關個人情緒與身體的知識），他還說他下一本書的撰寫進度也放慢了（因為東尼認為現在已經沒有人看書了），不過他還是有辦法先吸收一些心理學家在學術界的研究發現，然後以這些學問為基礎，添加一些觀眾自己也想得出來的天才高見，轉化成一場精彩無比的表演。

東尼演出的精彩之處，有一部分是在於他用暗示的方式，讓聽眾分享他自己從自卑到自豪的過程。他並不是一出生就這麼偉大，孩童時期的他只是個懦弱的軟腳蝦，在他鍛練出好身材之前，他曾經是個體重過重的胖子。在他搬進位於加州德瑪市的城堡豪宅之前，他只租得起一間小公寓，小到他必須把餐盤放在浴缸裡。言下之意就是，我們每一個人都能擺脫糾纏我們的低潮，甚至連那些內向的人也可以赤足走過燒得通紅的火炭，開心地大喊**我辦到了！**

東尼心理狀態的第二元素是善意。東尼之所以能夠啟發這麼多人，就是因為他讓這麼多的聽眾感受到他是真心地關懷他們，真心想讓每一個人都釋放出內在的力量。每當東尼站在舞台上，你會覺得他使出了全力在歌唱、舞蹈，展現出他所有的精力和情感。當台下的聽眾整齊劃一地跟著唱歌跳舞時，大家都會有種不由自主愛上東尼．羅賓斯的感覺，就像許多人第一次聽到歐巴馬表示他可以超越紅藍兩黨隔閡時的驚喜心情③。有一點要特別提出來的，就是東尼會注意到大家不同的需求，有人渴望愛，有人尋求一份確定感，有人希望生命擁有變化等等。東尼告訴大家，他的動機是出於愛，而且大家也都相信他說的話。

但還有一件事：整場講座中，東尼不斷嘗試「提高客單價」，向聽眾推銷。參加這場講座的學員都已經繳付了大筆入場費，但是東尼和他的銷售團隊還會以更誘人的包裝以及更高昂的價格，行銷其他為期多日的系列講座，例如「與命運有約」講座的門票約為五千美元，「掌握大學生活」的門票約為一萬美元，至於「白金夥伴」的會員資格則是每年約四萬五千美元，擁有這項身分的學員就有資格和另外十一位「白金夥伴」一同陪同東尼前往異國度假。

下午的休息時間，東尼和他金髮美豔的妻子莎格繼續留在舞台上。他凝視著她的雙眸，撫摸她的秀髮，並且在她耳邊竊竊私語。望著他們兩人的互動，連婚姻幸福的我都突然忍不住感覺孤單，因為此刻我丈夫人在紐約，而我卻身在亞特蘭大。對於那些單身或者婚姻不美滿的人，這番景象看在眼裡又是什麼樣的滋味？這個景象可能會「挑起我心中強烈的渴望」，正如多年前戴爾．卡內基鼓勵業務員，要在他們可能的買家心底挑起一份激烈的渴望。果然，午休時間結束後，巨型螢幕上出現了一段冗長的影片，宣傳東尼的「建立伴侶關係」講座。

在另一場別具匠心的演講段落中，東尼開始解釋，如果找對「夥伴」的話，對於你的財務與情感方面會有多麼大的益處，緊接著馬上開始推銷價值超過四萬五千美元「白金夥伴」

會員，只限十二個席次，購買者將可榮獲進入「終極夥伴團體」的資格。東尼並宣稱這個團體將會是「無上的極致」以及「精英中的精英」。

我不禁想知道，為什麼參加講座的其他人似乎完全不在乎，甚至沒有注意到這些追加銷售的技巧。許多學員的腳邊早已經擺放著裝得滿滿的購物袋，裡面有他們剛剛在大廳購買的DVD和書籍，甚至還有東尼・羅賓斯的8乘10吋照片，學員買回家之後可自行裝框。

東尼最大的魅力，以及他吸引人們購買他周邊商品的本事，就在於他真誠地相信他自己的說法。這點和所有高明的業務員是相同的。他顯然不認為替他的信徒追求美好人生以及替他自己累積更多財富有任何衝突。他成功地說服我們，他的銷售技巧不僅可以為他個人謀取利益，同時也能夠幫助我們，而且再多人他都能幫。事實上，我認識一位個性體貼的內向性格者，他也是個非常成功的推銷員，並且自行舉辦訓練講座。他發誓東尼・羅賓斯不僅提升了他的業績，還幫助他成為更好的人。他說，他開始參加這一類的講座之後，他就學會了如何專注於自己想要達成的目標。如今他自己已經有本事可以舉辦訓練講座了，他成功了。「東尼給我了能量，」他說：「現在，當我站在舞台上的時候，我也可以為別人創造能量。」

☪

二十世紀初期重視個性的文化剛出現的時候，我們是基於一種自私的理由積極發展外向的人格：為了在未知又充滿競爭的新型態社會中超越他人。如今我們認為，讓自己變得更加外向，不僅能讓我們更成功，還能使我們成為更好的人。而且我們還認為，銷售技巧是與全世界分享自己才華的一種方式。

這就是為什麼東尼這麼積極地推銷東西，同時又受到千萬人崇拜，而非認定他是個自戀狂或他在騙人，反而認為這是最高等級的領導能力。如果林肯總統是「強調品德的文化」時期的代表人物，那麼東尼．羅賓斯就是個性文化時期的林肯。事實上，當東尼說到他一度想過要競選美國總統時，全場學員馬上大聲歡呼。

但是，超級外向就等於領導能力，這種推論到底合不合理呢？為了找出答案，我去拜訪了哈佛商學院。哈佛商學院是我們這個年代培育頂尖政商人士的學術機構，而且他們也十分以這一點自豪。

魅力領袖的迷思：哈佛商學院

我在哈佛商學院裡注意到的第一件事，就是這裡的人走路的方式。沒有人慵懶地散步、蹓躂或徘徊，這裡的人都以充沛的動能大步向前邁進。我到哈佛商學院訪問的那個星期正值秋季，學生們彷彿全身充飽了電力，在校園裡昂首闊步。當這些學生在路上擦肩而過的時候，他們並不是互相點頭示意而已，而是充滿活力地彼此寒暄，問候對方暑假期間在摩根集團實習的經驗，或是攀登喜馬拉雅山的感想。

「斯潘格勒中心」是哈佛商學院的學生活動中心，內部裝潢奢華，學生們在此的行為模式也一樣熱情。斯潘格勒中心的落地窗掛著從天花板垂地的海綠色絲綢窗簾，還有昂貴的真皮沙發，韓國三星牌高解晰度液晶電視靜靜播映著校園新聞，天花板上有高瓦數的明亮水晶吊燈，以氣勢雄偉的姿態懸掛著。桌子和沙發排列於房間四周，在房間中央形成一塊明亮的空曠區域，學生們帶著自信與熱情輕鬆穿越。他們似乎沒有意識到所有的目光焦點都在他們身上。我很佩服他們的淡定。

這裡的環境真好，不過學生似乎比周圍的環境更優秀。在哈佛商學院裡，沒有人的體重過重，沒有人的皮膚是粗糙的，更絕對沒有人打扮得怪裡怪氣的。女生的裝扮是啦啦隊隊長和未來成功商業人士的混合風格，她們穿著合身的牛仔褲、輕薄的襯衫以及不露出腳趾的高跟鞋，走在斯潘格勒中心上過蠟的光亮木頭地板時，會發出令人愉快的喀喀聲響。有些女生三三兩兩結伴而行，宛如舞台上的模特兒走台步，不過她們的表情是善於社交的，臉上散發著光彩與笑容，不像模特兒那樣冷漠又不帶感情。哈佛商學院的男生乾淨又熱愛運動，看起來就像是準備好要領導群眾了，只不過是以一種以童子軍般的友善方式來主導一切。我有一種感覺，如果你找一個男生問路，他一定先給你一個「我可以幫你」的微笑，然後開始全力協助你找到你的目的地——雖說他自己可能也不清楚正確的方向在哪。

我旁邊坐了幾位學生，正在規劃開車旅行的行程——哈佛商學院的學生一天到晚都在籌劃夜店活動或派對，不然就是在討論他們剛剛又完成了哪一趟超級好玩的極限旅遊行程。這些學生問我為什麼到哈佛商學院來，我告訴他們，我是為了撰寫一本關於外向性格與內向性格的書，所以才到這裡進行採訪。我們沒有告訴他們的是，我以前有個從哈佛商學院畢業的朋友，他把這所學院稱為「外向者的精神首都」。但事實證明，我根本不需要告訴他們這點。

「祝妳順利在這裡找到內向性格的人。」一個學生對我說。

「這所學校專屬外向的學生。」另外一位學生補充說明。「你的成績、社會地位全都依靠外向性格來成就。這裡的標準就是這樣。你身邊的每個人都勇於表達意見，積極融入群體，到處交際應酬。」

「難道沒有任何一個學生的性格是比較偏向安靜的嗎？」我問他們。

他們帶著好奇的眼光看著我。

「我沒有辦法回答妳。」剛剛第一個回答的學生說，一副不想理我的模樣。

☾

不論從哪一個衡量角度來看，哈佛商學院都不是一個普通的地方。這所學校成立於一九〇八年，戴爾．卡內基也是在那一年正式開始擔任業務員，四處推銷牛肉，並且在三年後轉行傳授公開演講的技巧。「培育出改變世界的領導人才」是哈佛商學院自許的重責大任，小布希總統是哈佛商學院畢業的，世界各大銀行的總裁、許多美國財政部部長和紐約市市長也是哈佛商學院校友。此外，像奇異公司、高盛集團、寶僑集團等大企業的執行長，以及因安隆事件而臭名遠播的大惡棍傑佛瑞．史基林，也都是畢業自哈佛商學院。二〇〇四年至二〇〇六年之間，財星五百大企業中各公司最頂尖的前三名高階主管，有百分之二十是哈佛商學院的畢業生。

哈佛商學院的畢業生也可能透過你所不知道的方式來影響你的生命：他們決定了誰應該上戰場打仗，何時去打仗；他們解決了底特律汽車工業的命運；在每一次撼動華爾街金融界和賓夕法尼亞大道政界的事件中，哈佛商學院的畢業生都扮演著領導者的角色。如果你在美國的企業工作，哈佛商學院的畢業生也可能會左右你的日常生活，他們會評估你在職場上需要多少隱私，評估你每年需要參加幾場建立團隊精神的教育訓練，並評估究竟是腦力激盪或是閉門造車才能發揮出最棒的創意。有鑒於這些人影響力範圍之廣，我這趟專程來觀察哈佛商學院錄取什麼樣的學生，以及他們在畢業時重視什麼樣的價值，實在是來對了。

那個祝我在哈佛商學院中順利找到內向者的學生，必定深信哈佛商學院裡沒有這種人，但是他顯然不認識哈佛商學院一年級學生陳冬（音譯）。我第一次在斯潘格勒中心見到陳冬的時候，他就坐在一張沙發上，距離那群忙著規劃行程的學生不遠。陳冬是個典型的哈佛商學院學生：個子很高、態度親切、顴骨突出、笑容可掬，而且頂著衝浪男孩般的時髦髮型。他打算畢業之後找一家私人公司上班。與陳冬交談一會兒之後，我發現他說話的聲音比其他學生輕柔，說話時頭部會稍微歪斜，笑起來有點猶豫的感覺。陳冬一派輕鬆地描述自己是個「受苦的內向者」，因為他在哈佛商學院待得越久，他就越相信自己最好趕快改變行事作風。

陳冬喜歡有自己獨處的時間，但這在哈佛商學院裡不太可能辦得到。他每天一早起床之後，就必須先和他的「讀書小組」進行一個半小時的小組討論。這個已經排定的讀書小組是強制性的活動，不能不參加。哈佛商學院的學生似乎連上廁所的時候都會和小組成員一起。

接著早上大部分的時間都在課堂中度過，與班上九十位同學一起坐在宛如競技場的馬蹄形教室裡，每一階的座椅逐漸升高。每堂課的一開始，教授都會隨手指定一名學生出來講解當天課程要研討的案例，而課堂上討論的案例都是擷取自真實的企業實務，例如某家公司的執行長打算調整公司的薪資結構。案例中的靈魂人物（這個案例中的執行長）被稱為「主角」。教授會問學生：**假如你是這個案例中的主角——你會怎麼做？**其實這也暗示著台下的學生在不久之後就會成為各大公司的要角——

哈佛商學院教育的本質是要求領導者必需用高度的自信心來因應變化，並且在資訊不足的狀況下做出決策。在這所學校的教學方法中，教授會丟出一個老問題給學生：假如你沒有充足的資料——而且你通常無法取得完整的資料，你是否應該等到盡可能收集到最多的資料之後再採取行動？如果你猶豫不決，會不會失去別人對你的信任，並且喪失行動的契機？這些問題都沒有明確的答案。如果你根據不良的資訊做出判斷，你可能會讓你的公司與職員陷入麻煩；但是如果你表現出猶豫不決的態度，不僅公司的士氣會受損，投資人也會因此不再投資，最後導致你的公司瓦解。

哈佛商學院的教學方式暗示著明確性的重要。執行長或許不知道哪條路對公司最有利，但是執行長一定要採取行動。哈佛商學院的學生必須輪流發表意見。在理想的狀況下，被隨機點名說話的學生已經先和讀書小組討論過這個案例，因此他早已準備好應該如何幫助案例中的主角採取最有利的行動。在他分享完他的看法之後，教授會鼓勵其他學生發表自己的看法。學生課堂成績的一半，以及他們大部分的自我形象，都來自於課堂上的發言。如果某個學生經常發表意見，而且他的意見強而有力，那麼他在學校裡就是個狠角色；如果他都不說話，他就麻煩大了。

許多學生可以輕鬆適應這個制度，但是陳冬沒有辦法。他沒有辦法順利參與課堂上的討論；在討論某些案例的時候，他幾乎沒有開口發言。他希望等到自己有精闢見解的時候才出來發表己見，或者是當他實在無法贊同某人的看法時，他才願意開口反駁。他的想法聽起來很合理，但是陳冬認為自己應該要更自在地發言才對，這樣他才可以有更多的表現。

陳冬在哈佛商學院有幾位朋友，也和他一樣屬於思慮周到又內省的類型。他們花了很多時間談論「在課堂上發言」這件事情。在課堂上要說多少話才算是說得太多？或是太少？什麼樣的狀況下公開反駁同學的意見，才算是健康的辯論？什麼樣的狀況下又會變成競爭性的言論或是批判對方的看法呢？陳冬有一個朋友很擔心這些問題，因為她的教授寄了一封電子郵件給全班同學，要求同學如果對於當天討論的案例已經有了職場上的實務經驗，務必先行讓教授知悉。她確信這位教授的用意是避免同學在課堂上發表出愚蠢的言論，因為她上星期的表現就有點蠢。陳冬擔心的另外一件事，就是自己的聲音不夠大。「我說話的聲音天生比較柔和。」陳冬表示。「所以，假如我要讓自己的聲音聽起來像其他人一樣大聲，我覺得自己必須要用力吶喊才行。這一點我還需要多加練習。」

哈佛商學院努力將安靜的學生變成愛說話的人。教授們也有自己的「讀書小組」，他們彼此分享如何引導沉默寡言的學生開口說話的技巧。如果學生不在課堂上發言，這不僅是學生自己的危機，也是教授的危機。「如果有哪個學生到了學期結束前都沒有開口發言，問題就大了，」在哈佛商學院開設組織行為課程的米契・安特彼教授說。「代表我沒做好我份內的工作。」

為了提升課堂參與，哈佛商學院甚至舉辦現場資訊講座，並且製作網頁，以便教導學生如何更加積極參與課堂討論。陳冬的朋友如數家珍般地分享他們吸取到的小訣竅。

「發言時要充滿信心。即使你對某件事情只有百分之五十五的確信度，但你在說出口的時候必須抱持百分之百確定的態度。」

「如果你獨自一人準備上課的內容，那你的做法是錯誤的。因為在哈佛商學院裡，沒有任何一件事情應該單打獨鬥地完成。」

「不要等到自己有完美的答案時才開口。有什麼想法就說出來，這麼做比永遠不出聲音來得好。」

哈佛商學院的校園報也提供學生豐富的建議，經常刊登「如何以正確的方法思考與說話——切入重點！」、「開發你的舞台魅力」以及「是自傲或是自信？」等標題的文章。

在教室課堂外，外向的性格也是必要的。下課後大部分的人會一起到斯潘格勒中心共進午餐。一位哈佛商學院的畢業生說，「這種大家一起吃飯的畫面，簡直比高中生更高中生。」陳冬的內心每天都在掙扎，他應該回自己的公寓去享受一頓安靜的午餐以補充元氣嗎？（這才是他真正渴望做的事情。）或者，他應該和同學一起用餐？即使他強迫自己去斯潘格勒中心和大家吃午餐，社交壓力也依舊存在。一整天下來，這一類他必需面對的問題會不斷累積。到了下午，該不該參加傍晚的「歡樂時光」聚會呢？晚上該不該與大家共度一個熱鬧的夜晚呢？陳冬說，哈佛商學院的學生每個星期總有好幾個晚上，大家會成群結隊出去瘋狂一陣子，雖然這類活動並沒有強制每個人參加，但是對於那些不喜歡跟一大群人出去玩的學生而言，他們覺得自己是被強迫參與的。

「在哈佛商學院，社交就像是極限運動！」陳冬的一個朋友告訴我。「哈佛商學院的學生一天到晚往外跑。如果哪天晚上你沒跟著出去社交，第二天大家馬上會問：『你昨天上哪兒去了？』所以我每天晚上都得出門，感覺就像是上班一樣。」陳冬並且發現，負責呼朋引伴的那些同學，不論是找大家去享受「歡樂時光」、約大家共進晚餐，或是舉辦飲酒派對，那些負責張羅社交活動的人，都是在處於社交金字塔頂端的角色。陳冬表示：「教授對我們說，我們在哈佛商學院結識的同學，會是將來參加我們婚宴的客人。」陳冬補充。「如果從哈佛商學院畢業時還沒建立起廣泛的社交網路，你等於白唸哈佛商學院了，入寶山卻空手而回！」

等陳冬晚上回到家爬上床的時候，他已經精疲力盡了。有時候他不知道自己到底為什麼要這麼努力假裝自己是外向的人。陳冬是美籍華人，他暑假才去了中國實習。中國與美國在社會規範上有著巨大差異，讓他感到十分驚訝，而且他覺得自己在中國比較自在。中國社會更強調聆聽，會優先考量別人的需求，而非只是不停地發表長篇大論。在美國，陳冬覺得每個人說話時都在想著怎樣把自己的經驗轉化為故事跟別人講，但是對中國人來說，分享太多無關緊要的資訊，反而可能耽誤別人太多時間。

「那年夏天，我告訴我自己：『現在，我終於明白，我是華人』。」陳冬說。

只不過，中國遠在他方，而他正在麻州的劍橋市讀哈佛。如果我們要評斷哈佛商學院在教導學生「適應現實社會」這件事上是否稱職，我相信大家應該都會給予肯定的評價。畢竟，根據史丹佛大學商學院所做的一份研究報告，學生們畢業之後所要進入的社會，將會用兩個標準來衡量你能否搖身成為成功人士：流利的表達能力以及良好的社交能力。一位奇異公司的中階主管曾對我說，假如你沒有準備好簡報內容，也講不出你想表達的重點，這個圈子裡的人根本懶得跟你碰面。就算你只是打算推薦你的同事給別人，你也不能光只是跑到別人的辦公室裡，告訴他們你心裡的想法就算了。你必須要準備簡報，陳列出被推薦人的所有優點與缺點，並且做出結論。

除非是自己當老闆，或是能夠在家遠端辦公的人，否則大多數成年人在辦公室的走廊上都必須經常表現出熱情且自信的模樣，與同事們問候寒暄。《華頓商學院職人刊》於二〇〇六年的某篇文章表示：「商業世界的辦公室環境，正如某位企業訓練師所形容的：『大家都知道，在辦公環境中外向是重要的，內向是麻煩的，因此大家努力偽裝成外向的人，不管心裡感覺舒不舒服。你和執行長有沒有喝同品牌的單一麥芽蘇格蘭威士忌？你去的健身俱樂部對嗎？』」

有些產業聘用了許多藝術家、設計師和其他創意人員，可是這些產業也偏好僱用性格外向的人。一個大型媒體公司的人力資源總監這樣對我說：「我們想要吸引創意人才。」我問她「創意」是什麼意思時，她立刻就回答出以下的內容，連一拍都沒漏掉：「在這裡上班的人必須外向、有趣，充滿活力。」

有些時下的廣告以商務人士為主要訴求，這些廣告令人想起第一章提到過的早期威廉斯豪華刮鬍霜廣告。例如CNBC頻道上播過一個廣告，描述某個白領上班族失去了一次好機會。

（老闆對著泰德和愛麗絲兩人說話）

老闆：泰德，我決定派愛麗絲去參加行銷會議，因為她用腳思考都比你的腦袋快。

泰德：（沒反應）……

老闆：好，愛麗絲，星期四我們就派妳……

泰德：哪有！她的思考哪有比我快？

還有許多廣告都直接宣稱自己的商品可以促進外向個性。美國國鐵於公元兩千年以「遠離你的壓抑」當成廣告標題；耐吉之所以能成為卓越的企業品牌，有一部分是因為他們「放手去做」（Just Do It）系列廣告的大功勞。在一九九九年和公元兩千年，精神科藥品Paxil推出一系列的廣告，宣稱可以治癒一種名為「社交焦慮失調」的極度害羞病症。他們在廣告中以類似灰姑娘的故事當內容主軸，傳達出「個性可以轉變」的訊息。其中一則廣告的內容是某位衣冠楚楚的主管在談成生意時與客戶握手，廣告標語是：「我嗅到成功的味道了。」另外一篇廣告中則顯示出沒有服藥的下場：一個生意人獨自坐在辦公室裡，垂頭喪氣地將額頭靠在握緊的拳頭上，廣告標題寫著：「我應該要常常參與外面的活動。」

然而哈佛商學院也知道，領導風格如果太重視快速且肯定的答案，忽略了安靜且較慢的決策，有時候可能也會出問題。

每年秋季，哈佛商學院會讓新生參與一項角色扮演的遊戲，遊戲名稱為「極地求生」。學生會接獲如下的說明：「十月五日，下午兩點三十分左右，魁北克北境和紐芬蘭交界處的蘿拉湖東岸，你們搭乘的水上飛機迫降墜毀。」學生被分成小組，請他們想像從飛機殘骸中找到十五項物品，包括指南針、睡袋、斧頭等等，然後將這些物品依照對於極地求生的重要性，排列出先後順序。學生必須先以個人為單位，排定這些物品的優先順序，接著再以小組為單位，排出這些物品的重要順序。下一步，他們把自己的答案對照求生專家排序的結果，為自己的排序打分數，看看自己的表現如何。最後，他們再觀看自己所屬的小組進行討論的過程錄影帶，以便瞭解他們哪裡做對了，或是哪裡做錯了。

這個活動的目的是教導「團體縱效」。如果團體的分數比團體中個人的分數高，表示一群人合作的縱效成功；如果小組中的每個團員的分數都高於團隊的分數，表示這個小組失敗。當團體中的學生過度自信時，小組就會失敗。

陳冬班上有位同學，很幸運地和一位曾在寒冷北方森林區具有豐富經驗的學生同組。那個學生對那十五項求生工具的排序方式提出很棒的建議，可惜他的組員不願聽取他的意見，因為他在表達意見時太過文靜。

陳冬的那個同學後來回憶：「我們的行動計畫，是由最擅長發表意見的人來決定的。表達得不太好的人提出看法時，他們的看法會被捨棄。儘管那些被捨棄的意見可以救我們一命、帶我們遠離麻煩，但是這些意見還是被忽略了，因為那些很會表達意見的人堅持他們自己的主張。後來我們看了討論過程的錄影帶，畫面實在令人尷尬。」

「極地求生」聽起來可能像是個在象牙塔學院裡面進行的無害遊戲，但如果你回想一下自己參加過的會議，你可能會想起曾經有一次（或好幾次），那些活潑健談的人在會中所提出的建議，最後反而危害了全體與會者的利益。也許牽涉的風險程度比較低，例如家長會應該在星期一還是星期二晚上召開；但也許會牽涉到重大的事件，可能是安隆公司的高階主管在緊急會議中決定是否要對外揭露有問題的帳務（更多與安隆公司相關的討論，敬請參閱本書第七章），或者是陪審團討論是否該讓一位單親媽媽入獄坐牢。

我和哈佛商學院的奎恩．米爾斯教授討論「極地求生」這項活動。米爾斯教授是研究領袖氣質風範的專家，為人有禮，我們碰面那天他穿著細條紋的西裝，繫著一條黃色圓點領帶。他的聲音非常宏亮，而且他很善於利用他的音量。他劈頭就說，哈佛商學院的教學方式「認定領導者說話應該要大聲，而且根據我的看法，這種觀念並沒有錯」。

米爾斯教授也提到一種稱為「贏家的詛咒」的常見現象：當兩家公司為了收購第三家公司而互相競爭，雙方你來我往、開價越來越高時，這個競價行為就失去了經濟效益，反而變成了一種面子保衛戰。為了不讓對方在這場競價爭戰中成為贏家，最後得標的一方必須以高過實際價格的金額買下他們收購的公司。「在這種情況中，獲勝的似乎是比較有自信的一方，而且這種情況一天到晚發生。有人會質疑：『這是怎麼一回事？為什麼我們要支付這麼高的價格？』通常競標者會解釋他們只是被情勢牽著鼻子走，但這種說法並不正確。應該說，他們是被自信又專斷的人牽著鼻子走。哈佛商學院的學生非常擅於達成自己的目的，但是並不代表他們的目的是正確的。」

如果我們假設個性安靜的人和說話大聲的人都擁有相同數量的好意見與爛點子，那麼我們可能就要擔心那些說話大聲或表達方式有力的人會主導一切。這意味著很多爛點子會佔上風，而好的意見卻被忽略摒棄。許多研究團體互動的報告指出，這種狀況確實經常發生。我們經常認為愛說話的人比沉默安靜的人聰明，但是在校成績、大學入學的學測分數、智力測驗的結果都證明我們這種看法是錯誤的。有一項實驗是安排兩個陌生人在電話裡交談，結果發言較多者被認為比較聰明、長相比較好看，而且比較討人喜歡。我們也會把說話較多的人當作領導者。一個人話說得越多，團體中的其他人就越關注他。這意味隨著會議的進展，這個人的影響力也越來越大。說話的速度也是這樣，我們經常認為說話速度快的人比說話慢的人有能力，而且比較吸引人。

如果說話很多的人就代表他的好點子也多，那或許還沒有什麼問題，只不過研究顯示，「說話很多」與「是否有好的見解」沒有正相關性。有一項研究安排一群大學生一起解決數學問題，然後請他們評估彼此的智力和判斷力。率先發言和最常發言的學生一定會獲得大家最高的評價，儘管這些學生所提出的建議（以及他們學測的數學成績）都不見得比那些不愛說話的學生優秀。同樣一批率先發言和最常發言的學生，參加了另一個實驗，要他們替一家新創企業擬定商業策略，而他們在這個實驗中依然被評定為是更具有創造力與分析能力的人。

加州大學柏克萊校區組織行為學教授菲力浦．泰特拉克做過一項知名的研究，他發現電視上那些名嘴——那些根據有限資訊就講得煞有介事的人，他們對於政治或經濟趨勢的預測，遠不如隨便一個路人所預測的結果準確。而且預測得最差勁的人，通常就是最有名且最有自信的名嘴，也就是在哈佛商學院中會被視為天生領導者的那種人。

對於這種情形，美國陸軍有一個專有名詞：「開往阿比林的巴士」。美國陸軍戰爭學院行為科學教授史蒂芬．傑拉斯上校於二〇〇八年接受《耶魯大學校友期刊》訪問時說：「隨便一個陸軍軍官都可以告訴你『開往阿比林的巴士』是什麼意思。故事發生在德州某個炎熱的夏天，有一家人坐在前廊，突然有個人說：『我好無聊喔！我們去阿比林走走吧！』等他們抵達阿比林的時候，有個人說：『你知道嗎？其實我根本不想來。』然後另一個人也說：『我也不想來，我還以為是你想來。』大概類似這樣的情形。因此，當軍中某人說：『我覺得我們已經搭上開往阿比林的巴士』時，就是一個警訊。有了這個警訊就應該停止對話。這是軍中文化特有的產物。」

「開往阿比林的巴士」這個故事告訴我們，只要有人提出行動方案，不管是任何行動方案，大家都會乖乖跟從，因為我們傾向於把權力賦予說話最有力的人。一位備受年輕企業家推崇的創投資本家說，他的同事常不懂得區分「高明的簡報技巧」和「真正的領導能力」，這點讓他感到相當不滿。傑拉斯上校也說：「我很擔心有許多人因為能言善道而被賦予權力，但其實他們沒有真材實料。『會吹牛』與『有真本事』這兩者很容易被搞混，有的人看起來很會說話而且很好相處，彷彿有這些特質就足夠了。為什麼會這樣呢？因為這些特點是很有價值的。但是我們太過看重表達能力，而且太過輕忽實質且具批判性的思考了。」

神經經濟學家葛瑞格利．伯恩斯在他的著作《破除迷信者》中探究了如果公司太過仰賴簡報技巧，使得好點子沒有被採用，產生劣幣驅逐良幣的現象，那結果會如何。他提到一家名為「儀式解決法」的軟體公司鼓勵員工透過網路上的「點子市場」來分享新的想法，以此強調有建設的想法而非浮誇的表達方式。這間公司的董事長以及執行長根據他們之前的經驗，建立出這套「點子市場」的系統，做為解決問題的方式。該公司執行長告訴伯恩斯，「在我之前服務的公司，如果你有個很棒的點子，老闆會對你說：『很好，我們幫你約個時間，讓你向負責審查新點子的決策委員會分享你的想法。』」董事長接著描述了接下來的情況：

某個技術部門的人提出了一個好主意。當然，大家會對這位他們不認識的技術人員提出一些質疑。舉例來說，市場有多大？打算採行何種行銷方式？對這項專案有什麼樣的業務計畫？產品的成本是多少？這種場面會讓人覺得有點尷尬，因為大多數人都沒有辦法回答這一類的問題。能夠讓提案通過董事會的提案人，通常不是提出最好想法的人，而是能將專案內容簡報得最為精彩的人。

商場實務界最具績效的執行長，似乎有許多是內向的人，這點與哈佛商學院的「大聲公」領導模式相反。包括證券業名人查爾斯．許瓦伯、比爾．蓋茲、莎莉雪藏蛋糕公司執行長布蘭達．邦恩斯以及德勤會計師事務所前任執行長傑姆斯．寇普蘭等，都是內向的人。管理學大師彼得．杜拉克曾經寫道：「過去五十年來，我與很多極具領導績效的執行長共事過，他們有些人會把自己鎖在辦公室裡，有些人則極端喜愛交際應酬；有些人以快速又衝動的方式完成決策，有些人會仔細研究各種情況，花很長的時間才決定一項策略……但是在我認識的那些最具績效的執行長身上有一種共同的人格特質，應該說是一種他們沒有的特質：他們很少有，甚至沒有『魅力』，也很少使用這個詞彙或是它所代表的意涵。」

楊百翰大學管理學教授布萊德利．愛格爾為了佐證杜拉克的論點，研究了一百二十八家大企業的執行長，發現那些被高階領導幹部認為具有領導魅力的執行長，他們的薪酬比較高，但是不見得有較好的領導績效。

我們往往會高估領導人必須具備的外向程度。哈佛商學院的奎恩．米爾斯教授告訴我：「公司裡大多數的領導決策都是在小會議中完成的，有時是透過文件或視訊等遠距方式完成。決策並不是在一大群人面前做出來的。不過，你有時候還是必須得在一大群人面前表現出自己的本事。你若是一家公司的領導者，就不可能一走進擠滿分析師的會議室裡馬上嚇得臉色發白、轉身逃開。不過，你不需要常常找一堆人開會做決策。我認識不少企業的領導人是高度自省的內向人士，他們要面對群眾之前，還真的需要好好花功夫準備才行。」

米爾斯教授提到了充滿傳奇的前ＩＢＭ公司董事長盧．葛斯特納。「他是哈佛商學院畢業的，」米爾斯教授說，「我不知道他會怎麼描述自己。他經常在很多人面前發表演說，而且他發表演說的時候看起來很平靜，但根據我對他的認識，我覺得他在小團體面前會更自在。哈佛商學院裡面有很多人都是這樣的個性，真的。雖然不是所有的人都這樣，但是人數並不少。」

事實上，根據極有影響力的管理學理論家吉姆．柯林斯一項著名的研究，二十世紀後期許多表現優異的公司，都是由他所謂的「第五級領導人」所帶領出來的。這些優秀的執行長的名聲並非來自他們的光芒或魅力，而是他們極度謙和的態度以及強烈的專業意志。在吉姆．柯林斯深具影響力的著作《從A到A+》中，他提到了金百利克拉克集團執行長達爾文．史密斯的故事。在他擔任執行長的二十年間，他將這家公司變成全世界紙業產品的領導品牌，股票獲利超過市場平均值的四倍以上。

達爾文．史密斯個性害羞，溫文儒雅，身穿普通連鎖百貨買來的西裝，臉上戴著宅味十足的黑框眼鏡。放假的時候，他喜歡獨自在他位於威斯康辛州的農場上灌溉施肥。有次華爾街日報的記者要達爾文．史密斯形容自己的管理風格，他盯著那名記者好長一段時間，然後才簡短答覆：「古怪。」不過他柔和的行事風格底下隱藏著強烈的企圖心。他獲命擔任金百利克拉克執行長不久後，做出了一個劇烈的轉變，決定出售負責生產塗布紙的紙漿廠（這是該公司的核心主力商品），將金額拿來投資消費性紙品的生產，因為他認定消費性紙品具有更高的經濟價值以及更光明的未來。每個人都說他犯了一個超級大錯誤，華爾街許多分析師也紛紛下調對金百利．克拉克股價的預期值，但是史密斯面對外界的看法根本不為所動，執意去做他認為正確的事情。結果金百利克拉克越來越加強大，遠遠勝過它在市場上的競爭對手。事後有人問他的商業策略是什麼，他只回答說他會不斷努力讓自己更加勝任眼前的工作職位，永不停歇。

《從A到A+》作者柯林斯並沒有強調安靜的領導風格。當他開始進行研究的時候，他只想知道一間公司必須具備什麼樣的特質，才能夠在競爭市場上贏過對手。柯林斯挑選了十一家營運出色的公司深入研究。一開始，他完全不提與領導者相關的問題，免得得到過於簡化的答案。但是當他分析那些傑出企業的共通點時，「執行長的性格」這個項目就自動跳出來了。這些企業中每一家都是由像達爾文．史密斯這般謙虛的人所領導。與這些執行長共事的員工，則使用了下列的詞彙來形容他們的領導者：沉著、謙遜、溫和、自制、緘默、害羞、優雅、個性溫和、不愛出鋒頭、低調保守。

柯林斯表示，我們從這項研究中學到的事情相當明確。我們不需要什麼了不起的大人物才能夠改造一家公司，我們需要的是努力經營公司的人，而不是忙著標榜自己多了不起的人。

☾

所以，內向的領導者在哪些方面會與外向領導者有所不同，甚至有更出色的表現呢？

從華頓商學院管理學教授亞當．葛蘭特所做的研究中可以找到答案。葛蘭特教授長期擔任財星五百大企業以及美國軍事領導人的顧問諮詢工作，客戶包含谷歌、美國陸軍與海軍。

我和他第一次交談的時候，葛蘭特教授還任教於密西根大學的羅斯商學院，他在該校服務期間從研究得知，既有的學術研究都指出外向性格和領導地位有正向相關，但事實應該並非如此。

葛蘭特教授提到一位美國空軍聯隊指揮官的故事，這位指揮官的軍階只比將軍低一個階級，但必須統御領導上千人，負責保衛一個高度機密的飛彈基地。指揮官不僅是典型的內向性格者，也是葛蘭特教授所見過極為出色的領導者之一。但是如果讓這位指揮官同時面對太多人，他的思緒就會失焦，因此他必須經常找時間獨處思考，讓自己充電。他說話時給人一種安靜的感覺，語調沒有太多抑揚頓挫，臉上也沒有太多表情。他比較喜歡傾聽別人的看法，並且收集各項資訊，而不是堅持自己的意見或者主導與別人的對談。

這位指揮官廣受愛戴。他講話的時候，每個人都專注傾聽。這一點並沒有什麼了不起，如果你是軍中高官，底下自然會有一大堆人專心聽你講話。但是在這位指揮官的案例裡，人們不只是敬重他官階的權威，還敬重他領導統御的方式：他支持下屬主動提出看法，他讓下屬參與重要決策，並且落實那些合理的建議案，同時又清楚表明只有他才有最終的決定權。他不在乎功勞在誰的身上，甚至不在乎任務由誰來主導，他只重視工作是不是會分配給最有能力的人。這意味著他願意將一些最有趣、最有意義、最重要的任務分配給其他人負責，而其他的領導者通常只會把這一類的工作保留給自己。

為什麼以前的研究中沒有注意到類似這位指揮官所擁有的能力特質？葛蘭特教授認為他知道問題何在。首先，他仔細檢視關於人格特質與領導能力的研究資料，他發現外向性格與領導效能之間的相關性，在於「謙虛」這件事上，外向的人可以透過謙虛來達到較高的領導效能。其次，以往研究的假設基礎是「大家認為誰是比較好的領導者」，而不是「實際上誰是比較好的領導者」。事實上，個人意見往往只反映了文化上的偏見。

最讓葛蘭特教授感興趣的是，現行的研究並沒有將領導人可能面對的各種不同情況加以區別。因此，他推論某種類型的組織架構或事件會比較適合內向的領導風格，而某種類型的組織機構或事件會比較適合外向的領導風格。只不過，目前的研究報告尚未進行這方面的區分。

葛蘭特教授提出了一個理論，來說明在哪種情況下會需要內向的領導者。他假設，員工的性格很被動時，則外向的領導風格可以提升團體的績效；當員工的個性都很積極進取的時候，則適合由內向性格的領導人帶領。針對這項假設，葛蘭特教授與哈佛商學院的法蘭西斯卡．吉諾教授以及北卡羅萊那州大學肯南弗拉格勒商學院的大衛．霍夫曼教授共同進行了兩組研究。

第一組研究中，葛蘭特教授與兩位學者以一家美國排名前五大的比薩連鎖店為樣本進行分析。在各分店當中，由外向店長帶領的分店，每週營業利潤比那些由內向店長帶領的分店要高出百分之十六，但這種情況僅在「店內員工是被動性格，不會自動自發做事」的前提下才成立。內向的店長會產生完全相反的結果：在「內向店長＋積極進取的員工」這種組合下，業績會勝過「外向店長＋積極店員」的分店百分之十四以上。

在第二項研究中，葛蘭特教授的研究團隊將一百六十三位大學生分成多個小組，比賽看哪一個小組能夠在十分鐘內摺完最多件T恤。這些大學生不知道其實每個小組裡面都安排了兩位演員。在某些小組裡，那兩名演員故意表現得很被動，完全聽從領導者的指示進行動作。在別的小組裡，一位演員會故意問：「不知道有沒有其他更有效率的方式來摺T恤？」另外一位演員則會回答說他有個日本朋友知道快速的摺衣法，「但是我得花一、兩分鐘的時間來教會大家。」接著演員就會對小組的領導人說：「我們要來試試看這種方法嗎？」

結果非常驚人。內向領導者願意聽取意見的比例，比外向領導者高了百分之二十。而且在學會這個快速摺衣法之後，這些內向領導者的小組表現出來的績效會比外向領導者的小組高出百分之二十四。在另一方面，如果小組成員屬於消極被動的個性時，他們會單純依照領導者的指示，並不會分享任何自己知悉快速的摺衣方法，在這種小組中，外向領導者的小組，績效會比內向領導者的小組高出百分之二十二。

為什麼領導者的績效，竟然與屬下個性的消極或積極有關？葛蘭特教授表示，內向的領導者擅長領導積極主動的人，這是很有道理的，因為內向的領導者喜歡聆聽別人說話，而且也不喜歡主導社交互動，所以他們更能聽見並落實屬下的建議。內向的領導者不僅能從屬下的建議中獲益，那些屬下也會因此受到激勵，進而更加積極主動。換句話說，內向的領導者建立起一種良性循環。在摺T恤的研究中，小組成員認為內向領導者的思想更開明、更易於接受他們的想法，因此促使他們更加努力摺疊更多T恤。

另一方面，外向的領導者總是先急著丟出自己的看法，因此失去傾聽別人好點子的機會。長久下來，屬下的心態也會因此變得消極。「到後來，外向的領導者變得只得不斷地說話。」哈佛商學院的法蘭西斯卡・吉諾教授表示：「因為他們沒有聆聽屬下試圖分享的意見。」但由於外向領導者天生具有激發別人的能力，因此如果與個性被動的組員配合，便能夠獲得更為出色的績效。

這一方面的研究才剛剛起步，不過，在個性積極的葛蘭特教授主導下，這項研究發展得相當快速。（據某位葛蘭特教授的同事描述，葛蘭特是那種「在事情預計要發生的二十八分鐘之前，就先讓事情發生」的人。）葛蘭特教授對於研究發現的結果感到相當興奮，因為在這個快速變化、全年無休的商業世界，如果一個企業組織要成功，就格外需要那些積極主動、善用情勢、不待長官吩咐就自發奮起的員工。而對每一位領導者來說，如何讓這一類積極的員工發揮最大的貢獻，就是一門極重要的功課了。對於企業組織而言，找到願意傾聽的領導者和找到口若懸河的領導者是同等重要的。

葛蘭特教授表示，大眾媒體總是建議內向領導者加強練習公開演講的技能，並且勤於微笑。但是葛蘭特教授的研究卻發現，內向的領導者善於鼓勵員工採取主動，他們在這點做得很好，應該繼續保持下去。另一方面，外向的領導者「應該採取比較保守、靜默的領導風格。」葛蘭特教授在論文中表示。或許外向的領導者應該學習坐下，好讓其他人有機會站起來。

一位名叫羅莎・帕克絲的女性，在這方面就做得相當自然且成功。

一九五五年十二月，羅莎．帕克絲在阿拉巴馬州蒙哥馬利市的巴士上拒絕讓位給白人。這件事發生之前，她已經長年在美國的「全國有色人種促進會」擔任幕後工作，甚至接受過「非暴力方式抵抗」的訓練。她從小到大經歷過許多事件，激發她對這項工作的使命感。小時候，奉行白人至上的3K黨曾在她家門前示威；二次世界大戰期間，她哥哥在戰場上救了無數白人士兵的性命，退伍回家後卻被歧視有色人種的人吐口水。另外，一位十八歲的黑人送貨小弟被誣陷犯了強姦罪，因而被送上電椅含冤而死。羅莎．帕克絲在「全國有色人種促進協會」裡擔任文書工作，負責登記會員的繳費狀況。空閒的時候，她為鄰居的小孩朗讀故事。她工作努力，受人尊敬，但是不會有人把她當成是一位領導者。在大家的眼中，羅莎．帕克絲頂多是一位勤奮盡責的小螺絲釘。

很少人知道，早在她拒絕蒙哥馬利巴士司機要她讓位的命令之前十二年，她就已經遇見過同一個司機了，而且很可能就在同一輛巴士上。這是一九四三年某個十一月的下午，巴士車廂後半部專供有色人種乘坐的區域實在太過擁擠，於是帕克絲便從前門上了車。那輛巴士的司機是個有名的偏執狂，名字叫做傑姆斯．布萊克，他喝令帕克絲從後門上車，還動手推她下車。帕克絲小聲地要求布萊克不要碰她，表示她自己會下車。布萊克則是氣極敗壞地回嗆：「滾出我的車！」

羅莎．帕克絲順從巴士司機布萊克的要求，但在下車的時候，她故意把錢包掉到地上，然後在拾起錢包的時候一屁股坐到白人專屬的座位上。歷史學家道格拉斯．布林克利為羅莎．帕克絲寫過一本很棒的傳記，在這本傳記中他提到「羅莎出於直覺，進行了一次『消極抵抗』的行為。消極抵抗這個詞是托爾斯泰發明的，後來由印度聖雄甘地加以實踐。」羅莎故意坐白人座位的這件事，比馬丁．路德．金恩博士推廣「非暴力抗爭」還早了十幾年，而且當時羅莎也還沒有接受過「公民不服從」④訓練。不過，布林克利說：「這種原則與羅莎．帕克絲的個性完美匹配。」

巴士駕駛傑姆斯．布萊克的行為讓羅莎深感厭惡，因此在接下來的十二年間，羅莎只要看到布萊克駕駛的公車，她就不搭乘。可是，為什麼在十二年後的那一天，她會再度搭上布萊克的巴士，且讓自己成為「民權運動之母」呢？根據布林克利的研究，她純粹只是因為分神，一時的心不在焉。

羅莎．帕克絲那天在巴士上的行為既勇敢又神奇，可是在隨後的法律訴訟中，她靜默的力量才真正閃耀出光芒。地方上的民權運動領袖認為這個事件可以做為挑戰該市公車法規的案例，因此不斷給她壓力，要她提起訴訟。這可不是個隨隨便便就可以決定的小事。羅莎家裡有一位生病的母親靠她撫養，如果她確定興訟，可能意味著她會丟掉工作，說不定連她先生也會離開她。羅莎的丈夫和母親都警告她，提告的話很可能會害她遭受白人的私刑，「被吊在全市最高的電線杆上」。她的丈夫央求她說：「羅莎，那些白人真的會宰了妳！」布林克利在書中寫道：「因為巴士上發生的單一事件而遭到警方逮捕，這是一回事。不過，套句歷史學家泰勒．布蘭屈的話，刻意選擇重返禁區，那又是另外一回事了。」

羅莎是一位完美的原告人選。她是虔誠的基督徒，也是誠實正直的公民，而且個性溫和柔順。在杯葛巴士的運動中，許多人在辛苦走路上班、上學時會大喊「他們（巴士公司）惹到不該惹的人了！」這句話後來變成群眾集會時的呼喊口號，而這句話的力道在於它所展現出的矛盾：通常我們說人家「惹到不該惹的人」，指的是不小心惹到地方角頭或一方之霸，可是羅莎的力量卻是從她的沉默散發出來的。「這句抗爭的標語恰好可以用來提醒大家，激發起這場杯葛運動的女性，原來是這麼溫柔的烈士，上帝絕對不會放棄她。」布林克利寫道。

羅莎．帕克絲花了一點時間來做決定，最後她終於同意起訴。在她出庭參與審判當晚，她還參加了一場集會。在那場集會中，年輕的馬丁．路德．金恩博士發起了全新的「蒙哥馬利改進協會」，呼籲蒙哥馬利市所有的黑人社區共同抵制市內黑白分座的巴士。金恩對群眾說：「這件事情註定要發生，我很高興它發生在羅莎．帕克絲這樣的人身上。沒有人可以質疑她無比的正直，沒有人可以質疑她高尚的人格，帕克絲太太是態度謙虛、品格正直的人。」

當年稍後，羅莎答應和金恩博士以及其他的民權領袖一起進行巡迴募款演講。一路上她飽受失眠、胃潰瘍及思鄉病之苦，途中她遇到了她的偶像，前總統小羅斯福的太太伊蓮諾．羅斯福（第六章還會提到她）。伊蓮諾將兩人相遇的過程寫成文章，發表於報紙上的專欄：「羅莎．帕克絲是一位安靜又柔和的人，卻能表達出這麼積極獨立的見解，很難想像她是如何辦到的。」一年後，巴士杯葛行動結束，美國最高法院判決巴士業者必須取消種族隔離的規定，但是羅莎·帕克絲卻被媒體忽略了。紐約時報以兩面頭版版面報導金恩博士的貢獻，卻完全沒有提到羅莎。各地報紙刊登了參與杯葛行動的領導者們齊坐於巴士前方的照片，但是羅莎根本沒有受邀與這些領導者一同坐上原先專門保留給白人的座位。不過她並不在意。媒體大肆報導巴士業者取消種族隔離政策的那一天，她寧可靜靜待在家裡照顧母親。

☾

羅莎的故事是個鮮明的例子，提醒我們從古至今有多少不願在聚光燈下亮相的領導者。以聖經裡的摩西為例，從他的故事可以看出，他不是那種急著發表意見的人。如果他進了哈佛商學院唸書，恐怕不會是負責籌劃旅行或者在教室裡高談闊論的那種學生。按照現代人的標準來看，摩西應該是個非常怯懦的人，而且說話會口吃，口齒不清。根據舊約聖經〈民數記〉的記載，摩西「為人極其謙和，勝過世上的眾人」。

上帝第一次從燃燒的荊棘叢中顯現在摩西面前時，摩西正在替他的岳父牧羊，摩西當時甚至沒想過要擁有自己的羊群。當上帝對摩西說，要他將以色列人從埃及帶領出來的時候，摩西有沒有立刻抓緊這個出頭的機會呢？「派別人去做吧！」摩西回答上帝。「我算什麼？我怎麼能到埃及法老那裡去，把以色列人領出來呢？」他還向上帝坦承：「我一向沒有口才，我就是這麼一個拙口笨舌的人。」

直到上帝叫摩西的哥哥（性格比較外向的亞倫）和摩西一起前往，他才接受了這項使命。摩西可以負責撰稿，當幕後的智囊，扮演大鼻子情聖，讓亞倫負責露臉就好。「他（亞倫）要做你的代言人，替你向民眾說話。」上帝告訴摩西。「而你要做他的上帝，指導他說些什麼。」

有了亞倫的互補，摩西帶領了猶太人走出埃及，在曠野中流浪四十多年，並且從西奈山領受上帝的十誡。他之所以能做到這些事情，全憑著他的內向性格：爬上高山尋求智慧，並且將他在山上學得的一切，細心記錄在兩塊石版上。

我們從舊約聖經的〈出埃及記〉得以瞭解摩西的真實個性。（二十世紀經典名片導演賽西爾．狄米爾拍攝的不朽鉅片《十誡》當中卻把摩西描繪為一個能言善道的人物，不靠亞倫的幫忙也能夠對民眾侃侃而談。）但是，卻沒有人問過上帝，為何要挑選一個沒有口才又有公眾演講恐懼症的人來擔任先知。或許我們應該向上帝問個清楚。儘管〈出埃及記〉當中只有簡短的說明，但是故事的情節暗示著內向性格與外向性格就像彼此互補的陰與陽，畢竟溝通的媒介不一定是訊息傳達的重點，以色列人願意跟著摩西出走，是因為他的言詞富有思想，而不是因為他口若懸河。

☪

羅莎．帕克絲透過行動來表達意念，摩西透過他哥哥亞倫來發言，今日還有另外一種類型的內向領導者，是透過網際網路來傳達他們的意見。

作者麥爾坎．葛拉威爾在《引爆趨勢》一書中討論了「連結者」的影響力。所謂的「連結者」是指「具有特殊才能，能夠把世界連接起來的人」，也是「天生就有能力可以串連社交網絡的人」。他以一位名叫羅傑的人為例，羅傑是「典型的連結者」，他是一個深具魅力且叱吒商場的生意人，還兼任百老匯音樂劇的贊助者，贊助過的知名作品包括《悲慘世界》等戲碼。羅傑的嗜好是「收集朋友」，就像有人喜歡收集郵票一樣。葛拉威爾在書中寫道：「如果你在飛越大西洋的飛機上剛好坐在羅傑旁邊，他會從飛機起飛時就開始說個不停；當『緊繫安全帶』的指示燈熄滅時，你已經被他的幽默言談逗得開懷大笑；當你抵達目的地的時候，你還會懷疑時間怎麼過得那麼快。」

我們通常會認為「連結者」應該就是葛拉威爾筆下羅傑的那種個性：健談、外向，甚至充滿魅力。但是請抽空思考一下奎格．紐馬克這個謙虛又有智慧的人。紐馬克個子不高、禿頭，臉上架著眼鏡，他在IBM擔任系統工程師長達十七年。進入IBM工作之前，他喜歡研究恐龍和物理，還有下下西洋棋。如果你在飛機上剛好坐在紐馬克旁邊，他可能一路上只會專心閱讀手上的書籍。

奎格．紐馬克是分類廣告網站「奎格清單」（Craiglist）的創辦人兼大股東，這個知名的網站幫助人們串連彼此的關係。截至二〇一一年五月，「奎格清單」網站已是全世界用戶量排名第七的英文網站，用戶遍及全球七十個國家，超過七百個城市。「奎格清單」的用戶利用這個網站來尋找工作、尋找約會對象，甚至尋找腎臟捐贈人。用戶透過這個網站組成合唱團、分享彼此創作的三行俳句詩，並且傾吐自己的心事。紐馬克認為這個網站的功能不在於營利，而是公眾服務。

紐馬克曾經表示：「我們所能擁有最深刻的精神價值，就是將人們連結起來，隨時間慢慢解決世界的問題。」在二〇〇五年橫掃美國南部的卡崔娜颶風過後，「奎格清單」網站幫助流離失所的人們找到新家。同年紐約交通運輸大罷工風波中，人們也是透過「奎格清單」網站尋找汽車共乘的對象。一位部落客撰文提到這個網站在罷工事件中所扮演的角色：「又是一場危機，多虧了『奎格清單』，大家的生活步調才不致於失控。為什麼『奎格清單』網站能夠觸及生活中這麼多面向的問題？為什麼『奎格清單』的用戶之間能夠在這麼多層面的問題上建立連結？」

這裡有個答案：對於那些個性無法和哈佛商學院相容的人而言，社群媒介提供了新的領導模式。

二〇〇八年八月十日，身兼暢銷書作家、演講人、連續創業家及矽谷傳奇人物等多重身分的蓋伊．川崎在社交網站推特上發表了一篇短文：「也許你會覺得難以置信，但其實我是個內向的人。平常我只是盡力扮演好我的『角色』，不過基本上我是一個喜歡孤獨的人。」川崎的這篇聲明，讓社交媒體圈大感意外。一名部落客寫道：「蓋伊．川崎以前在網路上的個人形象照片，是他圍著粉紅色圍巾在自家舉辦大型派對時拍攝的。川崎是個內向的人？實在讓人料想不到！」

緊接著在五天之後，知名社群媒體指南「Mashable部落格」⑤的創辦人彼特．凱許摩也跟進。他問：「如果那些鼓勵大家『多與人接觸』的領導人在現實生活中並不熱衷和一大群人碰面，這是不是很諷刺呢？或許社群媒體讓我們掌控了在現實生活中所缺乏的社交能力：電腦螢幕成為我們和這個世界的屏障。」然後凱許莫爾便向網友坦承：「請大家把我和蓋伊．川崎一起丟到『內向性格者』那一國去。」

研究結果顯示，事實上，內向性格的人比外向性格的人更容易在網路上分享自己的私密世界，讓他們的家人和朋友在網路上閱讀時都大吃一驚。內向性格的人比起外向性格的人更能夠在網路上表現「真實的自我」，並且會花費更多時間在網路上進行特定議題的討論。他們喜歡這種數位化的溝通方式。一個不敢在兩百人大教室裡舉手發言的人，可能會毫不猶豫透過部落格對兩千人或兩百萬人發表意見。一個不敢向陌生人自我介紹的人，可能會願意在網路世界中展現自我，之後才將網路上的人際關係延伸至真實的世界。

☾

如果把「極地求生」這個活動搬到網路上進行，請羅莎．帕克絲、奎格．紐馬克以及達爾文．史密斯等這種類型的人來參與討論，會出現什麼樣的結果呢？如果一名內向但擅長鼓舞他人發表意見的領導者，帶著一群積極主動的夥伴，卻不幸遇上船難，結果會如何呢？如果是由內向性格與外向性格的人共同領導，就像是羅莎．帕克斯以及馬丁．路德．金恩博士的合作關係，結果又會如何呢？他們能不能因此做出最正確的決定呢？

答案很難說。就我所知，目前還沒有人做過這樣的研究，實在很可惜。我們可以理解為何哈佛商學院的領導者模式會這麼強調「自信」及「快速決策」等特質。如果勇於發言的人比較容易實現他們想要的目標，那麼這項特質對於負責帶領別人的領袖，就十分有用。果斷可以激勵自信，猶豫不決或是表現出猶豫不決的態度，足以打擊士氣。

但是我們也不能過度延伸以上的推論，因為在某些情況下，安靜謙和的領導風格也許能帶來相同甚至更出色的績效。我準備離開哈佛商學院的時候，在貝克圖書館的大廳裡看見一幅刊登在華爾街日報的知名漫畫。漫畫的內容是一位神情憔悴的經理人，怒視著一張顯示利潤急速下滑的業務報表。

「都是弗拉金害的！」這個經理人對他的同事說。「他有出色的領導技能，可是一點商業概念都沒有，他帶領了所有人一同走上毀滅之路。」

上帝愛不愛內向性格的人？福音派信徒的難處

如果哈佛商學院是美國東岸匯聚著全球菁英的殿堂，我拜訪的下一站則是一個全然相反的機構，它位於加州西南邊湖森市郊區一塊面積約一百二十英畝的不規則土地上。這裡以前曾經是一片荒蕪的沙漠。要進入哈佛商學院的門檻很高，但只要你有意願，任何人都可以成為這個機構的一員。在這裡可以看見一家人漫步在廣場和步道旁的棕櫚樹蔭下，也可以看見孩童在人造小溪與瀑布裡嬉戲。這裡的工作人員一面駕駛著高爾夫球車四處巡邏，一面和藹可親地對著人們揮手問安。在這裡你想要做怎樣的打扮都可以，運動鞋或拖鞋也沒問題。這裡的當家老大不是那些衣冠楚楚、喜歡舞文弄墨的大學教授，而是一位長得很像親切聖誕老人的人，他有著金色鬍子，穿著夏威夷衫。

馬鞍峰教會是美國境內規模最大、最具影響力的福音派教會之一，每週到這裡參加禮拜的人數約為兩萬兩千人，而且持續增加中。馬鞍峰教會由暢銷書《標竿人生》的作者華理克牧師主持，他曾應邀在歐巴馬總統的就職典禮上擔任祝禱。儘管馬鞍峰教會不像哈佛商學院那樣全神投注於培育這個世界的頂尖領袖，但它在社會上的重要性絕對不亞於哈佛商學院。美國歷任總統都會聽取福音派教會領袖的意見，而且福音派教會掌控數千小時的電視媒體時段，還經營價值數百萬美元的企業，包括知名的廣播製作公司及唱片錄音室，並與時代華納等媒體巨頭的通路合作。

馬鞍峰教會與哈佛商學院有一個共同點：都重視個性文化，而且助長個性文化。

二〇〇六年八月某個星期天早晨，我站在馬鞍峰教會園區內人來人往的步道正中央，端詳著步道上的指示路標。這裡的路標造型活潑，就像是在迪士尼樂園裡可以看見的那種。路標箭頭指向各個方向：敬拜中心、購物廣場、陽臺咖啡屋、海灘咖啡館等。路標旁邊貼著一張海報，海報上有位耀眼的年輕男孩，身穿亮紅色馬球衫以及運動鞋。海報的標語寫著：「您在尋找人生的新方向嗎？歡迎您與交流部的牧師聊聊！」

我在尋找露天書店，我要在那裡與一位名叫亞當・麥克修的福音派牧師見面。我和麥克修牧師已經聯絡過很多次，他自認是一個內向的人，之前我們通話時我問過他，身處在福音派種類繁多的各種活動中，個性安靜且喜歡思考的人——尤其是位居領導地位的時候，會有什麼樣的感覺。福音派教會和哈佛商學院一樣，在談到領導統御的時候，通常習慣將「性格外向」列為必備條件，有時候甚至會明確要求這項條件。某個擁有一千四百位教友的教區，在徵求牧師的廣告中刊登了以下的內容：「牧師必須……擁有外向性格，以便熱心積極地和教會的弟兄姊妹以及新教友互動，而且必須喜歡團體生活。」另外一間教會的牧師在網路上坦承他建議各牧區於徵求牧師時先詢問對方在「ＭＢＴＩ性格分類」上的落點。他建議各牧區：「如果候選人缺乏外向性格，請在決定錄取他或她之前先行三思……我相信我們的上帝是外向的性格。」

麥克修牧師並不符合外向的條件。他在唸大三的時候就已經意識到自己是個內向的人。他常故意早起，以便在學生餐廳裡一個人靜靜享受品嚐咖啡的美好時光。他雖然喜歡派對活動，卻總是早早就離開。他告訴我：「大家在派對上會越玩越瘋，而我卻是越來越沉默。」他做了ＭＢＴＩ性格分類測驗，在結果欄裡面看到一個詞：內向；而且這個詞彙所描述的特質，竟然就和他的實際情況一樣。

起初麥克修牧師覺得滿意，因為他能保留許多時間給自己。但是，當他漸漸活躍於福音派教會之後，他對於獨處這件事情開始感到內疚，他甚至認為上帝不喜歡他獨處，而且會因為他的獨處而討厭他這個人。

「福音派的文化與外向性格密不可分，」麥克修牧師解釋：「福音派教會強調要投入社區，要參與更多的節目與活動，認識更多的朋友。對於沒那麼活潑的內向性格者來說，如果沒有參加活動，就會形成一種持續性的壓力。在信仰的世界中，如果你感受到這種緊張的壓力，事情就相當不妙了，因為你的感覺不只是『我的表現不如自己的期許』而已，更會是『上帝會因此對我不滿意』。」

這種說法或許會讓福音派教會以外的人相當吃驚，畢竟喜歡獨處又不是「七宗罪」⑥那麼嚴重的罪孽，但是麥克修牧師在屬靈生活上所感受到的這種挫敗，福音教派的信徒們應該都能夠感同身受。當代福音派的教義認為，你少認識一個人、少改變一個人的信仰，就是少拯救了一個靈魂。福音派的教義還強調要和信仰堅定的教友們共同建立起社群。許多教會鼓勵（甚至要求）教友們參與各式各樣的小組，主題五花八門，如烹飪小組、房地產投資小組、滑板運動小組等。因此，麥克修牧師每一次提早從派對離開、每一次獨自在早晨喝咖啡、每一次缺席小組活動，都意味著他浪費了與其他人接觸的機會。

諷刺的是，麥克修牧師知道自己不是單一的特例，他在福音派教會中見過許多和他一樣內心在掙扎的教友。麥克修牧師後來擔任長老教會的牧師，並且和一群母校的青年學生領袖共事，這些學生領袖當中也有許多性格內向的人。這個小組後來發展成一個實驗性質的小組，專門培訓內向的領導幹部及牧師。他們著重一對一或是小團體的互動，而非與大型團體進行交流。麥克修牧師為這些學生找到人生的節奏，讓他們可以享受他們需要的獨處空間，同時又有精力來帶領其他教友。麥克修牧師並經常鼓勵他們多發表意見，並且勇敢去認識新朋友。

幾年後，社會上的媒體管道蓬勃發展，福音派的教友也開始在部落格上分享自己的經驗，於是福音派教會內部「內向者與外向者分裂」的文字證據終於浮上檯面。一名部落客寫出他內心的吶喊，他說他「很想知道內向的人該如何適應這個以外向性格為榮的福音派教會。你們當中一定也有人在教會裡因為福音派教義的要求而深感內疚不安。在上帝的國度裡，應該要有一個空間保留給溫柔、善感且喜愛思考的人。這種要求不易實現，但這種需求確實存在。」另外一名部落客則表示，他只有一個簡單的心願，就是讓他「單純地侍奉上帝就好，不要在教區裡擔任任何職務。在已經全球化的福音派教會裡，應該要有一些容許差異的空間。」

麥克修牧師也加入這些聲浪，先在部落格裡面呼籲大家應該重視信仰中的沉靜思考，後來又出版了一本名為《教會裡的內向者：在外向性格的文化中找到我們的定位》的書。他認為福音派應該同時重視傾聽與分享，因此福音派教會應該將靜默沉思納入讚美儀式中，並且讓內向的領導者有空間，可以走出一條安靜通往上帝的道路。畢竟，禱告這件事不僅可以由一大群人共同進行，也可獨自完成。不論是耶穌或佛陀，甚至其他較少人知悉的聖者、僧侶、巫師及先知，不也都是獨自一人去體驗天啟，然後才能夠與世人分享嗎？

☪

等我好不容易在馬鞍峰教會園區內找到露天書店時，麥克修牧師早已安靜地在等待著我。他大約三十出頭，身材高大，肩膀寬闊，穿著牛仔褲和黑色馬球衫，腳上踩著黑色的拖鞋。他的外表是個典型的X世代年輕人：棕色的短髮、紅褐色的山羊鬍與鬢角，但他說話時那種既溫柔又令人感到安慰的語調，會讓人覺得他像大學教授。在馬鞍峰教會裡面，麥克修牧師並沒有擔任講道或帶領敬拜讚美等任務，不過由於馬鞍峰教會是福音派文化的重要象徵，所以我們選擇在這裡碰面。

禮拜馬上就要開始了，所以我們沒有太多時間交談。馬鞍峰教會有六種不同的「敬拜會場」，分別位於不同的建築物或巨大帳幕內，各有各的敬拜風格，包括敬拜讚美中心、傳統式敬拜、慢速搖滾式敬拜、福音式敬拜、家庭式敬拜，以及一種叫做「奧哈納小島式」、需要全身投入跟著一起舞蹈的敬拜方式。我們前往主要的敬拜讚美中心，華理克牧師正準備講道。空間內有挑高的天花板與十字型排列的聚光燈，除了掛在牆上不太顯眼的木頭十字架之外，這個敬拜讚美中心看起來就像搖滾演唱會的會場。

一位男士先上台以詩歌帶動現場教友的情緒，詩歌的歌詞投射在五面大型的電子螢幕上，背景照片則是閃著波光的湖泊以及加勒比海海灘的落日。帶著耳麥的技術人員高坐在會場中央如王座的主控臺上，將攝影機的鏡頭對著現場的教友。攝影機畫面拍攝到一位金色長髮、湛藍雙眼、臉上帶著迷人笑容的年輕女孩，她正全心投入高唱詩歌。我不禁想起東尼．羅賓斯那一場「釋放內在的力量」的講座。東尼．羅賓斯有沒有抄襲馬鞍峰教會的大型禮拜儀式，或者是教會複製了東尼的講座模式？

「大家早安！」帶領唱詩歌的男子笑容滿面地問候每個人，並且要大家也向坐在身旁的人問安。大部分會友都遵從他的指令，面帶微笑與左右鄰居握手致意，麥克修牧師也這樣做了，但是他的微笑似乎有點僵硬。

華理克牧師走上講臺，穿著一件短袖的馬球衫，臉上蓄著他的招牌山羊鬍。他今天講道的內容是舊約聖經裡的〈耶利米書〉。「大家都知道，開創事業之前如果不先擬定一套創業計畫，那絕對是愚蠢的事。」華理克牧師說：「但是，大多數人對於自己的人生，卻沒有擬出一套人生計畫。假如你是企業的領導者，你應該要反覆閱讀〈耶利米書〉，因為耶利米是一位很聰明的執行長。」台下聽眾的座位上沒有擺聖經，只有鉛筆和便條紙，以及預先列印出來的講道大綱。大綱上有許多空白的欄位，讓教友們可以一面聆聽華理克牧師的講道，一面將大綱上的空格填滿。

華理克牧師跟東尼・羅賓斯一樣，看起來真誠又充滿善意。他從無到有，建立起馬鞍峰教會如此龐大的體系，並且在全世界各地付出許多貢獻。可是在這種要求大家跟著一起唱一起跳、舞台上還有超大型銀幕的禮拜儀式中，我覺得內向的人恐怕很難適應。而且，隨著儀式的進行，我也開始感受到麥克修牧師所提到的疏離感。這種場合無法讓我像其他人一樣樂在其中，因為對我而言，在比較私密的場合裡，透過那些我從未謀面的作家和音樂家的作品，才能讓我感受到這個世界的歡樂與悲傷。作家普魯斯特把這種私密的交流時刻稱為「作家與讀者的結合」，也就是「在獨處的過程中產生出豐碩的互動奇蹟」。普魯斯特以宗教的語彙來形容那種感覺，我肯定並非只是出於巧合。

麥克修牧師彷彿讀出我的心思，在敬拜儀式結束後走到我身邊。「敬拜讚美儀式的一切都與溝通行為有關，」他語氣溫柔但是帶點無奈：「包含大家彼此問候、冗長的佈道內容、讚美詩歌的演唱。這裡不強調安靜、傳統儀式那些可以讓你有思考空間的敬拜方式。」

麥克修牧師其實非常仰慕馬鞍峰教會以及它所代表的意涵，因此他個人的苦惱也更為深刻。「馬鞍峰教會不只在自己的社區裡成就了許多事項，這個教會更在全世界各地完成了很多不可思議的事情。」麥克修牧師說：「這裡是一個待人友善又熱情好客的地方，這個教會真的很努力與新教友互動接觸。這個教會組織這麼龐大，加上人與人之間其實很容易就會斷了聯絡，因此馬鞍峰教會能完成這種使命，實在很厲害。這裡展現出來的關懷他人、不拘禮節的氣氛、盡力接觸身邊的人們——這些都是出自於對良善的渴望。」

儘管如此，麥克修牧師認為在禮拜儀式開始時強制大家微笑並互道早安，是一件令人痛苦的事。雖然他本人願意容忍這樣的要求，甚至開始認同這種做法的價值，他還是擔心會不會有其他內向的教友無法忍受這些行為。

「教會營造出一種外向性格的氛圍，可是像我一樣內向的人恐怕很難接受，」麥克修牧師解釋：「有時候我只好很機械式地跟著做，因為我覺得馬鞍峰教會氣氛中所提倡的熱忱與熱情，好像不太自然。我的意思不是說個性內向的人就不會有渴望和熱情，而是我們沒有辦法像個性外向的人那麼習慣公開表現自己的感覺。在一個像馬鞍峰教會的地方，內向的人可能會開始質疑自己與上帝的關係，你會懷疑自己對上帝的愛是否真的像其他那些虔誠信徒一樣強烈。」

麥克修牧師認為，福音派教會已經將理想化的外向性格推展到極致，如果你沒有辦法大聲說出你對耶穌的愛，就表示你沒有真正愛祂。光是建立你與上帝之間的精神連結還不夠，你還必須公開展現你對上帝的愛。難怪像麥克修牧師這種內向的人會開始懷疑自己到底是否真的愛上帝。

麥克修牧師在信仰上與工作上的感召，完全都仰賴他與上帝之間的連結，因此他大膽坦承他對自己信仰的懷疑，也顯得格外勇敢。他這樣做的目的不只是因為他希望能藉此免除其他人心中那股他親身經歷過的衝突感，更因為他是發自內心地熱愛福音派教會，他希望福音派能夠向教會中的內向者學習，進而成長茁壯。

由於福音派教義不只將外向性格視為一種人格特質，同時也是一種品德指標，因此麥克修牧師明白，要改變這種宗教文化，是無法立竿見影的。善行指的不單單是我們在沒人看見的情況下依舊做個好人，更是我們「在這個世界的所作所為」。就如同東尼．羅賓斯的粉絲們認同他的追加銷售行為，正是因為他們相信把助人的好點子散播到世界上也是當個好人的必要條件。哈佛商學院要求學生能言善道，也是因為要成為領導人的話就必須具備能言善道這個先決條件。或許因為如此，許多福音派教徒也將虔誠的信仰與善於社交聯想在一起。

①東尼．羅賓斯（Tony Robins，生於一九六〇年），美國著名心靈勵志作者及演講者。被譽為最成功的力量開發大師，曾協助職業球隊、企業總裁、國家元首等激發力量，以渡過各類困境及低潮。

②〈給我一點愛〉原名Gimme Some Lovin'，一九六六年由Steve Winwood、Spencer Davis及Muff Winwood創作而成，原唱為The Spencer Davis Group。

③美國政治分為「紅」、「藍」陣營。「紅」為共和黨，相對保守；「藍」為民主黨，傾向自由。

④Civil Disobedience，指人民拒絕遵守政府的某些法律、規章或命令，多半以非暴力方式進行。最早是由美國作家梭羅在文章中所提倡，旨在鼓勵人民保護自己的良知不受政府蒙蔽。

⑤Mashable是一個網際網路新聞部落格，由彼特．凱許摩（Pete Cashmore）於二〇〇五年七月創辦，是世界上流量最多的部落格之一，內容撰寫有關YouTube、臉書、谷歌、推特、MySpace等的新聞，同時也報導一些社交媒體的消息。

⑥早期天主教相信驕傲（Pride）、貪婪（Greed）、色慾（Lust）、忿怒（Wrath）、嫉妒（Envy）、貪食（Gluttony）及懶惰（Sloth）等為「七宗罪」。

第3章

團隊合作扼殺創意？「新團體迷思」①的興起

我是一匹天生適合佩戴單套馬具的馬兒，不適合在雙頭馬車或大馬車中與其他馬匹共同協力。……我非常清楚，為了達成明確的目標，一個人獨自思考並且進行決策是相當重要的。

——愛因斯坦

一九七五年三月五日，加州灣區門洛公園市，一個下著毛毛雨的寒冷夜晚，三十位外表沒什麼特殊之處的工程師聚集在一間小小的車庫中。這間車庫的主人叫做戈登·法蘭屈，是待業中的工程師。這群人自稱是「自製電腦俱樂部」，當晚是他們第一次聚會。他們想要打造出可供一般人使用的電腦——這不是一件簡單的任務，因為那時候大多數的電腦體積都是大如今日的休旅車，只有大學院校和公司行號買得起。

車庫裡雖然通風，但是為了進出方便，這群工程師還是將車庫的門打開，任憑外面潮濕的空氣飄進車庫裡。一位二十四歲的惠普電腦工程師走了進來，他的頭髮長度及肩，臉上蓄著棕色的鬍子，戴著眼鏡，看起來頗為嚴肅。他找了張椅子坐下來，靜靜聆聽別人討論最近登上《普及電子學》雜誌封面的「牛郎星8800號」新式自製電腦。「牛郎星8800號」並不是真正的個人電腦，使用上也不方便，只能吸引到那些會在下著雨的星期三晚上窩在車庫裡討論微型積體電路片的電腦工程師。不過，這台電腦的出現，還是一個重要的里程碑。

這個年輕的惠普工程師叫做史帝芬．沃茲尼克，「牛郎星8800號」讓他感到興奮無比。從三歲開始，沃茲尼克就開始對電子學感到興趣。在他十一歲那年，他偶然在雜誌上讀到一篇關於世界上第一台電腦ＥＮＩＡＣ②的文章，從那個時候開始，他就夢想自己能打造出一台小巧且方便操作的電腦，可以讓人們在家裡使用。此刻，在這個車庫裡，「牛郎星8800號」的新聞讓他相信，自己有一天也能實現夢想。

沃茲尼克後來在他的回憶錄《科技頑童沃茲尼克》中提到，能與同好一起共事，讓他感到非常開心。對於「自製電腦俱樂部」的成員們來說，電腦是一種實現社會正義的工具，他個人也非常認同這個看法。但是他在第一次聚會的時候完全沒有與任何人交談，因為他的個性太害羞了。當天晚上聚會結束後，他回到家就繪出了他首次設計的個人電腦草圖，長相就像我們現在使用的個人電腦一樣，配件包括螢幕與鍵盤。三個月之後，他做出了這台電腦的樣品。又過了十個月，他和賈伯斯一起成立了蘋果電腦公司。

時至今日，沃茲尼克在矽谷是個備受敬仰的人物，美國加州聖荷西市甚至有一條街就命名為「沃茲路」，他有時也被稱為是蘋果電腦內部怪咖宅男精神的最佳代表人物，不過長久以來他也漸漸學會了敞開自己，不僅可以在公開場合發表演說，甚至還參加了綜藝節目《與明星共舞》的錄影。他的舞姿僵硬，但是十分投入，表現非常可愛。有一次，我在紐約某家書店參加他舉辦的活動，會場中沒有座位，依舊擠滿了聽眾，大家都帶著一九七〇年代的蘋果電腦操作手冊來到現場聆聽沃茲尼克的演說，以感謝他這麼多年來為大家所做的貢獻。

其實功勞不全是沃茲尼克一個人的，「自製電腦俱樂部」也功不可沒。沃茲尼克表示，「自製電腦俱樂部」第一場聚會不僅是電腦革命的開端，也是他人生中最重要的夜晚之一。所以你若想複製出當年幫助沃茲尼克成功的氛圍，你可能得先找到一群志同道合的夥伴，並成立一個類似「自製電腦俱樂部」的團體。從這樣看來，或許你會得到一個結論：沃茲尼克的成就是團隊合作而激發出創造力的最佳典範；你或許也會認為，任何人如果想要做出創新產品，就應該要在一個同事間高度互動的團隊環境裡工作。

但是，你的想法可能是錯誤的。

想一想，沃茲尼克在門洛公園市的聚會結束之後，他做了些什麼事？他是不是馬上和俱樂部的夥伴們一起設計電腦？不是。（雖說他每隔週的星期三還是繼續參加俱樂部的活動）。他是不是馬上去找一間大型的開放式辦公室，在吵雜混亂的環境中與一大群人交換意見？不是。如果你讀過他寫的有關製作第一台電腦的過程，你會驚訝地發現，**他永遠是自己一個人獨處**。

大部分的時候，沃茲尼克都是一個人在惠普公司的座位上進行這項工作。他每天早上六點三十分左右進辦公室，在清晨時段獨自閱讀工程雜誌、研究微晶片手冊，並且在腦袋中準備著他的設計。下班之後，他會先回家隨便煮個義大利麵或是弄一份微波食品，吃飽後再開車回到辦公室繼續工作到深夜。這種自己一個人獨處的寧靜深夜與清晨時光，他描述是他「最開心的時段」。一九七五年六月二十九日晚上十點鐘左右，他的努力有了成果，他完成了機器的樣品。他在鍵盤上敲打幾個按鍵之後，字母便出現在他面前的電腦螢幕上。這種突破性的時刻，對大多數的人來說只是遙不可及的夢想，而這麼重要的時刻，是發生在沃茲尼克一個人獨處的時候。

史帝芬．沃茲尼克是故意一個人獨處的。在他的回憶錄中，他給那些嚮往偉大創意的孩子們如下的建議：

> 我認識的發明家和工程師當中，大部分的人都像我一樣——都是生性害羞的人，活在自己的思維裡。他們像藝術家一樣。事實上，最優秀的發明家和工程師就是藝術家。藝術家都是獨自工作的，他們在獨自工作時才能夠掌控新發明的設計，不必有一群人在旁邊指導著要為了市場行銷而設計，或是搞個什麼委員會來幫忙。我不相信有哪一種革命性的事物是靠著什麼委員會發明出來的。如果你是那種身兼發明家又是藝術家的罕見工程師，我要給你一些你可能會難以接受的建議。這個建議就是：獨自工作。當你獨自工作，你才最有機會設計出革命性的產品與功能，不是和委員會一起工作，也不是和團隊共事。

從一九五六年到一九六二年這段時間，大家印象最深刻的，就是這個年代的愚昧順從。在這段期間裡，加州大學柏克萊校區的人格評估研究所曾針對創意的本質進行一系列的研究。研究學者們找來一群最具創意的人，研究是什麼原因讓他們與別人不同。研究團隊找了一群在專業領域中極具貢獻的建築師、數學家、科學家、工程師和作家，然後邀請他們在某個週末到加州大學柏克萊校區做人格測驗，進行解決問題的實驗，並且深入詢問他們許多問題。

接著，研究人員又在上述專業領域中找了一群貢獻沒那麼大的人，邀請他們進行類似的測試。

這項研究中最有趣的發現之一，就是最有創意的人往往是在社交上被認定為內向性格的人。這個發現，也受到後續研究的證實。這些充滿創意的人雖然具備人際溝通的能力，但是「在性格上並不是特別喜愛社交與應酬」。他們以獨立和個人主義來形容自己，而且他們在青少年時期都很害羞、很孤立。

這些研究結果並不意味著內向性格的人永遠比外向性格的人富有創造力，但是確實代表在一群極具創意的人當中，你會發現有許多內向的人。為什麼會如此呢？難道安靜的個性裡有某種無法形容的特質，可以有助於提升創造力嗎？或許正是如此，在第六章當中還會針對這個議題加以說明。

針對內向性格者所具有的創意優勢，我們還可以找到一個較不明顯、但令人驚訝的有力解釋，而且這個解釋是大家可以多加學習的：**內向的人喜歡獨自工作，而獨自工作往往是創新的催化劑**。二十世紀極具影響力的心理學家漢斯．艾森克曾經指出，內向性格的人會「將精神專注於手邊的工作，避免將精力耗費在與工作無關的社交與性愛上」。換句話說，如果其他人都在陽台上乾杯聊天，而你獨自一人坐在後院的樹下，你就會比其他人更有機會被蘋果砸到頭。（牛頓是世界上最偉大的內向性格者之一。浪漫時期英國詩人威廉．華茲華斯曾形容牛頓為「一顆永垂不朽的心／獨自航行在奇妙的思想海洋上」。）

☪

如果這是真的——如果孤獨是創造力的重要關鍵，那麼說不定我們每個人都會想要如法炮製一番。我們可能會告訴孩子們做任何事情都要獨力完成，我們也可能會給員工更多獨處的空間與自主權。但是，我們整個社會卻漸漸朝著相反的方向前進。

我們以為我們生活在一個充滿創意的個人主義時代。如果我們回頭看看二十世紀中期、加州大學柏克萊校區進行創意研究的那個年代，我們會覺得有種優越感。我們所處的時代氛圍，和一九五〇年代那種拘泥、僵硬的順從風氣不同，我們今天將吐著舌頭、特立獨行的愛因斯坦海報掛在牆上，我們聽獨立製作的音樂、看獨立製作的電影，並且在網際網路上發表自己的看法，我們「有不同的思維」。其實這句話，我們是從蘋果電腦著名的廣告上學來的。

只不過，在學校或職場等許多重要的場所裡，我們卻又採行另外一種做法。這種做法是一個當代現象，我稱為「新團體迷思」——這種團體迷思可能會扼殺工作上的產能，並且剝奪學童將來在日趨競爭的社會上追求卓越的技能。

「新團體迷思」認為團隊精神勝過一切，創意和智能成就都來自於群聚的處所。新團體迷思有許多強勢有力的倡導者。《引爆趨勢》作者葛拉威爾表示：「創新是知識經濟的核心，創新是奠定於團體之上。」組織顧問華倫．班尼斯在他的著作《組織天才》中開宗明義就宣示了「偉大團體的興起」與「偉大個人的末日」。他表示：「我們每個單獨的個體，都不會比集合的團體來得聰明。」學者克萊．舜奇也在他深具影響力的著作《鄉民都來了：無組織的組織力量》中寫道：「許多我們認為應該是個人獨立思考的工作，其實都需要一群人集思廣益才做得到。就連米開朗基羅也有助手協助他完成西斯汀教堂天花板的彩繪。」（不過克萊．舜奇好像沒注意到，助手可以替換，米開朗基羅卻無人能取代。）

「新團體迷思」的觀念被許多企業所採用，越來越多公司將它們的工作團隊編製成小組的型態。這股風潮在一九九〇年代早期開始盛行，根據密西根州立大學管理學教授佛列德瑞克．摩吉森的研究，到了公元兩千年，美國有半數左右的企業採行小組模式。到了今天，幾乎所有的公司都已經這麼做。最近一項調查發現，百分之九十一的高階經理人深信團隊工作是獲得成功的關鍵。一位名叫史帝芬．哈維爾的顧問告訴我，二〇一〇年間與他合作的三十家主要企業中，包括J.C. Penney、富國銀行、戴爾電腦，以及保德信集團等，幾乎沒有一家不採行團隊式的工作模式。

有些團隊工作是虛擬的，大家可以在遠端不同的處所一起工作；但是有些團隊工作則要求大量的面對面互動，包括舉辦提升團隊默契的訓練活動或度假會議、分享員工共用的線上日曆以便查知大家何時可以開會，以及打造出缺乏個人隱私的實體工作環境。今天有許多人在開放式的辦公環境工作，沒有個人獨享的辦公室，空間裡僅有的牆面就是支撐建築物的牆壁。資深的主管坐在無隔間辦公室的正中央，與大家共用辦公環境。事實上，今天有超過百分之七十的員工是在開放式的辦公環境中工作，包括寶僑、安永會計師事務所、葛蘭素史克藥廠、美鋁公司和亨式食品等知名大企業，全都是採用這樣的辦公環境。

根據瓊斯朗拉賽爾不動產經紀公司的總經理彼得・米斯寇維奇表示：職場上每位員工的平均工作空間，已經從一九七〇年代的五百平方英尺（約十四坪）縮減為二〇一〇年的兩百平方英尺（五點六坪）；而且美國辦公家具第一大品牌「鋼器辦公家具」執行長在二〇〇五年間也對《快速公司》雜誌表示，「執行工作的單位，已經從『個人』變成『團隊』了。以前是以『個人』為工作負責單位，但是今日的趨勢是高度重視小組作業和團隊工作。為了因應這種趨勢，我們公司現在正在設計相關的新型辦公家具產品。」鋼器公司的競爭對手荷曼米勒公司不僅已經推出「適合職場上團隊小組工作的新式辦公家具」，甚至還將自己公司的高階主管請出私人辦公室，與其他員工一起在開放式的大辦公室裡工作。二〇〇六年，密西根大學的羅斯商學院拆除了一棟教室建築，部分原因是因為這棟教室的空間不適合進行大型的團隊互動。

透過日漸受到歡迎的「合作學習」或「小組活動」等教學方式，新團體迷思也開始在校園內盛行。許多小學教室裡的課桌椅排列方式，從原本面對老師、排列整齊的傳統方式，改為將每四張或更多桌子併在一起的「豆莢式」排列法，以便學童進行各式各樣的團體學習活動。即使像是數學或創意寫作等看起來似乎應由學生獨自思考的課程，學校也經常採行讓學生團隊合作的方式進行教學。我去過一個小學的四年級教室參觀，牆壁上掛著一面寫著「團隊合作規則」的大型告示，內容寫道：**如果你們同組的每個人都有相同的問題，你才能夠請老師協助**。

根據公元兩千年一項針對全美國超過一千兩百位四年級和八年級的教師所進行的調查結果顯示，百分之五十五的四年級教師喜歡學生以合作的方式進行學習，只有百分之二十六的教師喜歡採行由老師進行指導的教學方式。目前僅有百分之三十五的四年級教師和百分之二十九的八年級教師，在過半數的課堂時間內以傳統教學方法進行授課；而百分之四十二的四年級教師和百分之四十一的八年級教師，會利用四分之一以上的課堂時間讓學生進行團體活動。小團體的學習方式更受到年輕教師的歡迎，他們認為未來這種趨勢將繼續延續下去。

合作學習的方法，在政策上有二十世紀初進步主義的背景——理論是，當學生互相學習的時候，他們就能夠掌握自己教育的主控權。不過，根據我在紐約州、密西根州和喬治亞州各公私立小學訪問的教師表示，合作學習的過程還可以訓練孩童，讓他們未來在企業的團隊文化中具備表達能力。「教學的風格其實就反映出商業社會的狀況，」一位曼哈頓公立小學的五年級教師對我說：「在商業社會中，人們敬重的是對方的語言表達能力，而不是對方的創意，不是對方的思想到底有沒有料。在商業社會中，你必須要能言善道，才能讓人家注意到你。這是一種不以人的價值論長短的世界。」一位在喬治亞州迪卡圖市的三年級教師解釋：「在現今的職場上，非常需要團隊合作的工作技能，因此孩子必須先在學校裡開始學習這種技能。」在芝加哥成立諮詢公司，專門指導團隊建立與團隊精神的教育諮詢專家布魯斯·威廉斯也曾撰文寫道：「合作學習的方式可以讓孩童學習到團隊合作的技能，而職場上最迫切需要具備的就是這項技能。」

布魯斯·威廉斯也指出，合作學習的主要好處在於訓練孩童的領導才能。事實上，我所訪問的每一位老師似乎都密切關注著學生的管理技能。我在亞特蘭大市中心訪問了一所公立學校，其中有一位三年級的教師提到有一位個性安靜的學生喜歡「做自己的事情」，但是她請我放心：「我們已經安排他負責某一天早上的校園安全巡邏，好讓他有機會也能成為領袖。」

這位老師很有愛心，採用的方法也是出於善意，但如果我們能夠體諒並非每個人都渴望成為世俗認定的領袖，這樣對於那個擔任校園安全巡邏隊長的孩子，以及類似性格的孩童來說，是不是就會覺得好過一些？也許有些人希望能夠順利融入群體當中，但是也有些人希望自己能夠獨立在群體之外。而具有最高度創意的人們通常都屬於後者。作者珍妮特·法芮爾和里歐妮·康柏格在《人才領導力發展》一書當中寫道：

性格外向的人傾向於在公眾領域中取得領導地位。在美學和理論的領域，則多半由性格內向的人佔有領導地位，例如達爾文、居里夫人、諾貝爾文學獎得主派崔克·懷特、偉大的畫家亞瑟．博伊德等這一類優秀的內向領導者。這些人創造出全新領域的思維，或者改變了現有的知識，而且他們在人生中有很多時間是獨處的。因此可以得知，領導地位這種事情並不僅適用於社會化的情狀中，有時也可以在獨處的情況辦到，例如發展出新的藝術技巧、創造出新的哲學理論、撰寫出具有深度的書籍，以及在科學領域中有所突破。

「新團體迷思」這種悖論，並不是在某個特定時間點下突然出現的。合作學習、企業團隊以及開放式辦公室設計等事物是在不同的時間，為了適應不同的需求而出現，但是將這些事物聚合在一起的強大力量，則是網際網路的興起。網路為合作共事這個點子提供了又酷又重要的理由。在網際網路上，透過腦力激盪的方式可以產生出許多令人驚嘆的創意，例如Linux是個開放式來源的操作系統，維基百科則是共同編纂的線上百科全書，MoveOn.org則是民間發起的政治運動。這些經過集思廣益而成的產物，成效比個別貢獻的總和更為偉大。由於這樣的結果是這麼令人敬畏又這麼能啟發我們，因此我們不得不佩服多數人共同腦力激盪的成效。這是結合多數人智慧的成果，也是匯聚眾人力量所創造的奇蹟。「合作」成為一種神聖的概念，是成功的關鍵乘數。

但是，讓我們再進一步瞭解事實真相。我們學會了重視透明度，學會了拆掉圍牆——不僅是在虛擬世界如此，在現實世界也是一樣。但是我們不明白，把網際網路上那種不必立即互動、相對較為隱匿身分的互動行為，搬到一個彼此必須面對面、凡事講求合宜性並且限制噪音的開放式辦公環境裡，是根本行不通的。我們非但沒有去區分網際網路與現實生活互動方式的差異，我們還讓自己混淆了對這兩者差異性的認知。

這也就是為什麼每當人們談論到一些新團體迷思話題（例如開放式辦公室等等）的時候，總會搬出網際網路這套道理。社交行銷公司「年輕先生」的財務長丹．拉奉特尼接受公共廣播電台訪問時說：「反正員工現在整天都在臉書、推特或其他社群網站上混時間了，他們根本沒有必要窩在一個小辦公隔間裡面。」另一位管理顧問也對我表示類似的意見，他認為「辦公室的牆壁就是牆壁，就是一種阻隔的屏障。你的思考方式越新穎，那麼你希望的屏障就越少。採行開放式辦公室設計的公司都是年輕的公司，就像是網際網路一樣，還處在青少年的年紀。」

網際網路竟然會促成今日的開放空間式團體工作模式，實在格外諷刺，因為早期網際網路的設計，是想讓那種喜歡獨處的人使用，以便超越或改善現有的解決問題方式。一九八二年至一九八四年間，一項在美國、英國和澳洲針對一千二百二十九位電腦使用者所進行的研究顯示，早期的電腦愛用者有一大部分都是性格內向的人。一位名叫大衛．史密斯的矽谷軟體研發顧問說：「開放的來源可以吸引個性內向的人，這在科技業早就是老生常談了。」他的意思是指透過在線上開放的來源程式碼並且允許任何人複製、改良並散佈的方式來生產軟體。這些人當中，許多人都渴望將自己的力量貢獻給更多人，他們渴望自己的成就能夠被他們所珍視的社群所肯定。

但是最早開放原始碼的那些人可不是一起窩在開放空間辦公環境中工作的同事，他們甚至不住在同一個國家，他們的合作幾乎都是在虛擬空間中進行。這一點很重要。假設今天把當初建立Linux的那群人找來，讓他們在一間巨大的會議室裡共事一年，並要求他們制定出新的作業系統，恐怕未必會產生這麼有革命性的產品。為什麼呢？這是我們接下來要探討的內容。

☪

心理學家安德斯．艾利森十五歲那年開始接觸西洋棋，他自認棋藝不錯，午餐休息時間與同學對弈時永遠能痛宰對手。直到有一天，有位他認為棋藝最糟的同學，竟然開始在每一場比賽中勝出。

艾利森想知道那位同學是如何成功的。「我真的很認真思考了這件事，」他接受《天才密碼》這本書的作者丹尼爾．科伊歐專訪時回憶：「為什麼向來是我手下敗將的同學，現在能輕鬆把我打敗？我知道他很努力練習，也知道他有參加西洋棋俱樂部，但在這些表象背後，究竟發生了什麼事？」

這個問題形塑了艾利森未來在心理學界的研究生涯：那些成就不凡的人，如何在他們的專業領域中做得如此出色？於是艾利森在西洋棋、網球和古典鋼琴等各種不同領域中尋找答案。

在一個現在已經相當著名的實驗中，艾利森和他的同事們在頂尖的柏林音樂學院比較三組優異的小提琴學生。研究人員先請教授將這些學生分成三組：第一組是「最佳小提琴手」，也就是將來有潛力成為國際知名小提琴獨奏家的學生；第二組是「很好的小提琴手」；第三組學生則是將來只能培訓成小提琴老師，而非小提琴演奏家。研究人員分別採訪了這些學生，並要求他們在日記中詳細記錄他們每天練習的時間。

研究人員發現這三組學生有著顯著的區別。三組學生花在音樂上的時間都相同——每個星期超過五十個小時，而且對於時間要如何運用，三組學生也都受到同樣的規範。可是前兩組學生把大部分的時間花在獨自練琴之上。第一組的學生每週平均獨自練習二十四點三小時，也就是每天約三點五小時。第三組的學生每週平均只練習九點三小時，也就是每天約一點三小時。第一組的學生認為「獨自練習」是他們的音樂活動中最重要的事項。許多頂尖的音樂家，即便是那些參加樂團的音樂家，都認為和團員們進行團練只能算是「休閒活動」，他們獨自練琴的時間才是真正要下苦功的時候。

艾利森和同事們研究了其他的專業人士之後發現，獨自練習確實有效果。舉例來說，一個西洋棋比賽級選手未來到底可以多厲害，最有效的指標就是看他有多少「獨自且很認真練習」的時間。大師級的西洋棋選手在學棋的前十年會花費五千個小時獨自研究棋藝，大約為中級程度選手獨自練習時間的五倍。大學學生當中獨自唸書的人也會因此比參加讀書小組的人學到更多知識。即使是頂尖的團體運動選手，也常花費相當多時間單獨練習。

獨自練習為什麼如此神奇？艾利森告訴我，對許多領域的人而言，只有在獨處的時候才有辦法進行**用心練習**（Deliberate Practice）。艾利森發現，若要達到非凡的成就，關鍵點就在「用心練習」這件事之上。當你仔細鍛鍊某項能力的時候，你才能清楚看出有哪些事項、哪些道理是你還沒有領略透徹的，你才會努力提升自我的表現，你也才能夠不斷監督自己的進展，並修正自己的缺失。如果不這樣練習，就比較無法產生效用，更可能帶來負面的效果，因為盲目的練習無法改善你的缺點，只會強化你現有的認知。

「用心練習」最適合獨自進行，理由如下：當你仔細練習某個技巧的時候，需要投注高度的專注力，別人在場可能會讓你分心；你要有發自內心的、深度的積極動力，才會進行仔細且用心的練習，而且這份積極主動往往是由你自己主動激發出來的。最重要的是，進行仔細練習的時候，等於是對你的個性進行最高的挑戰。艾利森說，唯有在你獨處的時候，你才能「直接切入最具挑戰性的部分」。如果你要提升自己的能力，你就必須是那個採取主動的人。想像一下，如果你在一個團體之內，你只會有一小部分的時間能夠採取主動。

要瞭解「用心練習」能發揮什麼功效，我們只需回頭看看史帝芬·沃茲尼克的故事。「自製電腦俱樂部」只是一個催化劑，促使他建造出第一台個人電腦，但是實現這個夢想的知識基礎與工作習慣，與「自製電腦俱樂部」完全無關。沃茲尼克從小就仔細、努力鍛鍊自己成為工程師的技能。（艾利森表示，要獲得真正精深的專業技能，大約需要花費一萬個小時的用心練習③。所以，趁早開始為妙。）

在《科技頑童沃茲尼克》這本自傳中，沃茲尼克提到他小時候對於電子器材的熱情，在這段敘述中，他等於是無意間重述了艾利森所說的「用心練習」的關鍵內容。首先，他有積極的主動性：沃茲尼克的父親是航太公司的工程師，總是告訴他說工程師可以改變人類的生活，而且是工程師「改變世界最關鍵的人之一」。其次，他勤奮不休，一步又一步慢慢累積出自己的專精技能。他說，他參加過無數次的科學博覽會，「在科學博覽會上，我學習到未來職涯最核心的能力：耐心。我是認真的。大家真的太低估了耐心的重要。我的意思是，從小學三年級開始一直到八年級，透過製作作品參加科學展，我漸漸學會如何不用看書就把電子零件組裝在一起……我學會了不要太擔心結果，而是專注在我所進行的每一個步驟之上，把我手邊的工作盡可能做到完美。」

第三，沃茲尼克經常獨自一人工作。或許不是他主動選擇要這樣，而是許多對技術領域有興趣的孩子都像沃茲尼克一樣，在中學時期的社交活動都不順利。當他還小的時候，同學們會敬佩他在科學方面的本事，但是上了中學之後，沒有人會在乎他這方面的專長。他討厭與別人閒聊瞎扯，他的興趣顯然也與同學們的格格不入。在一張沃茲尼克於這個時期拍攝的黑白照片上，他的頭髮剪得很短，臉上很認真做出鬼臉，自豪地指著他在科展的得獎作品「加法器／減法器」：一個佈滿電線與旋轉鈕等小東西的盒狀物。但是那些年在社交上的尷尬經歷並未阻止他繼續追求夢想，或許這段時期還更加培育了他的夢想。沃茲尼克回想，假如他當初不是因為個性太害羞而整天窩在家裡，他也不會學到這麼多關於電腦的知識。

沒有人會刻意選擇要過著這種苦澀的青春期生活。但事實上，具有高度創意的人往往體會過和沃茲尼克相同的經歷：孤單的青春期，將精力專注於某件事物，並且將該事物變成一生追尋的熱情。舉世聞名的創意大師米哈里·契克森米哈於一九九〇年至一九九五年間研究了九十一位在藝術、科學、商業與政治方面極具創意的人士，這些人在青春期大多都屬於社交邊緣人，部分原因是他們「高度的好奇心或者過度專注於某些事物的行為，讓朋友們感到怪異。」一太喜歡和同儕們膩在一起的青少年，會因為沒有時間獨處而無法培養自己的才華，因為「無論是練習樂器演奏或是鑽研數學習題都需要獨處，但是青少年害怕獨處。」作者麥德琳．蘭歌以經典青少年小說《時間的皺紋》及其他六十餘本著作聞名，她認為如果她在童年時期沒有花費許多時間在閱讀與思考上，她日後就不可能成為一位大膽的思考者。達爾文小時候雖然很容易就交到朋友，但他卻寧願將時間花在獨自散步於大自然的步道上。（他長大後也是這樣。著名數學家查爾斯．巴貝奇邀他共進晚餐，他回信說：「親愛的巴貝奇先生，我非常感激您寄卡片來邀請我參加您的派對，但我恐怕無法接受這份邀約，因為我擔心自己會在派對上遇見一些我不認識的人，一些我可以對天發誓自己從來沒有互動過的陌生人。」）

要有傑出的表現，不只需要我們透過「用心練習」所奠定的基礎，還同時需要有適切的工作環境。就現今的工作場所而言，適切的工作環境確實不易獲得。

☪

擔任顧問的好處之一，就是可以近距離接觸許多不同的工作環境。紐約的顧問公司「大西洋系統指引」負責人湯姆．狄馬寇走訪過許多辦公室，他發現有一些工作環境比其他的辦公室更為擁擠，於是他想知道互動的環境對於員工的工作表現會有什麼樣的影響。

為了找出答案，狄馬寇和他同事設計了一個稱為「編碼戰爭遊戲」的研究，遊戲的目的是要找出最佳與最差的電腦程式設計師。他們從九十二家公司找來了六百多位程式開發人員參與研究，每一位參加者平常都於上班時間在自己的辦公環境中進行程式的設計、編碼與測試，可是每位參加者都另外被分配一位服務於同公司的合作夥伴，只不過這兩人是分開工作的，而且彼此也沒有溝通——這一點後來成為這項研究的關鍵。

研究結果出爐後，他們發現參加者在工作表現上出現了極大差異。表現最好的和表現最差的，績效比例為十比一；排名前段的程式設計師的工作表現，約為表現中等之設計師的二點五倍。研究人員想要找出，到底是什麼原因導致這個令人吃驚的差異。結果那些一般人認定的因素——例如工作經驗、薪資高低，甚至是花費在工作上的時間——都沒有什麼關聯。擁有十年工作經驗的程式設計師，表現並不會比那些只有兩年經驗的設計師好。而那些績效優於中間值的前半數設計師，即便他們的表現比別人好上兩倍，他們的薪資卻比績效差的那半數還低了百分之十。至於那些表現為「零缺點」的優秀程式設計師，完成任務的時間更比那些會出錯的程式設計師還要短。

這些發現就像是一團謎霧，但是留下了一個有趣的線索：同一家公司的程式設計師，即便沒有一起參與這項研究，他們的表現水準竟然約略與參與的設計師相同。原因是，那些表現最優秀的程式設計師，他們任職的公司提供他們最有隱私的個人工作環境，讓他們可以主宰自己的實體工作環境，而且他們工作時可以免於被別人打擾。在表現最為優異的程式設計師當中，有百分之六十二表示，他們工作環境的隱私性還不錯；而在表現最差的設計師當中，只有百分之十九有這種感受。在表現最差的設計師當中，有百分之七十六表示他們工作時經常被沒有必要的事情所打擾，而在表現優異的設計師當中，只有百分之三十八表達了這樣的意見。

「編碼戰爭遊戲」在科技業的圈子裡相當有名。不過狄馬寇的發現並不僅適用於電腦程式設計師身上。最近有相當多的資料顯示，在許多不同產業所採用的開放式辦公環境中，也出現了類似這項研究結果的狀況。事實證明開放式的辦公環境會導致員工產能降低，記憶力減退；同時，採用開放式辦公環境的公司，員工的離職率較高。開放式辦公室會讓員工感到不舒服、態度變得不友善、缺乏動力，而且沒有安全感。在開放式辦公環境中工作的員工，不僅比較容易產生高血壓以及提升壓力程度，而且他們也比較容易得到流行性感冒。他們也比較常與同事發生爭吵，並且擔心同事會偷聽他們講電話的內容或是偷看他們電腦螢幕上的畫面。他們比較不常與同事聊些個人或是私密的話題。他們在辦公室裡必須經常面對大聲且無法控制的噪音，因而導致他們的心跳速度加快，釋放一種叫做「可體松」的荷爾蒙，這種荷爾蒙決定了當我們面對壓力時會挺身對抗或是躲避逃走。因此，這樣的員工會產生社交疏離感，暴躁易怒，喜歡挑釁，並且不情願幫助別人。

事實上，過度的刺激似乎會阻礙學習。最近一項研究發現指出，在森林中安靜漫步之後，會比在吵雜城市街道上行走之後，更具有學習效率。另外一項針對三萬八千名跨領域的知識工作者所進行的研究結果指出，一個小小的干擾動作，就會對生產力造成最大的障礙。現代職場上常鼓勵員工手上同時要有多項工作一起進行，但這種行為經過研究之後，也被認定只是一項迷思。科學家得知，大腦沒有辦法同時注意兩件事情。外表看起來好像是同時進行多件工作，其實只是在大腦中不斷來回切換對這些工作的注意力，這麼一來反而降低了生產力，並且出錯率也會升高百分之五十。

這些道理，許多內向的人似乎出於本能早就知道了，因此不想和大家窩在一起。位於加州奧克蘭的「樞鍊娛樂電動遊戲設計公司」原本採用開放式的辦公室設計，後來發現公司裡的遊戲設計師不開心。這些設計師大部分都是內向性格的人。該公司的前任創意總監麥克．米卡表示：「我們辦公室的空間大得像是裝貨的倉庫，裡面只擺放桌椅，沒有牆壁或隔間，大家可以看得見彼此。後來我們把辦公室改成許多小隔間，雖說心裡有點擔心——不知道大家是否希望一個充滿創意的空間長得這副模樣。結果，大家非常喜歡這種一間一間區隔開來的辦公環境，因為這樣他們才可以隱身在自己座位上，遠離其他人。」

類似的情況也發生在運動用品製造商銳跑國際公司。公元兩千年，這家公司帶著一千兩百五十位員工搬進新成立於麻州肯頓市的公司總部，管理階層原先認為他們的球鞋設計師應該會希望辦公室裡有許多開放空間來進行腦力激盪（這樣的想法可能是這些管理階層在攻讀企管碩士學位時學到的見解。）幸運的是，他們先問了球鞋設計師的意見，而設計師表示自己其實最需要的是可以專心工作的安靜環境。

對於電腦達人傑森．佛萊德來說，以上的現象一點也不足為奇。佛萊德是網路應用程式公司「卅七個信號」的創立人之一，從公元兩千年開始到現在，佛萊德詢問了上千人（大部分是設計師、電腦程式設計師和作家），想知道當這些人必須把工作做好的時候，他們希望怎樣的工作環境。受訪者的答案千奇百怪，不過就是沒有「辦公室」這三個字，因為他們認為辦公室太吵鬧，隨時會有干擾。這也就是為什麼「卅七個信號」的十六位員工不需要到辦公室工作，甚至連到辦公室開會都不需要（「卅七個信號」位於芝加哥，公司員工只有八位住在芝加哥）。佛萊德尤其把開會這件事視為「毒藥」。他並不反對團隊合作模式——「卅七個信號」的網站首頁上還說該公司產品能營造合作生產力與歡樂氣氛，以此做為攬客號召。但是他喜歡比較沒那麼積極的合作方式，例如透過電子郵件、即時訊息或是線上聊天工具等方式進行意見交流。至於他對其他老闆們有沒有什麼建議呢？「馬上取消你們排定的會議吧！」他提出勸告：「而且別再重排會議時間了，直接把這場會議從你的記憶裡刪除吧！」他還建議各企業試行「星期四不說話」運動，在一週當中選一天禁止員工們彼此交談。

佛萊德訪問的那些人大聲說出了創意人早就心知肚明的事。舉例來說，文學家卡夫卡在工作時甚至無法忍受自己心愛的未婚妻靠他靠得太近：「妳曾經說過，在我寫作的時候，妳想要坐在我的身邊。可是，在那種情況下，我根本沒有辦法寫作。寫作是一種將自己展露到極限的行為，是一種最極致的自我表露和呈現。在寫作的過程中，如果有他人涉入，這個寫作的人就會覺得失去了自我。因此，在頭腦正常的情況下，寫作的人永遠會選擇迴避其他人……所以，當一個人在寫作的時候，永遠不嫌太過孤單；當一個人在寫作的時候，永遠不嫌太過安靜；當一個人在寫作的時候，永遠不嫌黑夜太長。」

還有，個性開朗的經典童書作家西奧多．蓋澤爾（一般人以蘇斯博士稱呼他）在工作的時候會躲在他的私人工作室裡。這間工作室位於加州拉荷亞市住家外的鐘塔裡，牆上掛滿了他的草稿與繪圖。蓋澤爾雖然創作出無數活潑有趣的作品，但他本人是個非常安靜的人，很少出現在公共場合與他的小讀者們見面，因為他擔心孩子們會期待見到一個像「魔法靈貓」

那樣有趣又能言善道的作家，如此一來他含蓄內向的個性可能會讓這些小讀者們失望。他並坦言：「最主要的原因是，面對小孩會讓我覺得相當害怕。」

☪

如果個人空間對於創造力十分重要，那麼「免於同儕壓力」也是影響創造力的關鍵。請看二十世紀前期廣告界傳奇人物艾力克斯・奧斯朋的故事。或許今天知道他的人不多，但在二十世紀前半，他是那種卓越不凡、帶動創新的男人，並且魅力十足，深深迷住了與他相同時代的人。奧斯朋是全球知名廣告公司ＢＢＤＯ的創辦人之一，但是讓他成名的原因是他的作家身分。他之所以成為作家，一切起始於一九三八年某位雜誌編輯邀請他共進午餐的那天。這位編輯在席間詢問他的嗜好是什麼。

「我喜歡想像。」奧斯朋回答。

「奧斯朋先生，」那位編輯說：「您一定要寫一本關於這方面的書。大家等您出版這樣的書已經等了好多年了，這件事實在太重要了，您一定要騰出時間和精力，好好完成這樣的一本書才行！」

所以奧斯朋真的開始寫書，事實上，他在一九四〇年代和一九五〇年代寫了好幾本書，每一本書都在解決他於ＢＢＤＯ擔任負責人期間讓他苦惱的問題：員工創意不足怎麼辦。奧斯朋相信他的員工有很棒的點子，只不過因為害怕同事的批判，所以不願意分享出來。

奧斯朋的解決方法並不是讓員工獨立工作，而是想把團體討論中相互批評的壓力加以消除，於是他發明了腦力激盪的概念，也就是一種「團體成員在沒有批評壓力的氛圍下產出想法」的過程。腦力激盪有如下四項規則：

1. 不要論斷或批評別人的想法。
2. 隨意發想。越狂野的點子越棒。
3. 盡量發想。點子的數量越多越好。
4. 可在成員的點子上再加以堆疊自己的想法。

奧斯朋全心相信，一旦消滅了同儕評論的枷鎖，團體腦力激盪一定能夠產出比個人獨立思考更多更好的想法，因此他不斷宣揚這個他喜歡的新主張。「團體腦力激盪的量化結果是無庸置疑的，」他在書中這麼寫著：「一個小組針對家電商品的促銷活動，可以產出四十五項建議，對於募款活動也提出了五十六個點子，至於要如何銷售出更多毛毯，他們也提供了一百二十四個新的想法。此外，十五個小組針對同一個問題進行腦力激盪之後，一共提出了八百種點子。」

奧斯朋的理論產生了很大影響，許多公司的領導者也熱情響應腦力激盪的作法。時至今日，任職於各企業的員工還是經常得和同事們一起被囚禁在充滿白板和白板筆的小房間內，聽著活力充沛的會議主持人鼓勵大家自由聯想各種創意。

奧斯朋這個突破性的想法只有一個問題：團體腦力激盪其實行不通。許多研究證明了這個事實，其中最早一項研究是在一九六三年進行的。當年明尼蘇達大學心理學教授馬文．杜奈特找來四十八位從事研究的科學家以及四十八位明尼蘇達礦業製造股份公司（這家公司通常被稱為3M，發明了便利貼貼紙）的行銷主管，全部都是男性。他請這些人獨立思考一個問題，然後再請這些人用團體腦力激盪來思考同樣的問題。杜奈特認定那些參與研究的行銷主管應該可以從團體腦力激盪中獲益，至於那些他覺得性格較為內向的科學家能否從團體腦力激盪中受益，他就不是那麼肯定。

杜奈特把四十八位科學家以及四十八位行銷主管，分別區分為十二個小組，每小組四人。每個四人小組必須以腦力激盪的方式來解決一個問題，例如：假如人類生來就多一根拇指，可能會有哪些好處與壞處。同時，這九十六個人也都必須靠著自己思考，來解答一個類似的問題。杜奈特和他的研究團隊將計算這群人透過腦力激盪和獨立思考所產出的全部想法，然後加以互相比較。為了讓比較更有意義，杜奈特將個人獨自想出來的點子，與同組另外三人獨自想出來的點子集合在一起，算成是該小組的點子，以便和該小組腦力激盪下產生的點子相比較。研究團隊同時也評估這些想法的品質，並以一個「可行性衡量表」加以評分，最低分為零分，最高是四分。

研究結果非常清楚。在總共二十四個小組裡，有二十三個小組的成員在單獨思考時比在團體腦力激盪時想出更多的點子，而且單獨思考所想出的點子，品質也等同於甚至優於腦力激盪的結果。至於行銷主管的想法，並未優於那些被推測為內向性格的研究科學家。

自從那個時候迄今，四十年來的研究有了令人驚訝的結論。研究結果顯示，團體的成員人數越多，表現出來的成果越糟糕：相較於六個人的團體腦力激盪，九個人的團體所想出的點子較少，內容也較差；而且在四人、六人和九人等團體中，九人團體的表現是最差的一組。知名的英國組織心理學家艾卓恩．芬恩海姆寫道：「從科學研究成果來看，只有腦筋不正常的商界人士才想採取團體腦力激盪。如果你的員工既有才華又主動積極，而且你重視的是創意或效率，那你應該鼓勵他們獨立工作。」

有一個例外是線上的腦力激盪。研究結果指出，如果管理得宜，則透過電子傳輸的方式進行團體腦力激盪，結果不僅比個人獨立思考來得更好，而且團體越大成果越出色。這種狀況在學術研究上也是相同的——教授們透過電子傳輸的方式，從不同的地點一起合作研究，相較於獨自進行研究或透過面對面方式的合作研究，更能產出具有影響力的研究成果。

我們不應該對這種研究結果感到驚訝，因為我們先前提過，「新團體迷思」之所以會出現，一開始就是因為我們好奇於虛擬環境底下合作能發揮什麼力量。也正是因為電子腦力激盪凝聚出了龐大的力量，才會有Linux或維基百科的出現。只不過我們對於線上合作的強大力量印象太過深刻，反而高估了各種團隊合作的價值，進而犧牲了對獨立思考的重視。我們忘了：參與線上的合作團隊，其實也是某種形式的獨立思考，因此我們誤以為線上合作的模式也能夠套用在面對面的現實世界。

雖然這些年的證據在在證實了團體腦力激盪是沒有用的，不過團體腦力激盪依舊受到歡迎。參與腦力激盪的成員通常深信他們團體的表現會比實際上來得更好，這也指出了團體腦力激盪持續受到歡迎的一個理由——團體腦力激盪可以讓參與者產生與群體的連結感。要是我們能牢記：團體腦力激盪最主要的好處是讓個體與群體緊附在一起，而不是激發更多的創意，則這也算是一個有價值的目標。

☪

團體腦力激盪為什麼沒用，心理學家通常會提出三種解釋。第一種解釋是閒晃心態：在團體裡面，有些人往往喜歡坐著不動，所有的事情讓別人去做就好。第二種解釋是生產阻力：一次只能有一個人說話或發表意見，其他人只能被動坐著聆聽。第三種解釋是評價恐懼：也就是擔心自己的意見不夠好，說出來之後會在同伴面前出糗。

奧斯朋的腦力激盪「規則」，原本是為了消除遭受評價的焦慮感，但研究結果顯示，在公開場合丟臉這件事實在太可怕了。舉例來說，一九八八年到一九八九年的大學籃球季恰逢麻疹疫情爆發，學校紛紛隔離學生，所以全美大學體育協會有兩支籃球隊在沒有任何觀眾的情況下進行了十一場比賽。在沒有任何球迷的情況下（甚至連崇拜他們的地主隊球迷也沒有），這兩支隊伍在球場上的表現都比平常更出色（例如更高的罰球命中率），沒有任何失常。

當代的行為經濟學家丹．艾瑞利也發現了類似的現象。他進行了一項研究，請三十九位受試者進行字謎解題，其中一些受試者獨自坐在座位上解謎，另一些受試者則有圍觀者在一旁觀看。艾瑞里原本預期有圍觀者的受試者在受到激勵的情況下會表現較佳，沒想到那些人的表現比較糟糕。觀眾或許可以提振鬥志，但同樣也會造成壓力。

對於評價恐懼的問題，我們就沒有什麼對策了。若你以為你能靠著意志力或訓練，或是設計一套類似艾力克斯·奧斯朋的規則來加以克服，那你就錯了。根據神經學最近的研究結果，人們對於「被評價」這件事所懷抱的恐懼，遠比我們想像的還要深，牽扯的範圍也更廣泛。

一九五一年至一九五六年間，奧斯朋正在努力提倡團體腦力激盪，同時期有一位名叫所羅門·艾許的心理學家也針對群眾壓力的危險性進行了一項現在變得非常有名的實驗。艾許將一群志願的學生分組之後進行視力測試，把三條長度不同的直線展示於受試者面前，請他們比較這三條直線，然後問他們問題，例如哪一條直線比較長？哪一條直線的長度與第四條直線相同？由於這些問題很簡單，百分之九十五的受試學生都能正確答出每一個問題。

艾許接著在團體中安排暗樁，要求暗樁主動且自信地說出錯誤的答案。在這種情況下，完全答對的受試學生便驟降至百分之二十五。這也表示百分之七十五的受試者至少有一題的答案會受到團體中錯誤回答的影響。

學者艾許的實驗顯示出「從眾」的力量，而在同一時間，商業界的奧斯朋卻想要說服大家不要被團體意見所束縛。科學家沒有告訴我們的是，為什麼我們會傾向於順從團體中的意見。那些順從別人意見的人，心裡到底在想些什麼？難道他們對於直線長度的認知，會因為同儕的壓力而產生變化嗎？或者他們明知答案有錯，但是因為害怕自己變成團體中不合群的那一個，所以只好順從？數十年來，心理學家們不斷苦思這個問題的答案。

在今日大腦掃描科技的協助下，我們離這個答案可能越來越近了。前一章提過的艾默瑞大學神經學家葛瑞格利．伯恩斯於二〇〇五年決定進行一場「更新版」的艾許實驗，招募了三十二位從十九歲到四十一歲之間的男性和女性志願者，每一位受試者先在電腦螢幕上觀看兩個不同的立體物件，然後研究者請受試者決定第一個立體物件能否經過旋轉角度而變成第二個立體物件。當受試者決定是否要順從或反對小組裡其他成員的意見之際，研究者也正利用功能性核磁共振造影機（fMRI）來拍攝受試者的腦部活動。

這個研究的發現，不僅令人感到不安，同時也充滿啟發性。首先，這次的研究結果證實了早年艾許的研究發現。當這些志願的受試者自己單獨進行這個遊戲時，答錯的比例只有百分之十三點八。但是當他們和小組團員一起進行這個遊戲，而且團員們一致說出錯誤的答案時，有百分之四十一的受試者會同意團員的意見。

伯恩斯的研究還揭曉了我們為何會順從團體的意見。當志願的受試者自己進行這個遊戲時，功能性核磁共振造影機顯示了他們枕葉皮質和頂葉皮質（這兩個部分與我們對視覺和空間感的感知有關）和額葉皮層（這個部分與我們出於意識的決策相關）等腦部網絡的活動狀況。當受試者在團體中順從團隊的錯誤答案時，他們腦部的活動卻透露出非常不同的訊息。

請各位記住，艾許的研究是想知道人們是否「明知團體的答案錯誤卻依舊順從之」，或者「個人的認知被團體的意見所改變」。如果前者為真，伯恩斯和他的研究團隊認為他們應該進一步研究與決策有關的額葉皮層活動。也就是說，透過腦部掃描，研究者應該可以看出受試者是有意識地棄絕自己的想法而去迎合團體的意見。但如果腦部掃描顯示出受試者的腦部其實是在管理視覺和空間感的區域產生高度活動，就表示團體的力量或多或少改變了個人的看法。

實際上也確實是如此——順從團體意見的受試者，其腦部在管理決策的額葉皮層活動較不明顯，但是在管理感知的區域活動較為頻繁。換言之，同儕的壓力不僅會讓人感覺不舒服，而且足以改變個人對於某些問題的看法。

根據這些初步的研究結果我們可知，團體的力量就像是改變個人想法的藥物。如果團體認為答案是A，你就可能也會認定A才是正確的答案。並不是說你會有意識地表示：「嗯嗯，我不太確定，但是既然大家都認為答案是A，所以我就聽從他們的意見。」也不是說你會表示：「我希望大家喜歡我，所以我就假裝答案是A。」這兩種假設情境都不對，因為你做的事情會讓人更加意外——而且更加危險。在伯恩斯的研究中，大部分的受試者表示他們之所以會順從團體的意見，是因為「他們認為自己只是碰巧與團體一樣，答出了正確的答案。」換句話說，他們已經徹底盲目，盲目到看不出同儕們影響自己的力量有多麼深遠。

這跟社交恐懼感有什麼關係呢？請記住，在艾許和伯恩斯的研究中，志願的受試者並非永遠順從團體的意見，他們有時候也會擺脫同儕的影響，選出正確的答案。伯恩斯與他的研究團隊發現，當受試者與團體的意見不同的時候，有些很有趣的事情發生了：此時他們的杏仁核出現了高度激發的現象④。杏仁核是我們頭腦中的一個小器官，這個器官會處理我們不高興的情緒，例如害怕受到排斥。

伯恩斯將受試者這樣的反應稱為「因為與眾不同而帶來的痛苦」，而且這種反應會產生嚴重的影響。我們許多最為重要的文明制度，包括選舉制度、陪審團制度以及「多數決」制度，都是依賴反對聲浪的存在，才能運作。一旦團體的意見真能改變我們的看法，一旦意見與眾不同時會啟動一種天生、強大且不自覺的「被拒絕感」，則這些制度到底算不算是健全的制度，答案就似乎比我們想像的更不堪一擊。

☪

以上是我提出的「反對面對面合作」的理由。當然或許有些簡化，畢竟沃茲尼克也是和賈伯斯一起合作創立了蘋果電腦。假如沒有他們兩人齊心合力，今天就不會有蘋果電腦。每一對合作夥伴，不論是母親和父親合作教育下一代，或是家長和孩童合作維繫家庭的和諧，都是一種創意合作關係。事實上，研究結果顯示面對面互動可以建立信任感，但是網路上的互動卻無法達到這種效果。研究結果也指出，人口密度與創新思想有正相關的關聯性。住在大城市裡就不能在森林裡安靜散步，可是在擁擠城市中居住的人們還是可以受惠於都會生活所提供的人際網絡互動。

我自己本身就經歷過這種好處。我準備撰寫這本書時，在家裡設置了一個辦公室，裡面有整齊的書桌和資料檔案櫃、空著的櫃台空間，以及充足的自然採光。然而，我才開始敲打鍵盤，就覺得自己彷彿與世界斷了關係。於是我轉移陣地，改到一家我最喜歡而且位於人口密集區的咖啡館，利用筆記型電腦完成了這本書大部分的內容。我所做的事情，完全就是「新團體迷思」的倡議者可能會建議我做的事情：光是看見咖啡廳裡的其他人，就足以幫助我的腦袋激發出新的創意。咖啡廳裡擠滿了埋首於筆記型電腦的人們，從他們臉上全神貫注的神情，我想大家的手邊都有一堆工作等著完成，我並不是單獨的個案。

不過，咖啡館之所以能夠擔任我的辦公室，卻是因為它擁有許多現代化校園和職場所缺乏的特色。它是一個可提供社交網絡的場合，而且它可以讓客人自由來去，這種休閒性不會讓我產生糾結的不愉快感，而且還讓我可以採用「用心練習」的方式完成我的著作。它還可讓我隨時依照心情來切換觀察者和參與者的身分，並讓我自由控制我所處的環境。我每一天都可以依照我的心情（我想被別人看或者我想看別人），選擇一個自己想要的座位——看看要坐在咖啡廳的正中間，或是位於角落的座位。而且，如果我想要安靜撰寫這本書，我隨時可以離開吵雜的咖啡廳。我通常只在咖啡廳裡待幾個小時就走，而不像一般上班族在辦公室裡待上八個、十個甚至十四個小時。

我並不是建議大家停止面對面的合作關係，而是呼籲修正一下我們的作法。首先，我們必須積極找出內向性格者與外向性格者的共生關係，並且在這樣的共生關係中，依照每個人天生的長處與性格去區分領導任務和團隊中的各項工作。根據研究結果顯示，最有效率的隊伍應該是由內向性格者與外向性格者以良好的方式混合共組而成。領導架構亦是如此。

我們也必須創造出一個可以讓人們自由轉換互動方式的環境，在他們想要專注在自己工作上或者是需要獨處的時候，可以擁有足夠私密的工作環境。我們的學校應該要教育孩童和別人共事的技巧——在良好且適度的練習下，合作式的學習可以非常具有效率——但是也應該提供孩子們所需要的時間與訓練，讓他們可以獨自專注練習。我們應該要知道，許多人需要在格外安靜和私密的環境下才能將工作執行到最佳狀態，特別是像沃茲尼克這樣的個性內向者。

有些公司漸漸明白安靜且獨處的工作環境有其價值，於是開始營造「彈性」的開放式辦公室，在開放式的辦公環境中，提供可以獨自工作的辦公空間、可供靜思的區塊、可以隨性會談的空間、咖啡區、閱覽室、電腦中心，甚至還有可以讓大家隨意閒聊而不致影響其他人工作的「聊天大街」。皮克斯動畫工作室佔地十六英畝的辦公園區有一個橄欖球場大小的中庭，也有自助餐廳，甚至還有浴室。這樣的設計是為了鼓勵更多輕鬆又隨機的創意產生。同時，皮克斯也鼓舞員工將個人辦公室、隔間、辦公座位、工作區域等空間當成是他們自己的，隨員工的意思自由佈置。同樣，微軟公司裡許多員工都可以享受他們個人的辦公室，這些個人辦公室配有可拉式滑門以及可移動的牆面等等設備，讓辦公室的使用者可以自由決定他們什麼時候想要與別人進行團隊合作，什麼時候又想要待在獨自思考的空間裡。一位名叫麥特．戴維斯的系統設計研究員告訴我，這種多元化的辦公環境可以讓性格內向和外向的人同時受益，因為這種工作環境比傳統的開放式辦公室提供更多隱蔽的空間。

我覺得沃茲尼克也會贊同這種工作環境的設計。沃茲尼克在創造出蘋果電腦之前，原本在惠普公司設計電腦。他喜歡他的工作，有部分原因是惠普的工作環境讓他可以輕鬆與別人聊天。每天上午十點和下午兩點，管理部門會推著甜甜圈和咖啡到辦公室裡，讓大家利用這些時段彼此寒暄，交換工作上的意見。不過，工程師的互動寒暄有個特色，就是他們的低調風格與輕鬆氣氛。在《科技頑童沃茲尼克》這本自傳中，沃茲尼克認為惠普公司是個重視英才的地方，這間公司不在乎員工的外表長得什麼樣子，善於社交的人在這間公司也不會因此多拿獎金，而且沒有人逼迫擔任工程師的沃茲尼克轉任管理職。這就是沃茲尼克心目中合作的真義：他可以和他那些個性悠閒、穿著隨便而且不會隨意評斷別人的同事們分享甜甜圈和工作心得。而且就算他選擇從人群中消失，躲回自己的辦公桌開始工作，也不會有任何人有意見。

---

①團體迷思（Groupthink）是指團體在決策過程中，由於成員為了避免衝突，於是傾向讓自己的觀點與團體一致，甚至無視於真實的狀況，因而導致整個團體欠缺多元的思考角度，無法客觀分析。

②ENIC（Electronic Numerical Integrator and Computer），電子數值積分器電腦。

③艾利森針對柏林音樂學院的學生所做的研究顯示，學生到了十八歲的時候，「最好的小提琴手」這一組平均已經單獨練琴七千小時，比「很好的小提琴手」那一組多了二千小時，比未來要當音樂老師的那一組學生，更是多了四千小時。

④在伯恩斯的實驗中還有另一種安排，也就是讓受試者和「一群電腦」玩這個遊戲。當受試者和「一群電腦」玩遊戲，而且自己的看法和電腦不同的時候，他們的杏仁核處於一種相當平靜的狀況；而當受試者和「一群人」玩這個遊戲時，而且受試者的看法與其他人不同的時候，則受試者的杏仁核就出現比較高度的激發。這個結果暗示著，當我們選擇和群眾的意見相反時，與其說我們會害怕「是我自己的看法錯了」，還不如說我們更害怕「因此被群眾隔離」。

第二篇

性格是天生的嗎?還是可以自己決定?

第4章 性格天注定？先天、後天與蘭花假說①

有些人對於每件事情都充滿了確定感，但我卻對任何事情都不是那麼肯定。
——前美國財政部長羅伯特．魯賓，《不確定的年代》

差不多是十年前的舊事了。

時間是凌晨兩點鐘，我躺在床上睡不著，而且我很想死。

我平常並不是那種有自殺傾向的人，只不過我第二天要發表一場重要的演說，此刻我腦中充滿恐懼，不斷想像到時候可能出哪些狀況。萬一我突然鎖喉說不話來，該怎麼辦？萬一聽眾覺得我很無趣，我又該怎麼辦？萬一我在講台上突然嘔吐出來，我到底該怎麼辦？

我當時的男友肯尼（我現在的丈夫）看著我輾轉反側，他完全不明白我感受到的壓力。肯尼曾擔任聯合國的維和人員，雖然他曾在索馬利亞遭到埋伏攻擊，但我相信他在戰鬥中的心情不會比我此時此刻更加恐懼。

「想一些讓妳自己快樂的事情嘛，」肯尼溫柔地告訴我，輕撫著我的額頭。

我卻只是凝望著天花板，任憑眼淚流個不停。哪裡會有什麼讓我快樂的事情？要站到講台上面對麥克風，我就不相信還有誰快樂得起來！

「妳想想，中國十多億人口，這十多億人完全不在乎妳的演講。所以妳有什麼好緊張的？」肯尼安慰我。

這句話確實有點安撫作用，但是大概只維持了五秒鐘左右。我翻過身去，眼睛盯著鬧鐘。時間已經是清晨六點半了，最難熬的部分——領死之前的漫漫長夜——終於過去了！明天這個時候我就已經解脫了，但是我得先撐過今天。於是我採用有氣無力的姿態穿好衣服，套上外套。肯尼遞了一個運動水壺過來，裡面裝的是貝禮詩香甜奶酒。我不是嗜酒如命的人，但是我非常喜歡貝禮詩香甜奶酒，因為這種酒嚐起來就像巧克力奶昔。「上台前十五分鐘先喝點這個。」肯尼提醒我，然後給了我一個道別之吻。

我搭電梯下樓，坐進早已等著我的轎車。我演講的地點位於紐澤西州郊區某間大型企業的總部，這段車程讓我有充分的時間思考我究竟是怎麼讓自己陷入這種處境的。我最近才剛剛辭去華爾街的律師工作，成立一間自己的顧問公司。大部分的時間我都是進行一對一或是小團體的顧問諮詢服務，因為面對小眾的工作方式讓我覺得比較自在。不過，有位舊識在大型媒體公司擔任法律顧問，他邀請我與他們公司的高階主管團隊進行一場研討會，而我竟然一時糊塗熱血就答應了。至於答應的原因，我早就忘了。我在車子裡默默祈禱，希望能夠突然發生一場天災，洪水或地震都可以，這樣我就不必去演講了。但是，我一想到這樣會讓整座城市成為無辜的受害者，便立刻為自己的荒唐而感到無比罪惡。

車子在客戶的大樓前停下，我下了車，努力佯裝成一個自信滿滿、事業有成的顧問。這次活動的負責人引導我走進演講會場。我先詢問了洗手間的位置，然後溜進廁所，在四下無人之際喝了一大口我帶來的奶酒。我在洗手間內呆站了好一會兒，等待酒精發揮神奇的功效，但是什麼功效都沒有，我還是緊張害怕得要命。或許我應該再喝一口。不，不行，現在才早上九點，萬一別人從我的呼氣中聞到酒味就不妙了。於是我補補口紅，走回演講會場。我登上講台，整理了一下我的提詞卡，台下坐滿了看起來位高權重的商務人士。我默默對自己說：不管怎麼樣，千萬別在講台上吐出來。

台下有些高階主管抬頭看看講台上的我，不過大部分的人都是低頭盯著自己的黑莓機。顯然，我的演講害得他們必須暫時放下手邊急迫的工作，但是我該如何才能讓他們把注意力放在我這邊呢？該如何讓他們不要一直敲打著手上的小鍵盤，不要一直發送緊急的聯絡簡訊呢？當下，我站在講台上暗自發誓，我這輩子以後再也不演講了！

☪

自從那次之後，我又發表了好多場演講。我其實還沒有完全戰勝上台前的焦慮，但是經過這些年以來，我發現了一個好方法，可以幫助任何人在公開演講前克服緊張的情緒。我將在第五章說明細節。

我之所以在這裡與各位分享了我對於公開演說的極度恐懼，是因為在個性內向這件事情上，最核心的問題之一恐怕就是恐懼。如果更進一步去探究，我對公開演說的恐懼感，似乎與我個性中某些我很欣賞的面向緊緊相扣，尤其是我對於溫和、需要動腦的事物所懷抱的那股熱愛。這種個性對我來說非常自然。我對公開演說的恐懼，是否和我喜愛溫和以及需要動腦的事物相關？如果答案是肯定的，這兩者又是如何連結起來的？這樣的連結關係是來自「後天影響」——我的成長環境嗎？我的父母親都是溫文儒雅、喜歡思考的人，而且我母親也非常討厭在公開場合對大眾說話。還是說，這是來自「先天本質」——我與生俱來的基因？

這些問題在我成年之後一直困擾著我。幸運的是，哈佛大學裡某些研究人員也對這些問題感到好奇。這些科學家們正努力探索人類的大腦，試圖找出人類性格在生物學上的起源。

在這些科學家當中，有一位是高齡八十二歲的傑若姆．凱根。凱根教授是二十世紀最偉大的發展心理學家之一，專業領域是研究孩童的情感和認知發展。凱根教授在一系列突破性的縱向研究中，記錄一群孩童從嬰兒期到青春期的生理機能與個性發展狀況。這種縱向研究既耗時又昂貴，實務上並不常見。但這類研究一旦有了成果，所能獲得的結果就相當豐碩，正如凱根教授的研究一樣。

在凱根教授的系列研究中，有一項從一九八九年展開，迄今仍持續進行中。凱根教授和研究團隊找了五百名四個月大的嬰兒，將這些嬰兒帶到哈佛大學的兒童發展實驗室。凱根相信，透過四十五分鐘的評估研究，他們就能分辨出這些嬰兒長大後會是內向還是外向的人。如果你最近曾經接觸過四個月大的嬰兒，你就知道凱根團隊的宣稱可能太大膽。但是凱根長年研究性格發展，他有他自己的一套理論。

凱根的團隊讓這五百名四個月大的嬰兒接觸一些精心挑選出來的感官體驗。他們讓嬰兒聆聽預先錄製的說話聲以及汽球爆裂的聲響，還拿彩色的物體在嬰兒眼前晃動，並且讓嬰兒聞嗅沾了酒精的棉花棒。五百位嬰兒對這些外來的刺激有著極為不同的反應。約有百分之二十的受試嬰兒嚎啕大哭，使勁揮動小小的雙手雙腳。凱根將這些嬰兒稱為「高度反應組」。大約百分之四十的受試嬰兒則是保持安靜溫順，頂多偶爾舞動一下他們的小手與小腳，沒有誇張的大動作。凱根將這些嬰兒稱為「低度反應組」。剩下的百分之四十，表現出來的反應介於前兩組嬰兒之間。令人吃驚的是，凱根教授做出了與一般人直覺相反的假設：他認為那些狂哭狂動的「高度反應組」嬰兒，將來長大後會成為個性安靜的青少年。

當這五百名嬰兒到了兩歲、四歲、七歲和十一歲的時候，許多人又回到凱根教授的實驗室接受後續的研究，測試他們對於陌生人與陌生事物的反應。在他們兩歲時，研究團隊讓這些孩子觀看一名臉上戴防毒面具又身穿實驗室白袍的女性、一名打扮成小丑的男性，以及一個無線遙控的機器人。七歲的時候，這些孩子被安排與他們不認識的孩童一起玩耍。十一歲的時候，一名他們不熟悉的成年人詢問他們日常生活的瑣事。凱根教授的團隊觀察這些孩子如何因應這些奇特的狀況，並留意他們的肢體動作，記錄下他們自發性大笑、對話應答及面露微笑的頻率。研究團隊同時也訪問這些孩子與他們的家長，以便瞭解他們在實驗室以外的表現如何。他們是否只喜歡結交一兩位好友，還是喜歡和一大群小朋友一起玩耍？他們喜不喜歡到陌生的地方？他們喜歡冒險或者總是小心翼翼？他們認為自己是害羞還是大膽的人？

在這些孩子當中，許多人的個性發展完全吻合凱根教授的預測。那些受不了有東西在頭頂上晃動而開始哭鬧、人數佔受試嬰兒百分之二十的「高度反應組」，長大後比較可能發展出嚴肅謹慎的人格。至於「低度反應組」，也就是那些安靜的嬰兒，長大後則比較可能發展成個性放鬆又充滿自信的類型。換句話說，所謂的「高度反應」與「低度反應」，其實正符合一般人所謂的內向性格與外向性格。凱根在他一九九八年的著作《蓋倫的預言書》中說：「卡爾．榮格在七十五年前所描述的內向性格與外向性格，與我們研究中『高度反應組』與『低度反應組』長大後在青少年時期的個性相互契合，實在令人覺得不可思議。」

凱根特別以其中兩位青少年舉例：個性內向的湯姆和個性外向的勞夫，列出他們兩人的顯著差異。湯姆在孩童時期非常害羞，但是在學校表現良好。他的個性謹慎且安靜，對女朋友很專情，對父母親十分敬愛。雖然湯姆比較容易憂慮，但是他喜歡自己一個人研究學習新事物，思考需要花費腦力的問題。他希望成為一位科學家。「湯姆就像其他個性內向的名人，那些人小時候也非常害羞。」凱根將湯姆比擬為詩人T．S．艾略特以及身兼數學家和哲學家身分的偉大學者亞佛德．諾斯．懷特海德②。湯姆「選擇了一個注重腦力的人生」。

相較之下，勞夫的個性就比較放鬆，但是充滿自信心。勞夫和凱根的研究團隊相處的時候，把這些學者當成自己的同儕來對待，而不是比他年長二十五歲的權威人士。雖然勞夫是個聰明的孩子，但因為他太過鬆散，所以英文課和科學課被當掉了。勞夫也不在意，對於自己的缺點，勞夫可以興高采烈坦然面對。

心理學家經常討論「性格」和「人格」的差異。「性格」是指天生的，基於生物學上的行為與情緒模式，可以從嬰兒與幼童時期觀察得出來。「人格」是經由後天的文化影響與個人經驗等因素混合而成。有些人表示「性格」就像地基，而「人格」則是建築其上的建築物。凱根的研究，將某些嬰兒時期的性格與青少年時期的人格特性加以連結起來。

☪

凱根怎麼知道那些舞動手臂的嬰兒，長大後會變成像湯姆一樣嚴謹又喜歡思考的青少年？他又怎麼知道那些安靜的嬰兒長大後會變成像勞夫一樣活潑坦率，對死板規定很不適應的青少年？答案與這些嬰兒的生理機能有關。

凱根教授的研究團隊除了觀察受試孩童在陌生情況下的行為反應之外，同時還測量了他們的心率、血壓、手指溫度以及其他與中樞神經系統有關的特性。凱根教授之所以要進行這些生理測試，因為他相信這些特性都是由大腦中一個叫做杏仁核的器官所控制。杏仁核位於邊緣系統的深處，邊緣系統是一種古老的大腦網絡，像老鼠這種自遠古時代就存在的動物體內也有邊緣系統。這種大腦網路——有時候被稱為「管理情緒的大腦」——控制著人類和其他動物許多項基本本能，例如食慾、性慾和恐懼等。

杏仁核就像是大腦裡面的情緒切換面板，當杏仁核接收到從感官傳來的訊息之後，會通知大腦其他部位以及中樞神經系統應該如何回應。杏仁核的功能之一，就是立即檢測出環境中的新奇事物或外來威脅，不論是看見空中迎面飛來的飛盤，或是發現腳旁有一條發出嘶嘶聲響的蛇，杏仁核都會即刻發出通過全身的信號，啟動應該馬上反擊或是應該立刻躲避的回應。當飛盤直直對著你的鼻子飛來時，杏仁核會通知你立即低頭閃避；而當響尾蛇準備咬你一口時，杏仁核會通知你快點拔腿跑開。

凱根教授假設有些嬰兒生來就有較易激動的杏仁核，當他們感知到不熟悉的物體時，就會擺動肢體並且嚎啕大哭。這些嬰兒長大後，遇見陌生人的時候會比較警覺。這是凱根教授的發現。換句話說，這些四個月大的小嬰兒之所以像龐克搖滾歌手那樣揮動雙手，並不是因為他們天生外向，而是因為他們小小的身體對於新奇的視覺、聽覺和嗅覺刺激有著激烈的反應——他們是「高度反應組」。相反的，那些安靜的嬰兒保持靜默也不是因為他們長大後會變成內向的人，而是因為他們的中樞神經系統對新奇的事物無動於衷。

一個孩子的杏仁核反應越激烈，他的心跳就越快，眼睛瞪得越大，聲帶拉得越緊，而且唾液中的皮質醇（一種因壓力產生的荷爾蒙）也分泌得越多——因此在他面對新奇和刺激的事物時，他就可能會感到更加不舒服。這些「高度反應組」的嬰兒長大後，在不同的環境中一定會繼續面對未知的事物：第一次到遊樂園去玩，或是第一天上幼稚園認識新同學。我們經常喜歡注意孩子們面對陌生人時的反應——他們第一天上學的表現如何？他們在充滿陌生人的生日派對上會不會退怯？但其實我們是在觀察孩子們在一般情況下對新奇事物的敏感度，而不僅是對陌生人的反應。

在生物上，高度反應與低度反應或許不是唯一通往內向性格與外向性格的途徑。許多內向性格者不像典型的高度反應組那麼敏感，而且有一小部分的高度反應組孩童長大後成為個性外向的人。儘管如此，凱根教授這個歷時數十年的研究結果，對於我們所瞭解的人格分類——包括我們據此做出之價值判斷——還是有極為巨大的突破。大家通常認為外向性格者「積極且善於社交」——意指他們會關心別人——而內向性格者則不喜歡與他人接觸。但在凱根教授的測試中，嬰兒們的反應其實都與「人」無關。這些嬰兒之所以哭鬧（或不哭鬧），是因為他們嗅到了棉花棒上的酒精；他們舞動四肢（或是保持靜默），是因為聽見汽球爆破的聲響。高度反應組的嬰兒並不是天生討厭與別人來往，他們只是對於環境的變化較為敏感。

事實上，這些孩子的中樞神經系統對於一般事物似乎都具敏感性，而不是只對可怕的事物具有敏感性。心理學家將高度反應組孩童對人、事、物的反應稱為「警覺性的注意力」。他們的眼球運動比別人更頻繁，他們在做出決定前會比較各種可能的選項，彷彿他們對世界上的各種資訊有更加深層的思考過程——有時候是蓄意的，有時不是。在早期某一系列的研究當中，凱根教授要求一群小學一年級的小朋友進行視覺配對的遊戲。研究團隊將一張泰迪熊坐在椅子上的照片給每一位受試孩童觀看，然後再拿出六張差不多的照片，請受試者選出唯一一張完全相同的照片。高度反應的孩童會比其他小孩花費更長的時間考慮每一張照片，而且答對的比例也比其他小孩高。凱根教授又讓同樣一群小朋友進行文字遊戲，他發現高度反應的孩童在閱讀文字時，會比那些衝動型的小孩更加仔細且正確。

高度反應的小孩會更深度思考，更敏銳感受他們所注意的人、事、物，並且對於日常生活上的體驗，也更能分辨出其中的些微差異。這種特質會透過許多不同的方式來表現。如果某個孩子喜歡交際，她可能會花費較多的時間來思考她觀察別人所獲得的感想——為什麼傑森今天不願意分享他的玩具？為什麼尼可拉斯不小心撞到梅莉的時候，梅莉會那麼生氣？但是，如果這個孩子有特定的嗜好——例如玩拼圖、進行美術創作、堆沙堡——他就會對於自己熱衷的事項投以極高的專注力與熱情。如果一個高度反應的小朋友不小心弄壞了別人的玩具，他的罪惡感與歉意也會比低度反應的孩子來得更深刻。每一個小朋友都會觀察周遭的環境，而且也都能感受各種不同的情緒，但是高度反應的孩童會觀察得比較仔細、感受得比較深刻。科學期刊的記者溫妮佛瑞德·加拉弗寫道：如果你詢問一個高度反應的七歲孩童應該如何與別的孩子分享一件大家夢寐以求的玩具，這個孩子可能會想出一些複雜的方法，例如「先以每個人姓氏的字母排序，然後從姓氏最接近A的人先玩」。

「對他們來說，將理論付諸實行是困難的，」加拉弗寫道：「因為他們敏感的天性與細膩的思維並不適合充滿各種活動的校園。」在本書接下來的章節裡，我們會討論他們這些特質——警覺性、對些微差異的敏感性，以及複雜的情緒性等等。這些特質，其實都是極為強大的能力，只不過以前被輕忽了。

☪

凱根教授煞費苦心提供了證據告訴我們，「高度反應」是內向性格在生物學方面的基源之一（我們在第七章會繼續探討其他可能的因素）。他的研究成果具有一定的權威性，因為他證實了我們長久以來的猜測。凱根教授的某些研究甚至闖入了文化迷思的領域。舉例來說，他的研究資料顯示，他相信高度反應與身體上的生理特徵會有關連，例如藍色的眼珠、過敏性體質、花粉症體質等；而且高度反應的男性通常會比其他的男性來得纖瘦，臉部寬度也會比較窄。這些結論其實都只是理論，而且讓人聯想到十九世紀時有人宣稱能夠透過人的顱骨形狀來占卜其靈魂。先不管這個理論是否正確，比較有趣的事情是，每當我們要虛擬一個安靜、內向又喜歡思考的人物時，我們也會用這些生理特質來形容這個虛擬人物，彷佛這些生理特徵早已經在不知不覺中潛藏於我們的文化意識內。

以迪士尼電影為例，凱根教授和同事們認為迪士尼的動畫製作團隊可能在無意識間洞悉了高度反應者的特性。每當那些動畫師在繪製個性敏感的人物時，例如灰姑娘、小木偶以及七矮人裡的糊塗蛋，他們都會為這些角色繪上藍色的眼珠。而對於那些個性急躁的角色，例如灰姑娘故事裡的繼姐、七矮人裡的「愛生氣」以及小飛俠彼德潘，動畫師則會為他們繪上深色的眼珠。在許多書籍、好萊塢電影以及電視劇中，那種身材纖瘦又流著鼻涕的平凡年輕人，通常被設定為運氣不好但是個性體貼的好人，他們在校成績很好，不過對於人際關係卻不在行。他們會具備某種需要思考的才藝，例如寫詩或是研究天體物理學。例如在電影《春風化雨》中演員伊森．霍克所飾演的角色。凱根教授甚至推斷，有些男人比較喜歡皮膚白皙的藍眼睛女性，因為這些男人在不自覺中認定這些生理特質是溫柔善感的象徵。

其他針對人類人格的研究，也支持內、外向性格與生理學有關，有的研究結果甚至認為人格特質與基因有關。要區分出先天影響或後天影響，最常見的方式就是比較同卵雙胞胎與異卵雙胞胎在人格特質上的差異。同卵雙胞胎是由單一的受精卵發展而成，因此有著完全相同的基因，至於異卵雙胞胎則是來自不同的卵子，平均而言只有百分之五十的基因相同。因此，如果你比較一對雙胞胎的內向或外向程度，並且發現同卵雙胞胎彼此的相似度高於異卵雙胞胎彼此的相似度（科學家經研究後也證實是如此）；而且即使在不同家庭中成長的雙胞胎手足，獲得的結果亦同——那麼你應該就可以合理推論，人格特質確實有些是根源自基因。

這些研究並非盡善盡美，但結果卻一致指出：內向性格與外向性格約有百分之四十到五十的機率是透過遺傳而來；而個性隨和、認真負責等重要的人格特質也是如此。

可是，從生物學的角度來解釋內向性格，真的就能夠令人完全滿意嗎？當我第一次閱讀凱根教授所撰寫的《蓋倫的預言》時，我興奮到無法入睡。在那本書裡所講的就是我的朋友、我的家人，甚至是我自己——事實上，是所有的人！書中巧妙交代了我們在神經系統上的光譜上所分布的位置，從反應靜默到反應靈敏等類型都有。幾個世紀以來，哲學對於人類個性這個謎團的探索，最後彷彿透過這本書，漂漂亮亮呈現出清晰的科學真相。對於先天影響或後天影響的問題，終於有了一個簡單的答案——每個人在出生的時候就已經奠定了各自的性格，而這種先天的性格會強烈左右我們成年後的個性。

但是，答案不可能那麼簡單，對不對？我們真的可以把內向或外向的個性，簡化歸因於人們與生俱來的中樞神經系統嗎？我猜測自己的中樞神經系統應該是屬於高度反應的類型，不過我媽媽堅稱我在嬰兒時期既乖巧又不鬧，也不會因為聽見汽球爆破的聲音就大哭大叫。我覺得自己有缺乏自信的傾向，但我對於自己的信念卻又充滿無比的勇氣。每當我第一次抵達其他國家的時候，我都會感到非常害怕，可是我又非常喜歡旅行。我小時候的個性非常害羞，但是長大之後就不再有相同的問題。而且，我也不覺得我這些矛盾的情況只有少數人才有，我相信許多人的個性都會有不一致的各種面向，而且人會隨時間而改變，不是嗎？還有，關於自由意志又怎麼說？難道我們沒有辦法控制自己是什麼樣的人，也沒有辦法控制我們要成為什麼樣的人嗎？

我決定要去找凱根教授，當面追問他這些問題。我對他感興趣的原因不只是他的超凡研究成果，更因為他本身就呈現出「先天論」和「後天論」這兩種觀點的衝突。他在一九五四年開始進行這方面的研究，當時他的見解符合學術界的主流思想，堅定支持後天環境影響論。在他那個年代，「性格乃天生」是個麻煩的觀念，因為會讓人回想起納粹黨強調的「優生學」主張以及「白人至上」主義等爭議。相反的，對美國這種民主國家來說，比較喜歡聽到小孩就像白紙一樣充滿可塑性的說法。

可是一路走來，凱根教授逐漸改變了他的主張。他如今表示：「我看著我的研究結果，經過一番熬練、掙扎，開始相信先天對性格的影響，遠比我想像得更強更有力。」他早期針對高度反應孩童所做的研究，發表於一九八八年的《科學》雜誌上，項研究結果讓「性格乃天生」的論點更具可信度，有一部分的原因是因為凱根教授之前在「後天環境影響性格」的領域中，已經有了顯赫的聲名。

所以，如果世界上有任何人能幫我解開這個先天影響或後天影響的問題，我想就只有傑若姆．凱根教授一人了。

凱根教授領我進入哈佛大學「威廉．傑姆斯大樓」內他的辦公室。我坐下時，他一直盯著我看，雖然他的眼光並沒有讓我感到敵意，但顯然十分銳氣逼人。我本來想像他是如卡通裡出現的科學家那樣，身穿白袍，溫和仁慈，在實驗室裡拿著化學藥劑從一個試管倒進另一個試管，然後告訴我：蘇珊呀，妳很清楚自己是什麼樣的人嘛。不料，我面前的凱根教授並不是我想像的那種態度和藹的老教授，我反而覺得他非常可怕。這點實在有些諷刺，因為他的書裡面充滿了人文主義精神，並且他形容自己在小時候是個既焦慮又容易受驚的孩子。我先以一個問題做為開場，但是他不認同那個問題，於是立即大聲說：「不對，不對，不對！」他的音量之大，讓我開始懷疑，難道我坐得離他有那麼遠嗎？

就這樣，我個性中的「高度反應」機制立即啟動。我向來說話溫和，但此刻我強迫自己提高音量，不能再用耳語似的聲音說話。（在我們訪談的錄音帶中，凱根的聲音聽起來生氣勃勃且呈現雄辯之姿，我的聲音相較之下小聲許多。）我發現自己的身體很緊張，這也是「高度反應」的外顯跡象。我知道凱根也發現了這一點，這種感覺讓我很不自在。他沒有多說什麼，只是一邊提到許多高度反應的人都會選擇當作家或是其他動腦的工作，邊說邊對著我點點頭。他說這些工作可以讓高度反應的人「享有高度自主，並且關起門來拉上窗簾，專心做自己的工作，免得遇見讓自己意外的人事物」。（凱根教授表示，教育程度較低的高度反應者，則會選擇當辦公室的文員或是卡車司機。這也是基於相同的理由。）

我提到我認識一個「慢熱」的小女孩。她接觸新朋友時，會先慢慢研究這些新朋友，而不是主動迎上去打招呼。她和家人每個週末都到海邊去玩，但她卻花了很長的時間才願意赤足踏上沙灘，讓海浪浸濕她的腳趾。我對凱根說，這個小女孩真是標準的高度反應者。

「不對！」凱根教授大吼回來：「不要忘記：每個行為背後都有許多不同的原因！『慢熱』的孩子也許在統計上比較可能被歸類成高度反應者，但是人生最初三年半的際遇也可能與『慢熱』的行為有關！作家或記者寫文章的時候，總是希望能找到一對一的關聯性：一個行為對上一個原因。但是我們應該要知道，像『慢熱』、『害羞』和『衝動』等行為表現，其實都是由許多原因所導致的。」

凱根教授開始滔滔不絕分享一些造成內向個性的環境因素，這些環境因素可能與中樞神經系統沒有關聯，可能會搭配中樞神經系統一起產生作用。比方說，某個孩子可能因為非常喜歡世界上的新奇事物，所以她會花很多時間在腦中思索這些事物。又或者由於健康的因素，體內的生理變化也會導致孩童性格內向。

我對於公開演講的恐懼感，也可能源自許多複雜的原因。難道因為我是高度反應的內向性格者，所以才害怕在公開場合演講？也許不是這樣。有一些高度反應者很喜歡公開演講或表演，也有許多個性外向的人害怕上台亮相。在美國人的恐懼排行榜上，對於公開演說而產生的恐懼感高居第一，比死亡還讓人害怕。人們對於公開演講感到惶恐，原因有很多種，包括在幼童時期遭遇挫折。這種原因屬於我們獨特的個人經歷，而非與生俱來的性格。

事實上，對於公開演講的焦慮感可能是一種原始且典型的人性，不是只有那些中樞神經系統高度反應的人才會擁有。根據社會生物學家E．O．威爾森的理論，當我們的祖先生活在草原上，唯一關注的事就是會不會被野獸跟蹤。如果我們認為自己可能會被野獸吃掉的話，我們會不會帶著自信高高站起，迎向前去？不會，我們會選擇逃走。換句話說，經過千百年來的演化，我們自然會有一種「遠離講台」的衝動，因為站在講台或舞台上時，我們往往錯把台下觀眾的眼光當成虎視眈眈的猛獸。台下的觀眾或聽眾不僅希望我們站在上面，還希望我們表現得放鬆又有自信。這種「生物本能與社會禮儀的衝突」，就是公開演說令人緊張的原因之一。因此，有時我們為了安慰演講者，會勸他們把台下觀眾想像成是裸體的，其實這種說法一點幫助都沒有，因為裸體的獅子和穿衣服的獅子一樣充滿危險性。

即使每個演講者都誤以為台下的觀眾或聽眾是虎視眈眈的猛獸，個別的演講者還是會因為不同的觸動機制，而產生「戰或逃」的反應。觀眾或聽眾的眼睛要瞇成什麼樣子才會讓你感受到他們準備攻擊的威脅性？你是在上台之前就感受到這種威脅嗎？還是要等到台下有人蓄意起鬨之後才會讓你的腎上腺素狂飆？如果你擁有高度敏感的杏仁核，確實比較容易在演講中觀察到台下觀眾是否在皺眉頭，是否因無聊而嘆氣，有沒有低頭看黑莓機等。而且，實際上，根據研究結果顯示，內向的人確實比外向的人更容易害怕公開演說。

凱根教授告訴我，有一次他在會議中聆聽一位科學家同事發表精彩的演說。會議結束後，這位演講者找凱根教授共進午餐，凱根教授也答應了。在午餐席間，這位科學家告訴凱根教授，他每個月都會發表演說，儘管每一次他站在講台上都顯得神態自若，但他的心底深處其實都感到無比恐懼。等到閱讀過凱根教授的著作之後，才對他產生很大的影響。

「你改變了我的人生。」這位科學家對凱根教授說：「這麼久以來，我一直認為是我媽媽的錯，現在我知道了，我是個高度反應者。」

☾

所以，我個性內向的原因，究竟是我繼承了父母親的高度反應基因，還是我在潛移默化中模仿了他們的行為？或者兩種可能性都有？在針對雙胞胎的研究中，統計數據顯示內向性格與外向性格只有百分之四十到五十的機率是從遺傳而來。這表示在一群人之中，平均有半數的內向或外向性格變化是由基因因素所操控。把事情說得再複雜一點，控制內向或外向性格的基因可能有好幾組，而凱根教授對於高度反應組的理論框架也可能只是導致內向性格的生理因素之一。除此之外，「平均數值」其實很弔詭，因為「百分之五十的遺傳可能性」並不代表我的內向性格就是遺傳自我父母親的那百分之五十，也不代表我和我的好朋友在外向個性上的差異表現，有一半來自於基因遺傳。我的內向性格可能百分之百來自於遺傳，也可能完全與遺傳無關，而且更有可能的是，我的內向性格乃是先天基因與後天環境之中，某種深不可測的混合結果。凱根教授表示，如果想找出性格是先天或後天的影響，就好像想查明暴風雪的成因是溫度還是濕度造成的。我們這整個人，其實是由先天基因與後天環境兩者錯綜複雜的交互作用造就而成。

或許我一直問錯了問題。或許「你的人格到底有多少比例來自先天基因，多少來自後天環境」這個問題並不重要，重要的問題也許是「你的天先性格到底是如何與後天環境以及自主意志交互作用」。到底，我們的性格有多少成分可說是我們的「命運」？

就一方面而言，根據「基因與環境交互作用」的理論，遺傳到某些特質的人，會刻意尋求可以加強這些特質的人生經歷。舉例來說，極端低度反應的孩童，從蹣跚學步時期就開始尋求危險的刺激，因此他們長大之後面對更大的風險時，眼睛連眨都不眨一下。「爬過柵欄之後，這些人對危險就更麻木不仁了，所以會開始爬上屋頂。」已故心理學家大衛·林肯曾在《大西洋雜誌》發表文章解釋這個現象：「他們擁有其他孩子這輩子不會有的各種經驗。查克·葉格③之所以敢爬進轟炸機腹底下掛載的火箭機，並且勇敢按下火箭啟動鈕，並不是因為他與生俱來就與你我有極大差異，而是因為在他人生的前三十年，他的先天性格讓他積極挑戰各種危險與刺激，而且刺激的程度不斷增加。」

相反地，高度反應的孩童更可能成為藝術家、作家、科學家和思想家，因為他們不喜歡身邊出現意外的新狀況，所以他們把時間花在自己熟悉且與腦力相關的思維環境上。「大學校園裡有很多內向的人，」密西根大學兒童與家庭中心主任兼心理學家傑瑞·米勒觀察到：「大學校園裡有很多人都符合大家對於大學教授的刻板印象：喜歡閱讀，為了好的想法而感到非常興奮。他們為什麼會這樣，部分的原因就在於他們成長歷程中的時間分配。如果你花了很多時間社交應酬，自然就不會有太多時間閱讀和學習，畢竟每個人一生的時間都是有限的。」

另一方面，每一種性格的人也都可能擁有各種不同的可能性。低度反應組的外向孩童，如果是由細心周到的家長在安全的環境中帶大，就可能成長為精力充沛、人格偉大的成功者，變成下一位超級大企業家理查・布蘭森或知名主持人歐普拉。有些心理學家表示，如果這同一批外向兒童是由輕忽怠職的家長帶大，或者生長於不良的環境中，他們就會變成校園惡霸、青少年罪犯或作奸犯科之人。大衛・林肯曾經提出一個備受爭議的論點，他認為精神病患和英雄人物乃是「相同基因上的旁枝」。

我們不妨看一下孩子們對於是非對錯的認知機制。許多心理學家相信，如果孩子們在做錯事之後遭到家長訓斥，他們就會發展出善惡觀念。家長的責難會讓孩子們感到焦慮，而且這種焦慮感並不舒服，孩子們會因此改正自己不當的行為。對孩子來說，這等於是「把父母親的道德標準內化，成為自己的外在行為」，而這種內化行為的核心就是焦慮感。

萬一有些孩子比較不容易感到焦慮，例如極端低度反應的孩子們，那該怎麼辦？通常，要教育這類孩子價值觀的最佳方式，就是給一個模範榜樣供他們學習，並且將他們無所懼怕的個性，轉化為具有生產力的活動。低度反應的孩童可以在冰上曲棍球比賽中以「合乎規定」的方式使用肩膀衝撞對手，並且會因此獲得隊友的敬重。但是如果他的動作做得太過火，例如舉起手臂將對方打成腦震盪，他就得為自己的行為受罰。有了受罰的經驗之後，這個孩子就會學到如何拿捏自己行為的分寸，並且聰明地發揮出自己在球場上的本事。

現在請想像一下，如果這個孩子是成長在一個充滿危險的社區，沒有體育活動可以參與，也沒有其他有益的管道讓他表現自己的勇敢與大膽，我們不難預測他可能會因此走上歹路。採取這項觀點的人認為，有些社經地位較差的孩子後來之所以惹上麻煩，原因一方面是他們被貧窮和疏忽的環境所害了，另一方面就是因為他們擁有大膽且精力旺盛的性格，卻找不到健康的抒發管道，終於造成悲劇。

☪

科學記者大衛．竇博斯曾在《大西洋雜誌》上發表過一篇精彩文章，提出一項名為「蘭花假說」的突破性新理論：極端高度反應的孩童，他們的命運也受到周遭環境的影響——而且他們所受的影響或許會比一般孩童還來得深遠。這個假說認為，有些孩童就像蒲公英，能夠在任何環境下生長；但有些孩子（包括凱根教授研究中那些高度反應組的孩子）卻比較像是蘭花，他們容易枯萎凋謝，不過只要放在適當的環境下培育，他們會長得又壯又好。

這項理論獲得倫敦大學心理學教授兼兒童照護專家傑．貝爾斯基的擁護。貝爾斯基說，這類孩童的中樞神經系統對於外界刺激會產生極高度的反應，所以只要在童年時期出現了逆境，就會快速毀掉這些孩子。但如果這類孩子是在優良的環境下成長，他們的受惠程度也會高於其他孩童。換句話說，不論是正面或負面的事物，蘭花兒童對於他們經歷的事物會受到更加強烈的影響。

科學家早已經知道，高度反應的性格是帶有風險的。在面對父母婚姻危機、親人離世或是遭受虐待等生活上的打擊時，這些孩子顯得格外脆弱，比同儕更易沮喪、焦慮或害羞。事實上，在凱根教授研究中的高反應組孩童，大約四分之一的人有程度不一的「社會焦慮障礙」，那是一種慢性失能的害羞症狀。

可是，科學家直到最近才意識到的是，這些風險其實也有好的一面。換句話說，敏感與力量是綁在一起的。根據研究顯示，在良好的父母關懷、兒童照護以及穩定的家庭環境中成長的高度反應孩童，會比低度反應的同儕們比較少有情緒問題，並且具備較高的社交技能。他們通常具備高度的同理心、關懷心與合作度。他們與別人共事愉快。他們的個性善良誠懇，對於殘忍、不公正或不負責任的人、事、物容易感到不舒服。他們會把自己重視的事情盡力做到最好。貝爾斯基告訴我，這樣的孩子不一定會當上班長或是學校話劇中的主角，但也不是沒有機會。「有些孩子會成為班上的佼佼者，有些則在成績方面有突出的表現，或是備受同學的喜愛。」

科學家們已經慢慢做出了一些令人感到振奮的研究，紀錄著高度反應性格的好處。其中一項最有趣的是關於北印度恆河猴的研究，而在竇博斯在《大西洋雜誌》的那篇文章裡也做了介紹。北印度恆河猴體內有百分之九十五的基因與人類相同，而且牠們也有複雜的社會組織，與人類社會相似。

在人類和這些猴子的體內，有一種基因稱為「5-羥色胺轉運體」（SERT）基因，或稱為5-HTTLPR，用來幫助調節5-羥色胺的運作。5-羥色胺是一種影響情緒的神經傳遞素，科學家認為這種基因的特定變種（或對偶基因，有時被稱為「短的」對偶基因），與高度反應及內向性格有關，並且在人們生活上遭遇困難時，這種基因的變種可能會加劇憂鬱症的風險。身上有這種「短對等基因」的小猴子在面對壓力時（在科學家的實驗中，將小猴子與母親強行分離，讓牠們在變成孤兒的環境中長大），牠們的5-羥色胺比較沒有效用（這就是沮喪與憂鬱的風險因素）；而身上有「長對等基因」的小猴，牠們的5-羥色胺比較有效用。然而，具有相同風險基因（也就是身上有這種「短對等基因」的小猴子）如果是在母親的照護下成長，牠們在主要的社會化活動中，例如尋找玩伴、建立同盟、處理衝突等表現，就會跟那些同在安全感環境下成長的「長對等基因」同儕一樣好，甚至更出色。牠們往往會成為團隊中的領導者，他們體內的5-羥色胺也運作得更加有效。

進行這些研究的科學家史帝芬．蘇歐米推測，這些高度反應的小猴子之所以後來成為團體領導者，原因在於牠們花了大量的時間來觀察團體裡其他的猴子，而非直接參與團體，因此牠們能深度吸收社交互動的法則。（家裡有高度反應孩童的家長，應該也會認同這樣的假設。他們的孩子會先觀望同儕團體的活動，有時候長達數星期或數月，然後才以漸進方式成功融入團體中。）

針對人類的研究顯示，在面對家庭環境的壓力時，5-羥色胺基因中擁有較短對偶基因的少女產生憂慮沮喪的機率，比擁有較長對偶基因的少女高出百分之二十。但如果是生長於穩定的家庭環境，短對偶基因的少女憂慮沮喪的機率則比長對偶基因的少女低了百分之二十五。同樣的，短對偶基因的成年人在經歷充滿壓力的一天之後，當天晚上情緒會比較焦慮；但如果經歷了平靜的一天，當晚情緒焦慮的機率則會較低。在面對道德兩難的處境時，高度反應組的四歲孩童會比其他孩童表現出更合群的態度——但前提是母親採溫柔而非嚴厲的教育方式。當母親採取溫柔的教育方式時，前述的差異性表現會延續至他們五歲的時候。高度反應兒童在充滿支持的環境下成長，對一般的感冒或是呼吸道疾病將更具有抵抗力；但如果他們是生長於充滿壓力的環境之中，他們就會比較容易生病。5-羥色胺基因的短對偶基因與許多不同的認知行為表現之間，也有著緊密的相關性。

這些研究結果非常具有戲劇性。應該讓我們驚奇的是，為什麼以前都沒人得到這樣的研究結果。這些研究結果雖然令人驚訝，但並不奇怪。心理學家接受訓練的目的就是要癒合人心，所以他們的研究內容自然會著重於問題性和病理學層面。「這幾乎就有點像是水手自作聰明忙著潛到水平線底下，查看水平線底下那可能讓他們的船隻沉沒的冰山體積到底有多大，」貝爾斯基如是寫道：「他們卻忘了，只要留意水平面上的冰山，也可以找出正確的航道，順利駛離滿是冰山的海域。」

貝爾斯基告訴我，高度反應孩童的父母都非常幸運。「他們所投注的時間與精力，可以改變他們孩子的未來。與其認為這些小孩無法適應環境的變化，倒不如這樣想：這些孩子充滿可塑性，不管是好的面向或是壞的。」至於什麼樣的父母最適合養育高度反應孩童，他有以下的精闢描述。這些父母應該：可以判讀出孩子的暗示，尊重孩子的獨特性，個性溫和但能夠堅定要求孩子，不急躁也不具敵意，鼓勵好奇心和學術成績，接受延遲的滿足感，具有自制能力，個性不嚴苛，也不會對孩子疏忽，性情穩定。當然，以上這些特質對所有的家長而言，都是極佳的建議，但是對於家裡有高度反應孩童的家長，這些特質更顯得重要。（如果你認為你的孩子可能屬於高度反應者，你可能已經開始問自己該如何栽培你的兒子或女兒。關於這一點，第十一章會有更多答案）。

但是，即使是蘭花兒童也可以承受逆境，例如離婚。貝爾斯基表示，一般而言蘭花兒童受到的干擾會比別人來得更多：「如果父母經常爭吵，並讓孩子夾在中間，請小心，孩子會被壓垮。」但如果離了婚的父母可以和平共處，如果他們讓孩子獲得心理上的滋補，那麼蘭花兒童就會沒事。

我想大多數人都很高興聽見這個消息。畢竟，很少有人的童年時期是完全無憂無慮的。但是，當我們談到「我們是誰」以及「我們以後會變成什麼樣子」等問題時，我們還希望能夠有另外一種彈性：我們希望擁有決定命運的自由，我們希望保留我們性格中的優點，並且改善甚至棄絕那些我們不喜歡的性格，例如對公開演講的恐懼感。在我們與生俱來的性格之外，我們希望相信：我已經成年了，我可以塑造出自己想要的個性，我可以掙脫我那無可選擇的童年經驗，我可以實現自己人生想做到的目標。

我們做得到嗎？

①本章討論了心理學家傑若姆．凱根對於「高度反應兒童」的研究。有些當代心理學家把「高度反應的人」歸類於「內向」和「神經質」之間。為了行文流暢起見，作者在本書中並沒有進一步解釋「神經質」這個特質。

②亞佛德．諾斯．懷特海德（Alfred North Whitehead，一八六一——一九四七），英國數學家、哲學家，與羅素合著《數學原理》，且是歷程哲學（Process Philosophy）的奠基者。

③查克．葉格（Chuck Yeager，一九二三年生），美國飛行員，歷史上第一位突破音障的人，參與過第二次世界大戰與韓戰，後來成為試飛員。於一九四七年十月駕駛X-1火箭機首度衝破音障。

第5章

掙脫性格的束縛：自由意志的角色

只要一個人能夠採取行動，和眼前的挑戰相抗衡，樂趣就會在無聊和焦慮之間出現。

——創造力大師米哈里·契克森米哈

美國麻州總醫院，馬丁諾斯生物醫學影像中心。深入中心內部只見單調的走廊，甚至可以說是暗淡。我站在一間沒有窗戶的房間外，門上了鎖，身旁是卡爾·舒瓦茲博士，他是「發展神經成像及心理病理學研究實驗室」主持人，明亮的雙眼透露出慧黠，一頭棕髮已經漸漸灰白，還有一種沉穩積極的態度。雖然這裡的環境不太吸引人，但他要開門前還是先做了一番精采的介紹。

房間裡放著一台價值數百萬美元的功能性核磁共振造影機，這台機器讓現代的神經科學家能夠進行許多偉大的突破性研究。一台功能性核磁共振造影機可以在一個人思考特定主題或進行特定任務的時候，測量受試者哪個腦部區域是活躍的。過去要定義人腦各區域的功能是不可能的任務，但現在有了這台機器，科學家終於得以實行計畫。舒瓦茲博士說，功能性核磁共振技術的一位主要發明者是個聰明但低調的科學家，出生於香港的鄺建民，他就在這棟建築物裡工作。舒瓦茲醫生還補充，這整個地方到處都是安靜又謙虛的人，但他們都擁有非凡成就。他一邊說，一邊對著空蕩蕩的走廊比手勢，讚賞這些科學家。

舒瓦茲開門前請我拿掉我的金色環形耳環，並且把用來記錄我們談話的金屬錄音機也放在一邊。功能性核磁共振機的電磁場比地球重力場還強十萬倍，舒瓦茲說那股吸力非常強大，如果我的耳環有磁性，可能會直接從我耳朵上被扯下來，然後飛到房間另一頭去。我很擔心我胸罩裡的鋼絲會不會有問題，但又不好意思問，只好指著鞋子上的金屬扣環，心想扣環裡的金屬量應該跟胸罩的鋼絲差不多。舒瓦茲說沒關係，然後我們才走進房間。

我們帶著崇敬的眼神望著功能性核磁共振造影機，機器看起來就像一台側躺的太空船。舒瓦茲解釋他的實驗過程，他要求受試者——都是十七、八歲的青少年——躺下，頭放在掃描機裡，然後給他們看人臉照，機器就會追蹤記錄他們大腦的反應。舒瓦茲對杏仁核裡發生的活動特別有興趣，這是大腦內重要的器官，前一章提到的哈佛發展心理學教授傑若姆．凱根也發現這個器官對於內向或外向個性的塑造，有著重要影響力。

舒瓦茲是凱根的同事兼學生，他接續了凱根對性格的長期追蹤研究。凱根當初歸類成「高度反應」和「低度反應」的孩子如今都已經長大，舒瓦茲利用功能性核磁共振造影機器繼續窺視他們的大腦內部。凱根當年只有從受試者的嬰兒時期追蹤到青春期，但舒瓦茲想知道他們在青春期之後會如何。經過這麼多年，凱根的高度反應和低度反應兒童都長大成人了，他們的大腦內，是否還能發現不同性格留下的印記？還是說，這些印記會因為環境或本身刻意的影響而消失呢？

有趣的是，凱根卻警告舒瓦茲不要做這種研究，因為科學研究的領域中競爭激烈，最好不要浪費時間去做一個成果可能不太豐富的研究。凱根擔心這個研究會沒有結果，他認為性格與命運之間的關聯，在小孩長大成人時就會切斷。

「凱根只是想照顧我，」舒瓦茲告訴我：「這是個難題，不過很有趣。凱根博士針對高度反應孩童的生命早期進行觀察，發現不只是他們的社會行為有很大的差異，這些孩子在每一個方面表現都不一樣：他們在解決問題的時候眼睛張得比較大，講話的時候聲帶也比較緊，他們的心跳頻率模式很特殊，種種跡象都顯示這些孩子的生理狀況不一樣。再說，我認為因為凱根博士的知識經驗太豐富，他會覺得環境因素實在太複雜了，很難在小孩長大之後偵測到『性格』留下的印記。」

但是舒瓦茲並不這麼想，他認為自己屬於高度反應的人，因此從他的經驗為基礎，他有預感可以在成年人身上發現性格留下的印記；這些印記在人腦裡存留的時間，比凱根長期追蹤所訂出的時間線還要長。

他讓我假裝受試者（只是不用進入功能性核磁共振造影機），以此來示範他的研究。我坐在桌前，電腦螢幕上閃過一張張照片，這些黑白大頭照漂浮在深色背景前，彼此之間並無關聯，每一張都是陌生的臉。那些照片開始朝著我飛來，速度越來越快，我覺得自己的脈搏加速，同時也注意到有些照片是會重覆的，那些臉開始感覺比較熟悉了，這時候我也比較放鬆了。我向舒瓦茲描述自己的反應，他點點頭說，高度反應的人進入一個充滿陌生人的房間時，他們會覺得：「天啊！這些人是誰啊？」而這段照片幻燈秀就是設計來模擬這個情境的，用實驗來反映出他們當下的感覺。

我才在想，我剛才看這些照片時所產生的反映，會不會是我自己幻想出來的？我的反應會不會太誇張了？但是舒瓦茲告訴我，當年有一群四個月大的嬰兒參與了凱根的研究，現在舒瓦茲把這些人找回來繼續做實驗，而且已經得到第一組資料了。舒瓦茲發現，這些小孩長大成人之後，他們的杏仁核對陌生臉孔的反應更敏感，甚至比他們小時候測量杏仁核的反應還強烈，低度反應和高度反應兩組人對照片都會有反應，只是先前被認定為害羞的小孩，所產生的反應更大。也就是說，**高度反應或低度反應性格的印記，到了成人階段依然不會消失**，有些高度反應的孩子進入青少年時期之後，發展出圓融的社交技巧，再也不會遇到新事物就明顯表現出驚惶失措的樣子。不過他們一直都沒有放下基因遺傳的特質。

舒瓦茲的研究指出一個重點：我們可以擴展自己的個性，但是有極限的。不管我們過著什麼樣的生活，天生的性格依然影響著我們，我們當中有大部分人的命運都受到基因、大腦，和神經系統影響。不過舒瓦茲在一些高度反應青少年身上也發現性格的彈性，這個結果指向另外一回事：我們擁有自由意志，可以用來塑造自己的個性。

這兩個看起來似乎互相矛盾的原則，其實並不衝突。舒瓦茲的研究指出，自由意志可以讓我們的個性有很大發展，但是沒辦法無限延伸，超出我們的基因限制之外。比爾．蓋茲再怎麼樣磨練自己的社交技巧，永遠也不會變成比爾．柯林頓；而比爾．柯林頓不管花多少時間和電腦獨處，也永遠不會變成比爾．蓋茲。

這個現象，我們可以稱之為個性的「橡皮筋理論」：我們就像一條有彈性的橡皮筋，可以往外伸展、擴延，不過總有個界限。

☪

要瞭解為什麼高度反應的人會這樣，可以看看我們在雞尾酒派對上跟陌生人打招呼時，大腦裡發生了什麼事。要記得，杏仁核以及大腦中的「邊緣系統」（杏仁核在邊緣系統裡面具有關鍵的地位）已經存在大腦中非常非常久了，就連原始的哺乳類大腦中都會有屬於牠們的邊緣系統。但是隨著哺乳類演化成越來越複雜的個體，邊緣系統周邊也就演化出一個新的大腦區塊，稱之為新皮質。這個部位，特別是人類大腦額葉皮質，能夠執行一大串數量多到驚人的功能，從決定要買哪一種品牌的牙膏、安排會議，一直到思考現實到底是什麼，都在這裡執行。而其中的一個功能，就是安撫毫無來由的恐懼。

如果你從小就是個高度反應孩童，那麼你一輩子在雞尾酒派對上向陌生人自我介紹的時候，你的杏仁核反應都會有些激烈。但如果你覺得你的人際交往技巧還不錯，部分原因在於你的額葉皮質告訴你要淡定，勇敢伸手跟人握手，給對方一個微笑。事實上，最近有一個功能性核磁共振研究顯示，一個人面對心煩狀況時，如果能用自言自語的方式來安慰自己，此時他們的前額葉皮質活動就會增加；增加的程度越大，杏仁核活動下降的程度也就越大。

不過額葉皮質也不是萬能的，沒辦法完全關閉杏仁核的功能。在某個研究中，科學家制約一隻老鼠的行為，讓牠將某個聲音和電擊連結在一起，然後科學家不斷重覆播放那個聲音，卻沒有實行電擊，一直到老鼠不再害怕為止。

結果發現，這個「反學習」的實驗並不像科學家想像的那麼成功。科學家切斷老鼠皮質和杏仁核之間的神經聯繫之後，老鼠又開始害怕那個聲音了。這是因為恐懼雖然受到皮質活動壓抑，但仍然存在於杏仁核中。對人類來說，有些莫名的恐懼，像是懼高症，就是同樣的情況：一個人如果不斷登高，前往帝國大廈的頂端，此時似乎已經把對於高度的恐懼消除了，可是等到壓力來臨，則恐懼又反撲了，因為在這個時候額葉皮質還有別的事要忙，沒辦法安撫受到刺激的杏仁核。

這可以解釋為什麼許多高度反應的孩子一直到長大成人，在性格裡仍然保留一些恐懼症。不管他們累積了多少社會經驗，不管他們怎麼努力練習克服，會怕就是會怕。我的同事莎莉就是一個很好的例子，莎莉是一個心思細膩又才華洋溢的出版社編輯，她形容自己是害羞的內向者，不過她是我認識的人當中非常迷人又能言善道的朋友。如果你邀請她參加派對，之後再問問其他賓客他們最高興認識了誰，他們很有可能會提起莎莉，說她是多麼光采耀人，好聰明，好可愛！

莎莉很清楚自己給人的印象很好。像她這樣人見人愛的女孩子，不可能不知道自己的魅力，但這並不代表她的杏仁核也知道這點。莎莉抵達派對現場的時候，常常希望自己可以躲到沙發後面，然後等到她的前額葉皮質接掌狀況，她才想起來自己其實很會講話。即使如此，她的杏仁核裡一輩子都儲存著一種聯繫，把「陌生人」和「焦慮感」連結起來，有時候這段聯繫就會冒出來。莎莉承認自己有時候開了一小時的車去參加派對，只待了五分鐘就走了。

舒瓦茲的研究發現啟發了我。我想起自己的經驗，我明白我並不是已經克服害羞，我只是學會了怎麼說服自己從危險的峭壁上走下來（前額葉皮質，謝謝你！），而現在我自動就會走下來，所以幾乎沒注意到有說服自己。我向陌生人或者一群觀眾講話的時候，臉上會掛著燦爛的笑容，態度十分坦率，但往往還是有那麼一瞬間會感覺到自己像是在走高空鋼索似的驚險。現在我已經有好幾千次的社交經驗，所以知道高空鋼索只是我自己想像出來的幻影，就算我真的掉下去也不會死，所以我可以在眨眼之間就安撫好自己，速度之快連我自己都沒察覺到我有在安撫自己，但是這個安撫的過程還是發生了。而且，有時候這個安撫過程也會失效。凱根本來是用「羞怯」這兩個字來形容高度反應的孩童，而有時候我去參加晚宴，就會有羞怯的感覺。

☾

就算是外向的人，也有能力可以在限度內調整自己的個性。我有個客戶叫做艾莉森，為企業擔任營運顧問，同時身兼母親和妻子。她的個性裡帶有某種外向特質——友善、直爽、隨時準備行動，經常會讓別人形容她彷彿擁有一股自然的力量。她的婚姻幸福美滿，兩個女兒令她鍾愛有加，她也白手起家創立了自己的顧問公司。她非常滿意自己人生中的成就，並引以為榮。

不過，她也不是一路走來都對自己這麼滿意。高中畢業那一年，她把自己從頭到尾好好審視了一番，卻看見一個連她自己都不滿意的人。她聰明絕頂，然而從高中成績單上卻完全看不出來。她一心想進入常春藤聯盟的大學唸書，結果失去了機會。

她知道問題出在哪裡。整個高中生涯當中，她都忙著跟人交際，學校裡幾乎每一種課外活動她都參加，當然沒時間關心課業。她也責怪她的父母，因為他們兩個很自豪女兒的社交天賦，所以沒有堅持要她讀書。但她更氣的是自己。

長大後，艾莉森決定不要再犯相同的錯誤。她清楚知道，在一連串的家長會、生意往來會面等場合中，她很容易就會失去自己的焦點。所以艾莉森決定先從她的家裡開始尋求解決之道，想出因應的辦法。她的父母都是內向的人，她又嫁了個內向者，生下一個高度內向的小女兒。

艾莉森想了幾個方法來配合自己身邊這些安靜的人所散發出的波長。她回娘家探望父母的時候，會學她母親的榜樣做冥想或在記事本裡寫東西；在家裡的時候，她盡量和她愛家的好丈夫共享平靜的夜晚。而小女兒則喜歡在後院跟媽媽聊一些內心話，讓艾莉森整個下午的心思都放在內容深刻的對話裡。

艾莉森甚至結交了一群安靜、喜歡思考的朋友。雖然她在世界上最好的朋友愛咪跟她一樣是個活力十足的外向者，但她大部分的朋友都是內向的人。「我很感激那些願意聆聽的朋友，我們常一起去喝咖啡，他們給我的建議都很中肯，有時候我甚至不知道自己正在做著不對的事情，但這一群內向朋友會告訴我：『妳又來了，妳上次這樣做結果變那樣，我可以給妳十五個例子。』可是我那位外向的朋友愛咪卻完全沒注意到。那些個性比較內向的朋友常常安靜坐著觀察，我們就是用這種方式交流。」

艾莉森依然維持那個瘋狂愛熱鬧的本相，不過她也發現了要如何保持安靜，知道了安靜的好處。

☪

雖然我們的外在表現可以達到性格限制上的極限，不過情況往往是，乖乖待在自己的舒適區域裡比較好。

我的客戶艾絲特就是個例子。她是個身材嬌小的棕髮女孩，腳步輕快有活力，一雙藍色眼珠明亮得像探照燈似的，在一家專辦商事法的大型律師事務所擔任稅務律師。艾絲特從小到大都不是個害羞的人，但她絕對是個內向的人，她一天當中最喜歡的時刻就是沿著住家附近的林蔭街道靜靜走到公車站牌的這十分鐘，第二喜歡的時刻則是慢慢接近辦公室門口，準備一頭栽進工作的時候。

艾絲特選了一個很適合她的工作。身為數學家的女兒，她喜歡思考複雜到嚇人的稅務問題，而且談起這些複雜問題她簡直駕輕就熟。（在第七章裡，我會探討為什麼內向的人擅長專注，解決複雜的問題。）在這家大型的法律事務所裡面，她所屬的工作團隊成員之間有很強的凝聚力，她又是裡面最年輕的成員，團隊裡除了她以外還有其他五位稅務律師，每一個人都互相支援彼此的職務。在工作上，艾絲特需要深入思考那些讓她著迷不已的問題，也需要和她信任的同事一起工作。

問題是，艾絲特和她所屬團隊的稅務律師必須定期對整個事務所的人做簡報，這些簡報讓艾絲特感到非常苦惱。她並不害怕公開演講，她只是不喜歡在沒有準備的情況下演講。艾絲特的團隊同事恰好都很外向，都有能力想到什麼就講什麼，大家都是趁著前往簡報場地的時候才開始構思等下要講什麼；而且到了會場之後，他們就有辦法把心中所想的說得頭頭是道，讓眾人折服。

如果在簡報之前艾絲特能有時間準備，她就覺得沒問題。但有時候她的同事忘記提早把簡報的時間告訴她，往往等她一早來上班才知道待會兒要簡報。原本她以為這些同事之所以能夠即席演講，是因為他們對稅務法規有非常高深的知識，那麼只要她累積多一點經驗，她應該也可以輕鬆過關。怎知艾絲特越來越資深，知識也越來越豐富，她還是沒辦法站起來就開口講話。

要解決艾絲特的問題，首先我們要把焦點放在內向者和外向者的另一個差異點上：面對刺激的態度傾向。

從一九六〇年代晚期開始，極具影響力的研究心理學家漢斯．艾森克（第三章當中提過他）發展出一套假說，認為人類會尋求「剛剛好」程度的刺激——不能太多，也不能太少。刺激指的是外界傳達給我們的訊息量，有很多種形式，從噪音、社交生活到閃光都是。艾森克相信，外向者比內向者更能接受刺激，且因為如此，就可解釋外向和內向的人之間出現的許多差異：內向者喜歡關上辦公室的門，一頭栽進工作，因為對他們來說，這種安靜的心智活動是最理想的刺激；然而外向者則是要在進行比較熱絡的活動時，才會發揮最佳工作能力，像是籌辦一個「如何建立團隊」的工作坊或是主持會議。

艾森克也認為，這些差異的本質或許關鍵就在某種腦部結構裡，稱為「上行網狀賦活系統」（ARAS）。ARAS是腦幹的一部分，能夠往上連結到大腦皮質以及大腦的其他部位。大腦有一套應付刺激的機制，讓我們會感到清醒、警戒，以及充滿活力，用心理學家的說法就是「受到激發」。大腦也有安撫的機制，會進行相反的工作。艾森克推測，ARAS能夠控制從感覺中樞傳入大腦的刺激量，這樣就可以在過度激發和激發不足之間找到平衡。ARAS有時候會大開傳導通道，讓大腦能夠接收許多刺激；有時候又會管制通道，讓大腦受的刺激變少。艾森克認為內向者和外向者的ARAS運作方式不一樣，內向者的資訊通道是門戶大開，讓他們容易接收到如洪水般湧入的刺激，情緒也就變得過度激發。而外向者的通道則比較封閉，所以就容易刺激不足。過度刺激並不一定會造成焦慮，頂多就是讓人的思路不通暢，讓人覺得已經受夠了，想要馬上回家；而刺激不足就有點像關在密閉空間裡等人援救所引起的焦躁，好像一點進展都沒有，讓人覺得渾身不自在、不安、躁動，可是又拖拖拉拉的，好像早就應該離開這棟房子一樣。

到今日，我們知道真相遠比上述狀況複雜。首先，ARAS並不像消防車的水喉一樣可以打開或關上接收刺激的通道，讓整個大腦馬上受到影響。事實上，在不同的時間點，大腦某些部位受到激發的程度，會比其他區塊強烈。再來，**大腦中受到激發的程度，並不等於我們感覺到的激發程度**。而且激發的因素有很多種，震耳欲聾的音樂帶來的激發，和身處於迫擊砲攻擊底下而受到的激發並不一樣，主持會議時感受到的激發則又是另外一種。某些人會對某種形式的激發特別敏感。有人認為我們一直在尋求適當程度的激發，不過這種看法也未免太簡單。足球賽上的瘋狂球迷固然渴望尋求高度刺激，不過也有人想要的刺激很低，只要去SPA放鬆身心就夠了。

儘管如此，世界各地的科學家已經進行了上千次的研究，想要驗證艾森克的理論：皮質的激發程度，在內向與外向的本質上扮演著重要角色。人格心理學家大衛．方德說，艾森克的理論「對了一半」，可是對的部份卻非常重要。不管潛藏的原因到底是什麼，許多證據都顯示內向的人比外向的人對於不同的刺激都更敏感，這些刺激可能是咖啡，可能是巨大的撞擊聲或者社交場合裡眾人講話的嗡嗡聲。通常來說為了發揮自己的最佳能力，內向者和外向者所需要的刺激程度也不同。

艾森克有一個非常有名的實驗，早在一九六七年就設計出來了，到今天的心理學課堂上還是常被拿出來示範。艾森克分別在成年的內向者和成年的外向者舌頭上都滴了檸檬汁，看看誰分泌的口水比較多。想當然爾，內向者因為感覺中樞受到刺激的程度比較大，激發程度也比較大，自然就口水直流。

另一個有名的研究是請內向者和外向者來玩一場難度很高的拼字遊戲，而且他們必須透過試玩和錯誤的過程，來摸清楚這個遊戲的主要規則。在遊戲中他們必須戴上耳機，耳機裡三不五時會傳出一陣陣噪音。他們也必須自行調整耳機的音量大小，調到「剛剛好」的音量。平均來說，外向的人會把音量調到七十二分貝，而內向的人會調到只有五十五分貝，不過調整好音量之後（外向者調得比較大聲，內向者則會調小聲），在玩遊戲的過程中這兩種人受到的激發程度是差不多的（以他們的心跳速率及其他指標來衡量），而且他們的遊戲表現也差不多相同。

如果要求內向者採用外向者喜歡的音量來玩遊戲，或者要求外向者玩遊戲時把音量調低到內向者喜歡的程度，那麼結果就不一樣了。在大聲的噪音環境底下，內向者不但會受到過度激發，連遊戲表現也下滑：原本只要嘗試五．八次就能學會規則，現在變成要九．一次。外向者的情況也相仿：因為環境變得比較安靜，他們受到的激發不足（可能還會覺得無聊），原本在大聲的環境下平均只要試玩五．四次就能學會規則，現在則平均要七．三次。

☪

如果把前述的研究加上凱根對於高度反應者的研究合併起來一起看，則這一系列的研究提供了一個非常完整的角度，讓人可以好好檢視自己的個性。只要你瞭解，內向和外向其實代表了對於刺激的接受程度，那麼就可以安排讓自己處於比較適合你個性的環境裡——不要有太多刺激，也不要刺激不足；不要讓自己無聊，也不要讓自己陷入焦慮。你可以把生活組織一下，讓自己處在人格心理學家口中所稱的「最佳激發程度」，而我則稱之為「美妙境界」，這樣一來你就會比以前更加有活力、有朝氣。

你的美妙境界就是「你所能接受到最佳刺激程度」的地方。或許你早已經在尋找這個地方，只是自己不知道而已。想像你舒舒服服躺在吊床裡讀一本很棒的小說，這就是一個美妙境界，可是過了半小時，你發現自己的視線已經開始亂飄了，這時你就處於刺激不足的狀態，所以你起來打電話給朋友一起出去吃早午餐，也就是說，你要提高自己的刺激程度，然後你一邊大笑聊八卦，一邊吃藍莓鬆餅，你又回到美妙境界了，謝天謝地。可是這個愉悅的狀態沒辦法維持下去，因為你的朋友是個很外向的人，她比你需要更多刺激，於是她力邀你跟她一起去參加一個封街派對，然後你就得面對震耳欲聾的音樂和一大群陌生人。

在派對上，你朋友的鄰居看起來還滿友善的，可是你們聊天時還要努力壓過嘈雜的音樂，讓你覺得很有壓力。所以，砰！就這樣，你又掉出美妙境界之外了，現在你處於過度刺激的創態，接著你會一直維持這種感覺，直到你在派對裡找到一個伴，可以進行深度對談為止。不然你就乾脆先行告退，回家看小說。

現在你知道了，原來美妙境界可以由自己操控。想想看，這樣子你的生活會變得多美好：你可以建立自己的工作習慣、嗜好和社交生活，讓自己盡量多待在美妙境界當中。一個人如果知道自己的美妙境界在哪裡，就會知道應該離開讓自己身心俱疲的工作，開創讓自己滿意的新事業；知道自己美妙境界在哪裡的人如果要找房子的時候，也會根據家庭成員的性格需求，為內向的人安排舒適的窗邊座椅或角落，然後為外向的家庭成員找到開放的大空間做客廳、飯廳。

瞭解自己的美妙境界，會讓你生活上的每個面向都越來越舒適愉快，不過好處還不僅於此，有證據顯示美妙境界也可能造成關乎生死的結果。根據美國軍方最大的生醫中心「華特瑞陸軍研究院」最近進行的一項研究發現，剝奪受試者的睡眠之後，內向者的表現比外向者好。剝奪睡眠等於是對皮質進行一種「負向的激發」，因為失去睡眠會讓人的警覺程度降低，活動力下降，比較沒有精神。因此外向的人如果在昏昏欲睡的情況下開車，應該要特別小心，除非他們先提高自己的激發程度，像是灌杯咖啡或是把收音機音量調大。相對來說，內向者如果開車的時候，身旁有非常大聲的交通噪音，讓自己處於過度激發的情況，那麼就應該努力保持專注，因為噪音會削弱他們的思考能力。

現在我們已經知道，對每個人來說，刺激有一個理想的程度，那麼前述那位稅務律師艾絲特的問題（該怎麼在講台上輕鬆過關）也就找到答案了。過度激發會干擾一個人的注意力和短期記憶，而注意力和短期記憶都是即席演講能否成功的關鍵要素。公開演講這件事本身就已經是刺激程度很高的活動，即使對艾絲特這樣沒有舞台恐懼症的內向者來說，還是可能在自己在最需要專注的時刻，卻無法好好專注。假如艾絲特長命百歲，到了一百歲還繼續做律師，屆時她已成為專業領域裡面知識最豐富的律師，但她或許永遠也沒辦法輕鬆做即席演講。只要到了演講時間，她可能永遠也沒辦法從她的長期記憶中抽取大量資料出來使用。

不過，只要艾絲特瞭解自己的狀況，她可以堅持要求同事提早通知她哪天有演講，那麼她就可以預先練習演講內容，等到走上講台的那一刻，她已經處在美妙境界當中。同樣的道理，只要遇到緊張感升高、她的短期記憶及臨場反應變弱的場合，例如和客戶開會、和人社交，甚至是同事之間的輕鬆聚會，那麼她只要事前有準備，現場的表現就很好了。

艾絲特明白了自己的美妙境界，問題也得以解決。但是在有些情況下，我們眼前只有一種選擇：脫離自己熟悉的美妙境界。幾年前我決定要克服自己對公開演講的恐懼，於是在一陣遲疑和猶豫之後，報名參加了「紐約社交焦慮中心：公開演講」工作坊。我其實有懷疑，我覺得我只是一個普通的害羞人士，而且又不喜歡「社交焦慮」這個聽起來這麼專業的名詞。不過，這個課程的目的是要訓練參與者降低自己對刺激的敏感程度（也就是「脫敏」），而我覺得這個方法很有道理。「脫敏」這種方法，常使用在克服恐懼症的訓練上，訓練過程是讓自己（和大腦裡的杏仁核）不斷暴露在自己害怕的事物前，當然暴露程度是可以控制的。常有人在指導人家游泳的時候，會叫人家直接跳到深水區裡開始努力划水，這種建議或許出於善意，可是一點用也沒有，而且這種方式也絕對不是「脫敏」。叫一個不會游泳或怕水的人直接下水，他固然可能會因此學會游泳，不過更可能的情況是會在他腦裡製造出恐慌情緒，進一步在大腦裡種下擔心、恐懼和羞愧的惡性循環。

報名上課後，發現班上大概有十五個人，同學都很友善。老師名叫查爾斯，身材結實精壯，有一雙溫暖的棕色眼睛，還有成熟的幽默感。對於暴露在自己恐懼的事情面前，查爾斯的經驗豐富，他說他再也不會因為公開演講的焦慮而失眠。不過恐懼是個狡猾的敵人，查爾斯一直在努力要戰勝恐懼。

我去上課之前，工作坊已經進行好幾個禮拜了，但是查爾斯一直強調他們很歡迎新人加入。班上同學的背景比我想像的還要多元，有一個人是時尚設計師，留著長長的鬈髮，擦著亮色口紅，還踩著尖頭蛇皮靴；有一個是戴著厚厚眼鏡的祕書，說起話來聲音清脆，有一種實事求是的態度，老是在講她是專收高智商者入會的「門薩國際協會」的會員①；有一對夫妻是投資銀行家，兩人都身材很高，喜歡運動；有一個黑髮的演員，一雙靈活的藍眼睛，穿著Puma運動鞋在教室裡開心地蹦蹦跳跳，卻說自己其實很害怕。還有一個是華裔軟體設計師，擁有溫暖的微笑，大笑時卻顯得緊張。這些人是很常見的紐約客組合，在數位攝影或義大利烹飪教學的課程上，也能見到這些人。

但我們不是來學做菜或攝影的。查爾斯說明了課程進行的方式，我們每個人都要在同學面前講話，但是焦慮程度會控制在我們可以接受的範圍內。

當晚第一個上場的是擔任武術指導的拉蒂莎，她的任務是要在全班面前大聲唸出一首美國大詩人羅柏．佛洛斯特的詩。拉蒂莎梳了一頭細髮辮，咧嘴揚起大大的微笑，看起來好像什麼都不怕。等她站上講台，把書攤開，準備要開口的時候，查爾斯問她現在有多緊張，用一到十來評分。

「至少有七吧。」拉蒂莎說。

「慢慢來，」他說：「全世界能夠完全克服恐懼的人很少，而且這種人都住在西藏。」

拉蒂莎用清楚、平靜的聲調唸完那首詩，聲音稍稍有一點發抖。唸完後，查爾斯臉上綻放出讚許的笑容。

「麗莎，請起立。」他指著一位外表迷人的年輕女孩，她的工作是行銷總監，一頭亮麗烏黑的秀髮，手上戴著一顆閃閃發亮的訂婚戒指。「輪到妳來說點意見了，妳覺得拉蒂莎看起來很緊張嗎？」

「不會呀。」麗莎說。

「可是我真的很害怕。」拉蒂莎說。

「別擔心，真的看不出來。」麗莎向她保證。

其他人紛紛點頭表示同意，或開口附和著說「一點都看不出來」。拉蒂莎看起來非常開心的坐下了。

接下來輪到我。我站到一個臨時講台前，其實就只是一個樂譜架，面對觀眾。房間裡只聽得見天花板的風扇嗡嗡作響，還有外面車水馬龍的喧囂。查爾斯要我自我介紹，我深吸了一口氣。

「**大家好！**」我大叫一聲，希望聽起來很有力。

查爾斯看起來有點被嚇到的樣子，連忙說：「自然一點就好。」

我的第一次上台練習很簡單，只要回答大家丟出來的幾個問題即可：妳住哪裡？做什麼工作的？這個週末怎麼過的？

我用我自己正常、輕柔的的方式回答這些問題，大家都仔細聆聽。

「還有沒有人要問蘇珊問題？」查爾斯問。大家都搖搖頭。

「好了，丹，」查爾斯對著一個高大的紅髮男子說，他看起來很像電視台的記者，感覺上應該正從紐約證券交易所做現場連線報導，「你是銀行家，你很嚴格，說吧，你覺得蘇珊看起來很緊張嗎？」

「完全不會啊。」丹回答。

其他人也點頭附和說「一點也不緊張嘛，」就像他們給拉蒂莎的評論一樣。

「妳看起來很活潑，」他們說。

「妳看起來真的很有自信！」

「妳好幸運喔，好像永遠不會詞窮。」

我坐下來的時候，自我感覺非常良好，沒多久之後就發現原來每個學員得到的評價都差不多：「你看起來很冷靜！」大家都這樣告訴講者：「如果不說的話根本沒人看得出來！你幹嘛來上課啊？」講著聽到這種評論，也很明顯鬆了一口氣。

一開始我還在想說為什麼我這麼重視大家給我的讚許。接著我想起來，我之所以參加這個工作坊，是因為我想要讓自己超越性格的極限，我想要盡力成為一個最優秀、最勇敢的演講人，這些讚許證明了我正一步步邁向目標。我懷疑他們給我的反應實在太仁慈了，但我不管，最重要的是聽我講話的觀眾給了我正面的反應，而且這次經驗給我很棒的感覺，我開始一點一點降低自己對公開演講的恐懼了。

從那次以後到今天，我做了很多次演講，觀眾從十人到幾百人都有，我開始掌握講台上的力量。對我來說，要做到這點，需要實踐一些特定的步驟，例如把每一次演講都當成一次創意計畫，所以我為了迎接演講的大日子，正在做準備的時候，就會體驗到那種一頭栽進工作的感覺，而我最喜歡這樣了。我的演講主題也選定是我個人十分關切的話題，我發現如果演講的主題是我真正關切的議題，就會比較專心。

當然，不可能每次都如我所願，有時候講者也要說一些他們沒什麼興趣的主題，特別是在工作場合。我相信對內向者來說這樣會更加困難，因為他們真的沒辦法假裝很有熱忱。不過在這種情況下，也是有些看不見的好處在裡面：假如我們發現自己常常被迫要講一些很沒感覺的話題，這樣的頻率太多之後，就會成為一股動力，讓我們決定轉換工作跑道。這樣的決定很困難，但很值得。一個人若有堅定的信念，從而產生勇氣，挺身直言，那麼這樣的人就是世界上最勇敢的人。

---

①「門薩國際協會」（Mensa International），一九四六年創建於英國牛津，智商為前二百分位數者便可申請入會。

第6章 政客總統，良心夫人：「酷」特質被高估了

害羞的人看見陌生人就緊張，不過這並不代表他害怕陌生人。這個害羞的人在戰場上可能勇敢如英雄，卻會在一些小事上缺乏自信，例如面對陌生人。

——達爾文

一九三九年四月，復活節的星期天，地點在華盛頓特區的林肯紀念堂。當代最優秀的女高音瑪麗安·安德森登台準備演唱，美國第十六任總統的巨大雕像在她背後巍然聳立。她有著淡棕色的皮膚及高貴威嚴的台風，以平靜的眼神看著台下七萬五千位如海潮般的群眾：黑白族群並肩站立，男性都戴著正式的帽子，女性穿著最她們美的衣服。接著她揚聲開口演唱美國的愛國歌曲：「這就是我祖國，自由甜美大地……」群眾全神貫注，熱淚盈眶，他們做夢也沒想到這一天會成真。

若不是第一夫人伊蓮諾·羅斯福的奔走，這一天永遠也不會來到。一九三九年初，瑪麗安·安德森本來安排要在華盛頓特區的憲法廳演唱，沒想到「美國革命之女組織」卻因為瑪

麗安．安德森的膚色問題而拒絕讓她登台（憲法廳是由該組織所擁有）。第一夫人的祖先也是美國開國先烈，打過革命戰爭，她立刻宣布辭去「美國革命之女」的會員身分，重新幫瑪麗安．安德森安排場地，這次改在林肯紀念堂舉行。這個事件在全美各地點燃了一場風暴，當時出面抗議的人很多，可是第一夫人卻甘願拿出自己的聲譽為賭注，大膽以政治力量來處理這個問題。

伊蓮諾．羅斯福的本性就熱愛幫助別人解決問題，對她來說，本著社會良知出面協助黑人女歌手瑪麗安．安德森，根本就是稀鬆平常的事件。在其他人眼中，伊蓮諾的義舉卻是非比尋常。非洲裔的美國民權運動領袖詹姆斯．法莫爾評論伊蓮諾義助瑪麗安．安德森的事件時指出：「真的是非常特別的情況。小羅斯福總統是個政客，他的一切舉動背後都有政治的算計在裡面，而他也確實扮演出一個好政客的角色；但是伊蓮諾卻憑著良心說話，舉止之間有良知為依據。這是她和總統不一樣的地方。」

在這對夫妻的婚姻關係中，伊蓮諾向來扮演小羅斯福的智囊角色，她也代表了他的良心；他之所以選擇她成為終身伴侶，或許也是因為這個原因。否則真的很難解釋為什麼這兩個天差地別的人會在一起。

小羅斯福和伊蓮諾初識的時候，他才廿歲，兩人是遠房的表親。小羅斯福出身上流社會，當時在哈佛大學過著象牙塔裡的日子。伊蓮諾十九歲，也來自富裕的家庭，卻不顧家裡的反對而立志要幫助受苦受難的貧窮人。伊蓮諾在曼哈頓貧困的東城區裡面一個社福機構擔任志工，看見有些不幸的童工被迫縫製人造花，直到體力不濟倒下去為止。有一天，她帶著小羅斯福到社福機構裡面參觀，不知民間疾苦的小羅斯福嚇了一大跳，他不敢相信世界上竟然有人活在這麼悲慘的情況裡；另一件他無法置信的事情是，竟然是和他同為上流社會的伊蓮諾幫助他打開了眼界，看見美國社會悲苦的這一面。他立刻為她傾倒。

不過，小羅斯福心目中理想的對象是活潑開朗、幽默機智的女孩。伊蓮諾的個性則完全相反：她很少笑，厭惡無聊的閒話，而且個性很嚴肅又害羞。伊蓮諾的母親是身材勻稱，活力十足的貴婦，看到伊蓮諾的個性這麼嚴肅，甚至給她取了個綽號叫做「老奶奶」。伊蓮諾的父親魅力十足，廣受歡迎，是老羅斯福總統的弟弟，他對伊蓮諾寵愛有加，只可惜他喝醉的時間居多，在她九歲那年就不幸撒手人寰。伊蓮諾認識小羅斯福之後心裡充滿了驚訝：像他這樣的一個人，怎可能會喜歡上像她這樣的人呢？小羅斯福擁有的一切特質，她完全沒有：大膽、樂觀，經常大大咧嘴而笑，很容易和群眾打成一片。她則是處處謹慎小心。「他又年輕又活潑，長得又好看，」伊蓮諾後來回憶：「我好害羞，好拙，他邀我跳舞的時候，我好高興。」

同時間卻有很多人告訴伊蓮諾說小羅斯福不適合她。他們說小羅斯福沒什麼深度，學問又不怎麼樣，只喜歡浮誇的花花世界。雖然伊蓮諾的自我形象很低落，但追求她的人卻不少，他們都喜歡她的沉著嚴謹。當伊蓮諾同意嫁給小羅斯福之後，有些滿懷嫉妒的追求者寫了道賀信給小羅斯福，信中提到「我認識的所有女孩當中，我最敬佩、欣賞的就是伊蓮諾。」另一個追求者寫道：「你真是超級幸運，天下真的很少有男人能夠娶到像你未婚妻這樣的女子。」

小羅斯福和伊蓮諾這兩人不會在意外人怎麼說。他們彼此都帶有一種對方渴望追求的特質——她豐富的悲憫之心，他明顯的剛強氣勢。小羅斯福在日記中寫道：「小伊真是天使化身。」她於一九〇三年接受了他的求婚，當時小羅斯福興奮宣稱自己是地球上最幸福的男人，她則寫下許多充滿愛意的情書給他。兩人在一九〇五年結成連理，總共養育六個子女。

熱戀中兩人固然興奮，但個性的天差地別也使得這一對夫妻的關係從頭開始就麻煩不斷。伊蓮諾渴望能夠親密相聚，交換著有深度的對話；小羅斯福熱愛跑趴，喜歡閒聊並跟人打情罵俏。小羅斯福雖然有一句留名歷史的金句「我們唯一要恐懼的，是恐懼本身」，但他永遠沒辦法理解為何伊蓮諾一輩子都因為她自己的害羞個性所苦。一九一三年，小羅斯福受命擔任海軍部長，他的社交活動強度又往上提升了一個等級，生活更加五光十色，經常出入高檔私人俱樂部或他昔日哈佛同窗擁有的高級豪宅。他夜夜笙歌，越來越晚歸；伊蓮諾則越來越早結束一天的活動回家。

同時間，伊蓮諾卻要面對越來越多的社交行程。她必須拜會其他華盛頓政界名流的夫人，或在她們的家門口留下拜會卡片，要不然就是要在自己家裡舉辦宴會招待賓客。她不喜歡這種社交責任，所以雇了一位名叫露西．墨瑟①的社交祕書幫她打點這些事情。表面看起來這樣的安排很圓滿——到了一九一七年夏天卻出了問題。那時伊蓮諾帶著孩子們到緬因州過暑假，小羅斯福單獨一個人在華府和露西．墨瑟相處，從此展開一段維繫了一輩子的婚外戀情。露西美麗活潑又外向，恰好符合小羅斯福理想伴侶的期待。

後來有次伊蓮諾偶然在小羅斯福的公事包裡面發現一疊露西寫的情書，這段婚外情終告曝光。伊蓮諾為此備受打擊，卻決定繼續留在這段婚姻裡，她和小羅斯福之間的浪漫愛苗也從此徹底熄滅。情緣雖然已盡，兩人卻用一種更堅強的東西來填補彼此之間的空白：他的信心加上她的良知。

☾

快轉到我們所處的當代，有一位女性具有類似的特質，同樣也是依循她的良知良能來行事，她就是心理學家艾蓮・愛倫博士。愛倫博士的第一篇科學論文於一九九七年出版，從此以後，她等於是重新定義了著名心理學家凱根等人提倡的「高度反應」觀念（又稱「負面」或「抑制」等），另外賦予一個新的名稱叫做「敏感」。多虧有愛倫博士對「敏感」的研究，世人對於這種性格才有了更深入、更全面的理解。

當我獲悉愛倫博士將在一場專為「敏感」者舉辦的年度見面會上擔任主題演講人之後，立刻買了機票飛往加州梅林郡的「沃克溪農莊」。這場年度見面會的主辦人是心理治療師賈桂林・史崔克蘭，本次週末見面會的目的在於讓個性敏感的人士共聚一堂，彼此學習，相互扶持。她寄給我一份大會議程，還特別指出寢室的安排原則是要讓參與者能夠在其中「打個盹，寫日記，閒逛漫遊，沉思默想，把事情整理一下，寫寫字，或者回想反省等等」。

議程上提醒參與者，「在寢室內進行社交活動時請輕聲細語，不要打擾到室友；最好利用散步或用餐時間在公共活動區社交。」大會主要吸引的對象是「喜歡進行有意義的對話，或者喜歡進行深度討論的人士」，不受外界的打擾。大會向參與者保證，在大會進行的這個週末裡面，一定會提供充足的時間進行深度對談；可是參與者也享有高度自由，可以隨時離席或加入討論。主辦人史崔克蘭深知，我們這些敏感性格的人大半輩子都被強迫參與團體活動，所以她想要把這次的見面會辦得不一樣，哪怕只有一段短時間也好。

大會場地「沃克溪農莊」位在北加州的原始地貌上，佔地達一千七百四十一英畝，裡面有健行小徑縱橫，有野生動物出沒，還有晶瑩剔透、一望無際的廣闊天空。農莊的中央是一座如穀倉般溫暖舒適的會議中心，卅多位與會者在六月間某個星期四的下午紛紛前來此處報到。我們所在的「七眼樹廳」鋪設著灰色的地毯，有好幾座大型會議白板，從景觀窗戶往下看去就是豔麗的紅木森林。除了一般會議常見的報到名冊和名牌之外，還有一大張掛在海報架上的海報紙，我們每個人都要在上面填寫自己的名字以及在ＭＢＴＩ性格分類上所屬的個性。我大概看了一下其他人填寫的結果，每個人都屬於內向性格，唯一的例外是主辦人史崔克蘭，她既熱情又好客又健談。（根據愛倫博士的研究，絕大部分的敏感性格人士都屬於內向性格。）

會議室裡的桌椅排成四方形，這樣我們就座之後都能見到其他參與者。史崔克蘭邀請我們各自表述一下為什麼決定來參加這次的見面會（不強迫發言），結果一個名叫湯姆的軟體工程師率先表示，當他知道他自己的敏感個性其實有心理學上的依據時，實在是大大鬆了一口氣，「真的有人做過研究了，這就是我的本性！我再也不必努力迎合其他人的期盼了，再也不必因為我的本性而覺得不好意思或躲躲藏藏了。」他的發言帶著熱情，一張又細又長的臉孔搭著棕色頭髮和鬍鬚，看起來好像林肯總統。他太太接著發言說她和湯姆實在是天生一對，兩人其實是同時間偶然發現了愛倫博士的研究。

輪我發言時我說，每次在團體當中我都覺得被迫要用很活潑的方式來自我介紹，同時我對於「內向」和「敏感」之間的牽連關係也很有興趣。我一面說，一面看到很多人在點頭。

禮拜六上午，愛倫博士終於親自蒞臨會場。史崔克蘭在介紹她時，她很調皮地躲在海報架後面，然後她帶著微笑從海報架後面現身——噔噔！她穿著一件西裝外衣式的外套，裡面是套頭毛衣，加上燈心絨的裙子。她留著柔順的棕色短髮，溫暖的藍眼睛周圍滿是皺紋，眼神卻是敏銳而周密。從她身上既可以看見一位備受敬重的學者風範，卻又流露出她昔日羞怯的小女生模樣。同時也能看出，她是百分之百尊敬她的觀眾。

她一開口就切入重點，表示她準備了五個主題來討論，然後叫我們用表決的方式來決定要討論的前三項主題。她依照我們投票的結果，很快計算了一下，選出前三個主題，而我們在一旁安靜的等待。其實無論我們投票的結果怎樣，都沒什麼關係，因為我們知道愛倫博士此行的目的就是要來討論敏感性格這個話題，我們也知道她有考慮到我們想聽什麼。

有些心理學家是以罕見的新研究而在學術界闖出名號，但愛倫博士對學術圈的貢獻，卻在於採用嶄新、截然不同的思考方式來重新審視別人已經做過的研究。她小時候別人常說她「個性太敏感，這樣對妳以後不好」。家裡排行在她前面的兩個孩子都屬於活潑大膽的類型，全家只有她一個人喜歡做白日夢，喜歡在家裡玩，而且感情很容易受傷。她在成長的過程中逐漸離開家庭，卻不斷發現自己有很多特性和一般人不同。例如她有時在沉默中連續開車好幾小時，連收音機都沒開；又例如她晚上有時會做惡夢，夢境很真實。她這人繃得很緊，緊到奇怪的程度，而且常常會被一種強烈的情緒（有時正面，有時負面）所淹沒。在日常生活裡她往往找不到精神上的避難所，她得要退入自己一個人的世界才行。

愛倫長大之後成為心理學家，嫁了一個個性活潑的丈夫亞特，亞特非常欣賞她沉靜的特質，在亞特眼裡她充滿創意，直覺正確，又是個思考者。她也很喜歡自己的這些特質，可是卻認為這些特質其實「只是一種尚可以接受的表面現象，底下潛藏的是一種可怕、隱性的缺陷，我從小就知道這種缺陷存在」。她認為，亞特知道她的缺點之後仍然願意愛她，這簡直是奇蹟一樁。

有一次，另一位心理學家不經意提到愛倫是「一個高度敏感的人」，愛倫聽了之後突然有種頓悟的感覺。雖然那位心理學家在說這話的時候並不是指著她的缺點說的，但她卻認為「高度敏感」這幾個字恰好說明了她那隱密的缺點。

愛倫開始思考「高度敏感」這件事，接著開始研究敏感性格的特質。一開始沒什麼成果，於是她改從另一個心理學上的相關領域，也就是「內向」，這下就有數量龐大的文獻資料可以耙梳了。在內向問題的研究上，凱根做過不少有關高度反應兒童的研究；許多學者也都做過實驗，說明內向者對於社會刺激和感官刺激的反應比較敏感。這些研究讓她看見了自己正在找尋的東西，不過她還是認為這中間缺少一個環節，無法建構出完整的內向者面貌。

「對我們科學家來說，我們一直努力觀察行為，可是『特質』這東西卻是無從觀察的東西，」愛倫博士說。科學家很容易從大笑、談話或做手勢當中觀察到外向者的行為，不過，「假如有個人站在房裡一角，科學家或許可以用十五種動機來描述這個人的『獨處一隅』，卻無法真正探究這個人內心裡的活動。」

但是愛倫認為，內心的活動行為縱使很難加以紀錄，它終究還是一種行為。問題就來了：假設有個人，從他的外表反應可以知道他討厭人多的宴會，那麼這個人的內心行為到底是什麼？愛倫博士決定要找出答案。

首先，愛倫博士訪問了卅九個自稱是內向的人，或自稱自己很容易被外在刺激所打擾的人。她詢問了這些人最喜歡的電影、他們最早的記憶是什麼、和父母的關係如何、友誼狀況、愛情生活、創意活動、哲學觀點和宗教見解等等。然後她再從這些訪談的內容中整理出一套完整的問卷，另外拿給其他群體填寫。接著她把收回來的問卷加以彙整、精鍊，求得廿七項特質。如果有人身上帶著這廿七項特質，那就屬於「高度敏感」的人。

這廿七項特質中，在凱根等人的研究裡面也常見到。舉例來說，高度敏感的人往往是敏感的觀察者，會在展開行動之前多方思考。高度敏感的人仔細安排生活，盡量不要出狀況。他們也對於影像、聲音、氣味、痛覺、咖啡等的刺激相當敏銳。如果有人在旁看著、觀察著他們的時候（例如在職場上，或者在音樂會上演出的時候），他們就會受到很大的影響；如果他們被人評價的時候（例如在男女約會的時候，或者在職場上面試的時候），也往往表現失常。

此外，愛倫博士更有新的發見：高度敏感的人天生就比較傾向追求哲學、精神或靈性，而不太喜歡物質或享樂的層面；他們討厭無謂的空談；他們自認為比較有創意或著憑著直覺行事（這一點，恰好就是愛倫博士的丈夫亞特眼中的她）。他們的夢境鮮明，醒來之後還能清楚記得夢境的內容。他們喜歡音樂，親近大自然，熱愛藝術及身體外觀的美。他們的感情非常強烈，有時是一陣超高強度的狂喜，有時是一番難以忍受的哀愁、憂傷或恐懼。

對於周圍情境所發出的訊息（例如身體上的或情緒上的），高度敏感的人會用非常深邃的方式來回應。別人忽略的細微之處，他們都體會得到，例如旁人心情的些微轉變，或者某個燈泡的亮度比旁邊的燈泡亮了那麼一點點。

不久前石溪大學的科學家們進行了測試，想要驗證愛倫博士的發見。他們選出兩組內容主題相同的照片（一道籬笆加上一些收割過後的乾草捲），每組兩張，然後請十八位受測者躺在功能性磁振造影的儀器內，開始觀看這兩組照片。其中一組的兩張照片內容有相當明顯的差異，另一組兩張照片的內容則相差不多。受測者觀看每一組照片的時候，科學家都詢問受測者第二張照片是否和第一張照片相同。結果發現，敏感的人花費更多時間來觀看內容差距比較細微的那組照片，他們腦中負責將眼前的影像和儲存的資料加以比較的區域，也呈現出比較多的活動。換句話說，敏感的人用更細緻的程度來觀察眼前的照片，花更久的時間盯著那些籬笆柱子或乾草堆。

這個研究非常新，獲得的結論也還需要放在別的研究內容裡加以重複試驗，並進行更多的探討。但是這個研究的結論卻呼應了凱根的實驗結果，也就是具有高度反應特質的一年級小朋友在操作「連連看」的遊戲或選擇時，會比其他小朋友花更多時間來比較可能的答案，並花更多時間來閱讀陌生的字彙。負責主持前述研究的石溪大學科學家潔吉雅．傑洛維克斯說，這些研究發現，敏感性格的人是採用一種異常複雜的方式在思考。這也可以解釋為什麼敏感性格的人這麼討厭無謂的空談。「如果你的思考方式比較細緻複雜，」潔吉雅告訴我：「那麼聊天氣、聊休假等等事情就會顯得很無聊，還不如談談價值、道德等。」

愛倫博士還發現，敏感性格的人有時候會展現出超高程度的移情作用，彷彿他們和其他人的情緒、他們和其他人身上的悲劇、和這個世界上的殘酷之間，只有一層薄薄的分界。敏感性格的人還擁有異常明顯的良知，他們不喜歡看暴力的電影或電視節目；他們也非常深刻感受著自己的過錯所帶來的結果。在社交的場合裡，他們喜歡的主題通常是個人的艱難困境，而這種主題在其他人眼中實在是有點太沉重了。

愛倫博士明白，她這次找到一個研究的大寶庫了。她在敏感性格人士身上找到的許多特質（例如認同別人的感情，對美的事物格外敏銳等），以往都被心理學家認為是附屬於其他人格特質底下的，例如「易於認同別人」或者「不排拒體驗」。可是愛倫博士卻主張，這些特質同時也是敏感性格的基礎成分。她的主張等於間接挑戰了目前公認的人格心理學信條。

她慢慢開始把自己的研究成果在學術期刊上發表，還出書，並且到處公開演講傳述她的研究發現。一開始接受的人很少，很多台下的聽眾告訴她說她的整體想法很有趣，不過她表達的方式好像有點太怯生生了，這樣讓人很難專心。愛倫博士憑著一股堅定的意志，她立志要把自己的見解向外傳揚，於是堅持下去，還去學習有效的演講術，讓自己在言談中帶著一股實至名歸的權威感。當我在沃克溪農莊首度和她會面時，她的台風已經穩重老到，內容精鍊，又帶著自信。她和一般演講者唯一的不同之處在於她盡心回答每一個發問者提出的問題，而且演講結束後她也留下來繼續和聽眾溝通——雖然，身為一個非常內向的人，她在演講完之後一定很想急著趕快回家。

愛倫博士談到高度敏感性格人士的時候，彷彿就是在描述小羅斯福總統夫人伊蓮諾本人。自從愛倫博士發表她的見解以來，科學家們又發現了一個新事實：如果把那些基因上可能帶有敏感或內向特質的人（這些人擁有5-羥色胺的基金變種，也就是第四章裡面談到的北印度恆河猴所具有的特點）放進功能性磁振造影儀器裡面，然後給他們觀看意外災害受難者的照片以及殘缺的屍體、受污染的大地、臉上流露出恐懼的照片，則他們腦中的杏仁核（大腦在處理情緒時，杏仁核負有重要的角色）就會出現強烈的活動。愛倫博士和一群科學家也發現，敏感性格的人只要看到「其他人展現強烈情緒」的照片，則他們腦中負責處理悲憫及負責控制強烈情緒的部分，就會出現大量的活動。

這種現象，就和伊蓮諾．羅斯福完全一樣：他們就是沒辦法，一定會因別人的痛苦而產生感同身受的感覺。

☪

一九二一年，小羅斯福染上小兒麻痺。對他來講真是沉重的打擊，他甚至一度想要退隱江湖，從此住在偏遠地區當個跛腳鄉紳算了。不過，在他復健期間，伊蓮諾一肩挑起重任，負責維持小羅斯福和民主黨高層的聯繫管道，伊蓮諾甚至同意出席黨內募款餐會，而且還要演講。她向來就怕公開演講，演講技術也頗差（她有高亢尖細的娃娃音，笑點的時機也永遠錯誤，加上她的笑聲屬於緊張的乾笑），但是她找人來幫自己訓練，然後安然度過那場公開演講。

雖有了這次經驗，伊蓮諾依舊對自己缺乏信心，不過她總算是走出去了，開始解決她看見的社會問題。沒多久她就成了美國國內首屈一指的女性問題專家，並與其他努力認真的人一同奮鬥。一九二八年小羅斯福當選紐約州長的時候，她早已出任民主黨女性事務處的負責人，同時也是美國政界最有影響力的女性之一。小羅斯福擁有高超的政治手腕，伊蓮諾擁有豐富的社會良知，這對夫婦此時成了一個功能強大的組合體。「我瞭解社會問題，可能比他（小羅斯福）瞭解的更多一點吧，」伊蓮諾後來以她常見的謙虛態度回憶那段時間：「不過他精通政府的運作，也知道要怎樣利用政治來改善社會狀況。我想，從那時起我們就比較知道團隊合作的意思了。」

一九三三年，正逢經濟大蕭條的最頂點，小羅斯福當選總統。伊蓮諾在三個月內在美國境內各地奔走了四萬英里的路程，幾乎把全國走透透了，到處聆聽勞苦大眾的悲情故事。人們看到她的時候都願意敞開心胸對她說話，這是不可能發生在其他政治人物身上的事情。她成為無產無業者在小羅斯福總統面前的代言人。每當她從旅途回到白宮，她就會把路上的所見所聞告訴小羅斯福，敦促他採取行動解決問題。她在幕後推動政府出面協助阿帕拉契山區沒飯吃的礦工，她也力促小羅斯福將女性及非洲裔美國人納入政府以工代賑的計畫內。她還出面協助瑪麗安．安德森到林肯紀念堂演唱。歷史學者喬夫瑞．渥德認為，有許多問題，小羅斯福總統匆忙中可能會加以忽略，不過伊蓮諾卻協助他重視這些問題。「因為有了她的協助，他才能維繫住一個極高的標準。她會用眼神緊緊盯著小羅斯福，然後告訴他：『小羅斯福，你應該這樣……』看過這個景象的人，一輩子也忘不了。」

以前很害怕公開演講的那位羞怯年輕女孩，後來蛻變成熱愛公眾生活的女性。伊蓮諾也是美國歷史上第一個舉行記者會的第一夫人，第一個在全國性的大會上演講的第一夫人，第一個替報紙寫專欄的第一夫人，以及第一個上談話性廣播節目的第一夫人。後來她甚至出任美國駐聯合國的代表，任內發揮她超強的政治技巧及錘鍊多年才具備的堅韌性格，終於使得聯合國人權宣言獲得通過。

伊蓮諾．羅斯福一輩子也沒有走出自己的缺點，她一輩子都苦於自己「沉默的葛賽妲公主病」（這是她自創的說法，取自中古世紀義大利的民俗故事，相傳葛賽妲公主經常不講話），也一輩子都努力想要「鍛鍊出比犀牛皮還要厚的臉皮」。她說：「我猜，害羞的人一輩子都會害羞，可是他們可以學著克服自己的害羞。」或許正是因為她的這種敏感性格，使得她見到那些流離失所、無依無靠的人時可以感同身受，並且拿出良知勇氣來為他們爭取權利。小羅斯福就任總統之時，正好是經濟盪到谷底的時刻，後人也都懷念他的同情悲憫之心，不過背後全是因為有伊蓮諾的努力，小羅斯福才真正知道勞苦大眾的感受為何。

☾

學界長久以來就觀察到「敏感」與「良知」之間有著深厚的聯繫。愛荷華大學心理學教授葛蕾茲娜做過一個實驗，請一位和藹的女性將玩具遞給一位幼童，並告訴幼童要小心，不要弄壞了這個玩具，因為這是她最喜歡的東西。幼童很認真的點頭，然後開始玩玩具。玩具本身已經過設計，很容易裂為兩半。果然，幼童開始把玩之後不久，玩具就斷了。

此時和藹的女性臉上露出氣憤的表情，開始哭泣：「喔，天啊！」接著科學家就開始觀察幼童的反應。

有些參與實驗的幼童知悉自己得罪別人之後，會展現出高度的罪惡感。這些幼童會將眼光移開，或者縮成一團，或者喃喃說著道歉的話，要不然就是用手掩臉。這些幼童都屬於敏感（或者高度反應）個性的孩子，而且罪惡感程度最高的孩子，長大後最可能成為內向性格的人。這些孩子對於他們人生的經驗（不管是正面的經驗或者負面的經驗）都異常敏感，他們似乎一方面感受到那位和藹女性的傷痛（因為她最喜歡的玩具壞掉了），另一方面又感受到自己的焦慮（因為我弄壞了別人的玩具）。當然，實驗者接下來的安排是讓那位和藹女性把玩具拿出去，不一會兒再度走進來，玩具則已經「修好了」。此時和藹女性會安慰孩子說別擔心，你沒做錯事。

在我們的文化裡，「罪惡感」這個詞具有負面的不潔含意，不過「罪惡感」卻是建構起我們良知的基石。那些敏感個性的幼童因為「弄壞」玩具之後而感受到焦慮的感覺，這股焦慮感會變成他們的一股動機，促使他們下次在玩耍的時候小心，不要傷害到別人。葛蕾茲娜的研究發現，參與這個實驗的敏感個性幼童到四歲時，會比同儕更誠實、更守規矩，**即使在沒有人看到的情況下他們依舊努力誠實**、**守規矩**。到了六歲或七歲時，在大人的眼中他們比同儕更具有高度的道德特質，例如同情心。而且大體來說，他們在行為上也比較不會出現問題。

因此，葛蕾茲娜在論文中指出，「功能性的、適當的罪惡感，可以促使兒童長大之後培養出慈愛善心，培養出責任感與在校的適應能力，並且可以讓他們與父母、師長及同儕之間，享有更和諧、更健全、更合群的關係。」這些特質於當今的社會裡尤其重要。二〇一〇年間密西根大學曾經發表過一份研究，顯示今日的大學生比卅年前的大學生更欠缺同情心，若換算成數字的話則今日的大學生比卅年前的大學生減少了百分之四十的同情心。而且公元兩千年是個重要的分界，在此之前兩代大學生的同情心程度相差不太多，在此之後的大學生則同情心顯著降低。從事該項研究的學者推測，公元兩千年後大學生同情心出現巨幅降低的原因可能是社交媒體大量出現、實境電視節目無所不在，以及社會超高度競爭的結果。

敏感性格的孩子們具有這麼多正面的特質，不過這也不代表他們就如天使一般可愛，他們也和其他的小朋友一樣，具有自私的一面。有時候他們也會耍孤僻，不理別人。愛倫博士也說，如果敏感性格的孩子體會到過量的負面情緒（例如羞恥及焦慮），則他們就會完全不管別人的需要。

高度敏感性格的人因為對外界經驗太敏感了，會使得他們的日子有點難過。不過正因為他們對外界經驗太敏感，促使他們發展出良知。愛倫博士提到，有位敏感的青少年在公園看見一個無家可歸的流浪漢，於是要求他媽媽拿食物給流浪漢；另一位八歲小女孩不但自己被人嘲弄的時候會哭，就是連她看見朋友被人嘲弄，她也會哭。

在文學作品裡不乏這類角色的描述，或許原因出在作家都是敏感性格的內向者。英國小說家梅爾帕司的作品《漫漫長舞》中的主角就是一位理性、敏感的作家，而且這位作家「一輩子的臉皮好像都比其他人薄了一層。看到別人痛苦，他就跟著難過；看到人生的豐富與美麗，他就得到感動，獲得刺激，抓起筆來開始書寫人生之美。漫步在山丘時他會被感動，聆聽舒伯特的音樂他也會感動，就連坐在沙發椅上收看晚間九點新聞的打打殺殺內容，他也會情緒澎湃起來。」

「臉皮薄」這種說法或許只是一種比喻，不過在科學上倒是有點根據。科學家在研究人格特質時，會採用「皮膚電流反應」這種生理訊號，也就是讓受測者暴露在噪音、強烈的情緒或其他刺激之下，紀錄其流汗的情況。高度反應的內向者比較會流汗，低度反應的外向者流汗比較少。外向者的皮膚基本上來說真的比較厚，對於外界刺激比較不起反應，觸摸時溫度較低。事實上，有些和我談過的科學家說，或許這就是目前一般人說的「很酷」這一詞的起源：如果你屬於低度反應的人，你的皮膚溫度較低，那麼你的「酷」指數就更高。（反社會人格者則位在「酷」指數的極端：他們在刺激之下幾乎無反應，皮膚電流反應也很低，焦慮更是幾乎沒有。有證據顯示，反社會人格者的杏仁體已經損壞。）

測謊器的原理是假設人在撒謊的時候會感受到焦慮，連帶造成皮膚部位出現無法察覺的流汗，因此測謊器也運用了皮膚電流反應。我讀大學時曾經到一家大珠寶商申請暑期祕書的工讀，為了要通過面試還得接受測謊。那次的測謊是在一個又小又暗的房間裡做的，地上鋪著塑膠地毯，幫我測謊的男子又瘦又乾，一張滿是坑疤的黃臉，不停抽著煙。他先問我幾個問題如姓名、地址等，以便建立我皮膚電流反應的基準值，然後問題逐漸尖銳，問話者的態度也強硬起來：是否曾被逮捕？有偷過東西嗎？有嗑過古柯鹼嗎？當他問我有沒有嗑過古柯鹼的時候，突然用銳利的眼神直直盯著我。當然，我從沒用過古柯鹼，可是他好像已經認定我曾經用過古柯鹼，而且他使出來的瞪我這招，就很像以前警察的老招式，告訴嫌犯說警方已經掌握了確實的證據，再否認也沒用的。

我知道那個男的體會錯誤，我真的沒用過古柯鹼，但我依舊察覺到自己臉上發燙。果然沒錯，測謊結果顯示我在回答古柯鹼那題的時候撒了謊。我的臉皮實在太薄了吧，即使面對虛構的罪名，我的皮膚也會異常出汗。

一般人談到「酷」的時候，通常會想起這種畫面：臉上掛著很酷的太陽眼鏡，展現出一副大無畏的姿態，手上端一杯酒。或許這種社會裝扮的畫面並非偶然出現，我們用黑眼鏡、輕鬆的身體語言及酒精來當標示，或許正因為這些東西可以把一個已經超過負載的神經系統偽裝起來。有了太陽眼鏡，人家就看不到我們的雙眼因恐懼或驚訝而大睜；凱根的研究已經告訴過我們，放鬆的身軀正是低度反應的經典姿態；而酒精可以降低我們的受刺激程度，讓我們不再壓抑。人格心理學家布萊恩．利托指出，當你去看球賽時，有人遞過來一罐啤酒給你，對方其實是想告訴你「嘿，來罐外向吧！」

青少年幾乎是先天就能理解「酷」的心理學。小說家克蒂絲．希坦菲的《我在貴族學校的日子》以高度的正確性探究了寄宿學校內青少年的社會儀式。書中主角「黎」突然獲邀前往校內最酷的社交名媛雅貝絲的宿舍房間，她注意到的第一件事就是雅貝絲的房間充滿了可見的、可聽聞的刺激物：「還沒進門，我就聽見裡面傳出咚咚的音樂聲，白色的聖誕燈已經點亮了，高高懸掛在四面牆上。北側的那面牆上掛了一幅超巨大的、橘色和綠色的織錦：

⋯這麼多的聲光刺激，讓我有點受不了，也覺得有點煩。和這裡相比，我和室友的房間好安靜，好簡單，我們的生活也是安靜又樸素。真不知道雅貝絲是天生就這麼酷，還是從誰那裡學到這麼酷的？是她姊姊教的嗎？還是表姊教的？」

崇尚運動的文化也將生理上的低度反應視為酷的表徵。廿世紀中葉美國第一批太空人當中，如果擁有較低的心跳率（心跳低代表低度反應）就等於擁有高人一等的地位。美國第一位環繞地球一圈的太空人約翰．葛倫②就是以他超低又超酷的心跳率而獲得其他太空人的羨慕，在他搭乘的火箭升空之際，他的心跳率能控制在每分鐘一百一十下左右。

☪

假如你的身體上少了點酷，說不定反而會帶來更大的社交價值。當一個飽經風霜打擊的測謊機操作者把他的臉湊近到你臉前，然後問你到底有沒有嗑過古柯鹼的時候，你臉上出現的潮紅其實會產生一種社交凝聚的功能。在最近的一項實驗中，由荷蘭學者科琳．迪潔柯率領的一群心理學者訪問了六十多位受測者，請他們閱讀一些做壞事的人（例如肇事逃逸）或做傻事的人（例如不小心把咖啡灑到別人身上）的故事。受測者還可以觀看這些「壞人」的照片，而不同的「壞人」臉上分別呈現出以下四種表情：羞愧或窘迫（低頭，視線往下）、羞恥／窘迫加臉紅、沒表情、沒表情但是有臉紅。然後科學家詢問受測者對這些「壞人」的同情及信任程度。

結果發現，會臉紅的「壞人」獲得的正面評價，遠遠高於不會臉紅的「壞人」，理由是臉紅代表了對他人的關切。針對臉紅，專門研究正面情緒的加大柏克萊校區心理學家戴許．凱特納在紐約時報上指出，「兩、三秒內就會出現臉紅，這代表了『我很在意，我知道我違背了社會契約。』」

高度敏感的人恨死臉紅了，因為它不受控制，自己會跑出來。也正因為如此，它反倒能成為社交利器。迪潔柯推測，我們無法用意志力來控制臉紅，因此臉紅的出現就反映出一種真誠的窘迫。而依照戴許．凱特納的見解，發窘或感到不好意思是一種道德情緒，代表著謙卑、節制、避免衝突、與人和好。因此發窘這件事並不會讓那位丟臉的人遭到隔絕（容易臉紅的人常覺得自己被隔絕了），反而會使人凝聚在一起。

凱特納專門研究人類發窘的根源。他發現，許多靈長目的動物打完架之後會嘗試修補關係，採用的方法則是擺出接近人類發窘的姿勢，例如眼睛看別的地方（代表做錯事了，即將改正自己的行為），或是低頭（這樣使自己的身形尺寸變得比較小），要不然就是緊緊抿著嘴唇（代表壓抑或抑制）。凱特納說，這些動作如果出現在人身上，就是一種「虔敬的行為」。凱特納受過判讀表情的訓練，他研究了許多道德巨人如甘地、達賴喇嘛等的照片之後發現，這些人都有相似的壓抑笑容及不直接瞪著人的目光。

凱特納在他的代表作《天生是好人》中說，假如他參加快速約會挑選終身伴侶，而且只能問一個問題的話，那麼他會問的問題是：「你上一次感到不好意思，是在什麼情況？」對方回答時，他會仔細觀察對方是否出現了抿著嘴唇、臉紅、眼睛不敢直視等現象。他說，造成對方不好意思的因素能告訴你這個人有多重視他人對自己的評價。從一個人是否容易感到不好意思，可以窺見他有多看重人與人之間相處的規範。

換句話說，你會希望你未來的終身伴侶願意關切別人的想法。多一點關切，總比漠不關心好多了。

☾

雖然臉紅可以算是個優點，不過像這種高度敏感的表徵，還是會帶來問題。舉例來說，在演化的過程中會出現大量的淘汰，那麼高度敏感的人是怎麼逃過一劫，沒有被淘汰掉？照理來講，勇敢的、侵略性強的才會勝出，可是在千百年來的演化過程中，人類這個物種為什麼沒有淘汰掉高度敏感的人呢？假如有一隻樹蛙，牠渾身是橘色的，那麼早就被淘汰了。一首舒伯特的即興曲，可能會把你感動到異於常人的程度（前述的《漫漫長舞》裡面的主角就是這種人）；你看見刀光劍影的暴力場景，可能會比其他人更害怕；你小時候弄壞東西的時候，可能比別的孩子更感到焦慮。可是從演化的角度來觀察，以上的這些行為都沒什麼好處。

還是說，這些行為其實是有它的好處在的？

本章稍早提到的艾蓮．愛倫博士，對這個問題有自己的觀點。她認為，高度敏感並非演化過程要保留的主要特質，而是與之並存的細心且內省的行事態度。她寫道：「敏感性格，或者高度反應性格的人在貿然行動之前，會先仔細觀察，這樣可以避免危險、避免失敗或者浪費力氣。要採取這種做法，就必須運用到一種專門執行『觀察細緻差異』的神經系統；這種做法也是一種『打安全牌』、『三思而後行』的風格。相形之下，另一種性格的人經常把行動放在優先，也不管有沒有蒐集到充分的資料或者把可能的風險考慮進來；這種做法就是『敢於冒險』的風格，因為他們相信『早起的鳥兒才有蟲吃』、『機會永遠沒有第二次』。」

事實上，在愛倫博士覺得很敏感的人當中，很多人都帶有高度敏感性格者廿七種特質當中的幾種。不過，也不是每個敏感的人都帶有這些特質。有些人對於光線和噪音特別敏感，可是對於咖啡因和痛苦感就不會那麼在意。有些人對於感官上的感覺都不太敏感，但他們本身卻喜愛沉思，擁有豐富的內心世界。甚至有些外向的人也很敏感——愛倫博士說，敏感的人當中約有百分之七十是屬於內向的人，其他的百分之三十則是外向者。不過，敏感的外向者和典型的外向者相比之下，前者需要更多的「關機時間」，需要更多的獨處。至於為什麼會有這種區別，依據愛倫博士的推測，敏感乃是生存策略的副產品，而人類只需要一部份（而不是全部）的敏感特質，就足以有效啟動生存策略了。

愛倫博士的觀點，可以從許多地方找到證據來支持。演化生物學家以前相信每個物種的演化目的，都是為了要適應某一個特定的生態利基環境；物種為了在各自的利基環境裡生存，會演化出一套理想的行為，而如果某個個體的行為偏離了那一套理想的行為，則該個體就會被淘汰。結果不但是人類這個物種演化出「以不變應萬變」和「立刻拿出行動來改變」這兩種不同的人，就連動物界其他一百多個物種，其個體也可以概略區分成「以不變應萬變」和「立刻拿出行動來改變」這兩類。

從果蠅到家貓到北美洲的雪羊，從太陽魚到山雀到非洲嬰猴科的哺乳動物，科學家在許多物種身上發現約有百分之二十的個體屬於「慢吞吞型」的，其餘百分之八十的個體屬於「勇往直前型」，大膽冒險往前衝，根本沒注意到自己身旁的情況。有趣的是，凱根在實驗室裡觀察的嬰兒當中，被歸類為「高度敏感型」的人數也恰好是大約百分之二十。

演化生物學家大衛．威爾森曾經打趣，如果「慢吞吞型」和「勇往直前型」的動物湊在一起開趴，則「有些行動派的個體會在現場高談闊論，其他個體則對著自己手上的啤酒罐喃喃自語說那些東西真不懂得尊重別人。慢吞吞型的動物（或人）很害羞，很敏感，說話不太有自信，能觀察到那些行動派的人渾然不察覺的事物。他們是藝術家，是作家，在派對上的談話內容非常有趣，可是行動派的人完全聽不見這些話；他們是嶄新行為的發明者，而行動派的人仿效這些新的行為，然後偽稱這些新事物是自己發明的。」

報紙或電視偶爾會報導有關動物個性的故事，往往用可愛或討喜等形容詞來描述、鼓勵活潑鮮明的行為（類似「這樣的果蠅才乖嘛！」），並把沉默害羞的個性解讀為「不得體」。可是威爾森和愛倫博士一致認為，這兩種性格的個體之所以存在，是因為他們有著截然不同的生存策略，而且這兩種不同的生存策略會在不同的時間，以不同的方式產生效果。這就是演化上所稱的「取捨（或抵換）」理論，也就是說某一種特質並不是完全有利，亦非完全有害的；任何特質都混雜了益處與壞處，且因為環境的不同，每個特質在生存上的價值也隨著不同。

「害羞」個性的動物覓食次數比較少，但覓食的內容變化比較大，平日就善於儲存能量，比較守規矩，在掠食者來襲的時候比較容易生存。個性「外向」的動物經常橫衝直闖，比較容易被食物鏈上層的掠食者吃掉，牠們在生命中所遇見的危險比較多，可是牠們在食物供應不足的情況下則比較容易生存。威爾森找了一個池塘，裡面有許多主要分布在北美洲的駝背太陽魚，然後將金屬魚簍陷阱丟進池塘裡（他認為，對魚來說看見外來的金屬陷阱出現在池塘裡，約略等於人類見到外星人飛碟降落），那些比較外向的魚壓抑不住自己的好奇心，非上前察看一下不可，結果全部游進了科學家的魚簍裡。至於害羞的魚兒則謹慎小心，連忙游到池塘邊遠離陷阱，科學家只能眼睜睜看著牠們卻抓不到牠們。

下一次，威爾森用漁網把外向和內向的魚兒都捕捉上岸，帶回實驗室裡，結果外向的魚兒很快就適應了新環境，開始進食的時間比內向的魚兒整整早了五天。「對動物來說，並不存在一種『萬用個性』，」威爾森在論文中指出：「而是在天擇的情況下，出現了不同的個性。」

演化上的「取捨理論」還有另一個例子，就是孔雀魚。從演化的眼光來看，孔雀魚為了要適應自己所處的微環境，可以在非常短的時間內發展出不同的個性。孔雀魚的天敵就是身形很長的狗魚，可是有些孔雀魚居住在沒有狗魚的環境裡，例如瀑布的上游處。假如你是一隻生長在這種快樂環境的孔雀魚，那你很可能擁有大膽勇敢、無憂無慮的個性，享受著這種甜蜜的生活。相反地，如果你是一隻生長在瀑布下游「惡劣環境」裡的孔雀魚，身旁經常有可怕的狗魚游來游去，那麼你的個性很可能會變得更謹慎小心，這樣才能趨吉避凶。

有趣的是，孔雀魚的個性是遺傳的，不是後天學習而得的。天性樂觀活潑的孔雀魚，如果搬家住進了有天敵的可怕環境裡，牠們依舊繼承了祖先活潑快樂的天性。在這種情況下，比起那些謹慎小心的朋友們，這些樂觀小魚的性命實在是太危險了。過不了多久之後，樂觀小魚的基因開始突變，牠們的後代（如果活下來的話）開始朝著比較謹慎小心的個性發展。相同的情況也會發生在謹慎的小魚身上：如果狗魚突然從謹慎小魚的生活環境裡消失，那麼只要大約二十年之後，謹慎小魚的後代就會發展出無憂無慮的個性。

☾

在人類身上似乎也可以看見「取捨理論」的跡象。科學家在游牧民族的身上發現，帶有一種與外向有關（正確的說，是與尋求創新有關）的特殊基因的人，則營養比較好，勝過那些身上沒有這種基因的人。可是在定居（耕作）的人當中，擁有這種與外向有關的特殊基因的人，反而營養比較不好。游牧民族靠著這種基因，在獵食或保衛牲口時可以變得勇猛凶悍，但是同一種基因卻對比較靜態的活動不利，例如農耕、商業交易行為以及在學校裡面專心學習。

還有另一種取捨的現象值得思考：外向的人類擁有的性伴侶超過內向的人。任何想要繁衍後代的物種，都會盡量讓自己有更多性伴侶。可是外向的人也因而比較可能有婚外情，比較可能離婚，這點對他們的子女相當不利。外向的人比較喜愛運動，內向的人則（因為較靜態）比較少發生意外或身體創傷。外向者喜歡建立廣泛的社會支援網絡，不過在統計上也比較容易犯罪。一個世紀以前，心理學家榮格就已經針對內、外向的人做出了推論：「這一邊的人（外向）生育率較高，自我防禦能力較低，且每一個個體的生命壽數比較短；另一邊（內向）的個體擁有各種自我保護的方式，可是生育率比較低。」

取捨理論也可適用在整體物種身上。許多演化生物學家都相信，物種裡面的單一個體完全是利己的，個體會不惜一切代價努力繁衍後代，複製自己的DNA。至於「一個物種內，有些個體會帶著『對整體物種有利』的特質」這個可能性，也一直在科學家之間受到激烈辯論，而且直到不久以前還有人因為太過堅持這個可能性而慘遭踢出學術圈。不過，現在已經有越來越多的科學家接受了這個可能性，有些科學家甚至推測，有些個體對於群體間其他成員（尤其是家庭成員）的痛苦會產生強烈的同理情感，因此在這個基礎上才會演化出像敏感這種特質。

其實也不用講得那麼複雜。愛倫博士說，動物群體需要倚靠敏感的個體才能生存，這並不難理解。「假設有群羚羊，其中幾隻經常停止嚼草，抬起頭來運用牠們敏銳的感官去察覺附近是否有掠食動物出現。若這群羚羊裡面有幾隻這種敏感、機警的個體，則整群羚羊生存的機會就增加了，可以繼續繁衍下一代，生出更多機警敏感的個體。」

人類又何嘗不是如此？我們就如一群正在吃草的羚羊，需要伊蓮諾・羅斯福這麼敏感、這麼關愛人群的人。

在動物界，一個物種裡面會有害羞的和莽撞的個體，有行動派的也有慢吞吞的，不過有時候科學家會用「鷹派」和「鴿派」這種詞彙來形容群體裡面的個體。舉例來說，有些大山雀行為舉止充滿了侵略性，簡直可以放在人類的國際關係課程裡面當教材研討。大山雀的食物中包含了山毛櫸的果實，而在山毛櫸果實供應量不足的年份裡，個性較具侵略性的「鷹派」雌性大山雀比較容易生存（這點很容易想像），因為牠們勇於挑戰其他同樣吃果實的競爭者。可是如果碰到果實供應充足的年份，則「鴿派」的雌性大山雀（「鴿派」的雌性大山雀恰好是比較細心的母親）就比「鷹派」的侵略性格者更容易生存，因為「鷹派」的鳥兒們會浪費太多時間和體力和別人進行無謂的爭鬥。

在另一方面，雄性的大山雀則出現完全相反的命運。雄性大山雀的主要任務不是覓食，而是維護地盤，所以在果實不足的年份中，許多負責看守家園的雄性大山雀都餓死了，「地盤」變成一個供應充分的資源。可是此時「鷹派」的雄性反而比較不容易生存，因為牠們還是很用力的和別人打鬥，浪費了寶貴的體力資源。（在果實供應充足的年份，「鷹派」雄性大山雀也是因為逞勇好鬥而容易早死。）等到果實供應充足的年份來到，大山雀爭奪地盤的熱戰也持續升高，這時具有侵略性的雄性就佔上風了。

☪

在戰火頻仍或充滿恐懼的時代（對人類來說，這就好比是雌性大山雀面臨果實供應不足的年代），我們人類好像非常需要充滿勇氣的英雄人物。可是對整體人類來說，如果每個人都是熱血壯漢，那可能就不會有人去注意到（或者挺身而出來處理）更可怕、更需要細膩觀察的威脅因素，例如病毒的問題或者環境氣候的變遷。

就拿前美國副總統高爾為例，他花了十多年的時間，不斷提升大家對於全球氣溫上升這個問題的意識。從許多紀錄上可以看出，高爾應該是個內向的人。「如果你帶一個內向的人去參加宴會、活動，擠在百餘人當中，則這個內向的人在現場就無法將內心的精力完全表現出來，」高爾的一位前助理這麼形容：「高爾就是這種人，每次參加活動之後，都要休息一下。」高爾自己也承認，幫人站台助選、發表公開演講等事情並不是他的強項：「拍背打氣、握手相挺等等，是政壇絕大部分人的活力來源，但我的活力來源則是深入討論議題。」

許多內向的人都擁有深思熟慮、注意細節等特點。把這兩個特點結合起來，就會成為一種威力強大的工具。一九六八年，高爾還在哈佛大學讀書的時候，他修了一門由知名海洋學家開的課程，老師在課堂上提出一些早期的證據，顯示燃燒化石燃料會導致溫室效應。高爾把老師的話都聽進去了。

他把學習到的知識說給別人聽，卻發現其他人沒興趣聽這些，彷彿他們都沒聽到警報已經大響。

在奧斯卡最佳紀錄片《不願面對的真相》當中，高爾回憶：「一九七零年代中期我進入國會，參與了第一場有關地球溫度上升聽證會的籌備工作。我那時以為，也真的相信，地球暖化的事實會產生強大的力量，會徹底翻轉國會對於這個問題的看法，我以為其他議員會感到震驚。沒想到大家都沒反應。」在片中有一幕是高爾一個人獨自在半夜推著行李箱走在機場裡，臉上帶著非常困惑的表情，因為大家的反應都很冷漠。

假如高爾當年就能知道我們現在所知的凱根、愛倫等人的研究內容，那麼他對於其他國會議員的冷漠反應，或許就不會那麼驚訝了。說不定他還能夠善用他對於人格心理學的知識，來喚起其他議員的注意力。首先，高爾可以假設，國會裡面的成員可說是全國上下「最不敏感」的一群人，這些人如果在嬰兒時期就參加凱根的研究，當他們看見衣著奇特無比的小丑，或者臉上帶著防毒面具的怪阿姨，或許也會毫不考慮走上前去，甚至不會回頭看一下他們的媽媽。各位讀者是否還記得在第四章裡面提到的，凱根研究當中的內向湯姆與外向勞夫？是的，國會裡面到處都是像勞夫這種性格的人，國會這個制度在設計上就是偏向勞夫這種人的。世界上絕大部分的內向湯姆都不會想要整天籌劃競選活動，或者和遊說團體聊天。

個性像勞夫的國會議員都很迷人，他們充滿活力，勇敢向前，口才很好，可是單靠一張地球某偏遠角落冰河上面出現小裂痕的照片，完全無法給他們足夠的警覺刺激。若希望他們能夠聆聽，則需要拿出更強烈的刺激。所以，一直等到高爾終於找到一個影像團隊，用好萊塢式的奇幻效果來把他的警訊改用各樣令人目不暇給的特效來呈現，推出《不願面對的真相》之後，他才終於把訊息傳送了出去。

高爾也發揮了他的強項，把他個性裡天生的專注力和勤奮精神發揮到最高點，不斷宣傳《不願面對的真相》這部片子，經常前往戲院和觀眾對談，並且接受無數次電視、廣播的採訪。只要一談到全球暖化這個議題，高爾的話語裡就帶著一種清晰的鏗鏘，讓人幾乎忘了他是個政治人物。高爾似乎很自然、很輕鬆就能完全掌握一個繁複的科學問題，他似乎很自然就能深入專研一個單一的議題，而不是在不同的議題上面蜻蜓點水。只要談的是全球暖化，那麼要高爾去面對一大群人，他也能夠勝任愉快。他在談論全球暖化的時候，能在聽眾面前散發出一股強大的魅力，牢牢吸引住聽眾，真的讓人完全忘了他是個政治人物。為什麼會這樣呢？因為對高爾來說，全球暖化是一項使命，與政治生涯或他的內向人格特質都無關。這是他的良知，是他發自內心深處的使命。「這件事情與整個地球是否能生存有關，」他說：「如果地球變成一個人類無法居住的環境，到時候也不會有人去關切誰贏了選舉。」

如果你是個敏感的人，或許你傾向偽裝自己，讓自己展現出政客的模樣，隱藏起自己謹慎小心以及專心關注的那一面。但如果你讀到這裡，我以作者的身分請求你重新思考一下：如果世界上少了像你這樣的人，整個人類真的就完了。

☾

場景再回到北加州的沃克溪農莊，我正在參加專為敏感性格者舉辦的年度見面會。在這裡，一切有關理想外向性格的看法，一切對於「很酷」的強調，全部都被一百八十度翻轉過來。假如「酷」指的是一種會導致莽撞或冷漠的低度反應，那麼在這裡參加年度見面會並且和愛倫博士見面的每個人，都非常的「不酷」。

會場的氣氛出人意外的簡單，幾乎到了罕見的地步，很像瑜珈課堂上或者佛教寺院裡面的氣氛，只不過現場並沒有一致的宗教信仰或者世界觀，有的只是一種相似的性格。愛倫博士在演講的時候，更可以看出現場人士個性的相似之處。愛倫博士長年來觀察到一個現象：每當她對著一群高度敏感的聽眾演講時，現場的氣氛會比較安靜，充滿敬意，和她在其他公開場合演講時完全不一樣。果然，她在沃克溪農莊對著我們演講時，會場就是一片尊敬的沉靜。而且，在年度見面會舉辦的整個週末期間，氣氛都是這樣。

在會場裡所出現的謙恭禮讓氛圍，真是我平生僅見。隨處可聞謙讓對方先行的「您請，您請」，或者是表達感激的「謝謝」。用餐採自助餐的方式，在一座長桌上進行，與會者用餐時幾乎是使用飢渴的心情投入優質對話，許多人兩兩成對開始討論非常私密的話題，例如童年回憶、成年後的愛情經驗，要不然就是醫療保險、全球氣候變遷等社會問題。很難聽見一般社交場合的說故事哈啦對話。每個人都專注聆聽對方的話語，然後用真切、聽慧的言語回答。愛倫博士說，她發現敏感的人說話時比較柔和，因為他們也期待別人用柔和的方式來進行溝通。

有位與會者名叫蜜雪兒，工作是網路設計師，發言時整個人是往前彎著腰的，好像在抵抗一股朝著她狂吹的虛擬颶風。她說：「你在別的地方發言的時候，別人也許會在意，也許不在意。可是在這裡，只要你說了一句話，就會有人回應：『那是什麼意思？』如果你問其他人說他們的發言是什麼意思，他們就真的會好好回答你。」

當然，會場中還是有漫無邊際的閒聊瞎扯。主辦人史崔克蘭觀察到，這裡的無聊瞎扯，都是在會話的最後（而不是開頭）才出現。一般而言，當兩人初識的時候，會先來一段閒聊瞎扯以求放鬆氣氛，準備接受這一段新的人際互動連結；一旦彼此的信心建立之後，才會進一步以更深刻的方式相知相識。可是對於敏感個性的人來說，這個順序是相反的，史崔克蘭說，敏感個性的人「先以深刻的方式相知相識，然後才開始閒聊瞎扯。當他們處在一個可以真誠相對的環境底下，就會和所有人一樣，自在的笑著、聊著。」

敏感人士年度見面會的第一晚結束，我們回到像宿舍般的寢室，我立刻緊張起來。睡前是我安靜閱讀的時間，我會不會捲入一場枕頭大戰呢（就像小時候的夏令營一樣）？還是獲邀參加又吵又無聊的喝酒聊天呢（就像大學的時候那樣）？不過，在沃克溪農莊，我的室友是一位二十七歲的祕書，有著一雙水汪汪如母鹿的大眼睛，立志要當作家，整晚都埋首寫日記。於是我也投入了自己的書寫世界。

當然，這個週末確實也出現了緊張時刻：有些與會者安靜沉默的程度，簡直已經到了憂鬱的境界，大會在活動設計上雖然奉行「各自做各自的事」的原則，可是場面到最後演變成有點像是一群人擠在一起，各自卻又活在自己的孤單世界裡，各管各的事。在這一群人的社交互動之中，簡直是缺乏「酷」這個元素到了極點，我甚至開始幻想，應該有個人跳出來搞笑才對，要不然就是大家應該開始喝酒配可樂，把氣氛炒熱一點。應該是這樣才對吧？

其實，我身為敏感個性者，一方面固然渴求單獨的空間，另一方面我也喜歡活潑熱忱的互動方式。我欣賞人群中展現出「酷」特質的人，而在沃克溪農莊度過的這個週末裡面，我格外懷念那種「酷」。在此地，我說話始終保持輕聲細語，到最後自己都快睡著了。不知道其他敏感個性的與會者心裡是否也和我有同感。

那位長得很像林肯總統的軟體工程師湯姆告訴我，他以前有個女友，最愛打開大門迎接賓客來訪，要不然就是辦趴。她熱愛一切的新鮮事物：新奇食物、驚異的性關係、新的朋友等。結果這兩人當然處不來，湯姆渴望的是一個可以專心投入兩人世界的伴侶，不要一天到晚往外跑。現在，湯姆已經娶了一個這樣的女子，兩人在一起快樂的不得了。不過他對於以前那一段感情還是心存感謝。

湯姆一面講這件事，我一面想起我先生肯尼，我現在好想他，他人在紐約。肯尼絕不是個敏感的人，這一點往往讓我們的關係充滿挫折。有時我因為情緒、感動或者焦躁而一把鼻涕一把眼淚的，他一開始會心軟，然後如果我繼續哭太久，他就會不耐煩。當然，我知道他這種比較強悍的風格其實對我是好的，而且只要他陪在我身旁我就無比的快樂。我好喜歡他那種輕鬆自然的魅力，我好崇拜他永遠有趣味話題可以告訴我，我好欣賞他做事時那種全心全力的態度，以及他對於所愛的人（尤其是我和他組成的家庭）那種完完全全的付出。

我最愛的，是他表達感情的方法。他行事風格雖然激進衝動（他在一個星期內所展現出來的衝動，我大概一輩子也拿不出來），但他卻把這股激進衝動用在造福人群之上。我們認識之前，他在聯合國上班，跑遍全球各地戰區，負責和交戰的兩派交涉談判，以爭取戰俘或遭囚禁的人可以及早獲得釋放。他曾經隻身進入骯髒至極的監獄裡，或者單獨面對俘虜營的指揮官，不斷和那些身上背著機關槍的人交涉、談判，直到他們同意釋放遭他們囚禁的女性為止。這些女性一點錯也沒有，她們的悲哀是命運安排她們身為女性，又生活在戰區裡，成為強暴的犧牲者。他在這個職位上工作多年，回國後把自己的見聞寫下來，在他的書和文章裡面隨處可見他心中的憤怒。他的筆觸並不是敏感纖細的類型，因此他的文章也得罪了不少人，可是他的作品中卻清楚展現出他對這些事情的真誠關切。

我還沒參加沃克溪農莊舉辦的敏感人士年度見面會之前，以為這場聚會將使我更加渴望一個高度敏感的世界，在這樣的世界裡每個人講話都是輕聲細語的，沒有人會展現威脅。參加完畢之後，我反而發現這次的聚會強化了我內心深處對於「平衡」的追求。我相信，我渴望的這種平衡，就是愛倫博士所說的，是「我們存在的自然狀態」。愛倫博士觀察到，至少在我們這種印歐語系文化裡面，我們自然就分成「戰士君王」和「祭司智者」這兩種性格，或者是行政（執行）和司法（判斷）這兩種不同的功能，或者是「莽撞勇敢而態度自然的小羅斯福」和「纖細敏銳且以良知行事的伊蓮諾」這兩種風格。

---

①露西．墨瑟（Lucy Page Mercer Rutherfurd，一八九一—一九四八），小羅斯福總統的祕密情人，兩人戀情曝光後她另嫁紐約富農，依舊持續與小羅斯福會面。小羅斯福去世當日，露西陪伴在他身旁。

②約翰．葛倫（John Glenn，生於一九二一年）是美國政治人物、太空人，被許多人視為當代的英雄人物。他於二戰期間駕駛戰機在南太平洋與日本對抗，韓戰期間擊落三架米格機，後來成為美國第一批七位太空人之一，也是第三位進入太空的美國人。之後擔任參議員達廿餘年，獲選進入「太空人名人堂」，更於一九九八年以七十七歲之齡搭乘「挑戰者號」太空梭重返太空，是史上最老的太空人。

第七章
內向外向想法不同：華爾街的賠與巴菲特的賺

法國政治思想家托克維爾認爲美國人的生活中有民主和在商言商的特質，總是馬上行動、馬上決定，這種社會比較重視的心智運作習慣是只要有粗略計畫就可以立即實行，迅速判斷，抓住稍縱即逝的機會。但是這樣的行爲模式不適合深思熟慮、沙盤推演或是嚴密的思考。

——美史學家理察．霍夫施塔特，摘錄自《美國生活中的反智主義》

二〇〇八年，美國股市大跌的黑暗時代。十二月十一日這天早上剛過七點半，珍妮絲．朵恩博士家的電話就響了，此刻東岸的股市剛開市就又陷入一次人間煉獄，房價直直落，信貸市場遭到凍結，通用汽車正處在破產邊緣，搖搖欲墜。

朵恩一如往常在房間接起電話，戴著耳機爬起身，靠坐在綠色的鴨絨墊上。房間裡的裝潢很儉樸，色彩最鮮豔的就是朵恩她自己，一頭滑順的紅髮，如象牙般的白色肌膚，苗條的身材，看起來就像中世紀英國傳說裡的戈黛娃夫人，只是年紀更大一點。朵恩擁有神經科學博士學位，專長領域是大腦解剖學，她是受過訓練的精神科醫師，也是活躍於黃金期貨市場的交易者。她更有「金融界的精神科醫師」之稱，約有六百多位金融交易者來向她諮詢。

「喂，珍妮絲！」那天早上打電話來的人名叫艾倫，說話聽起來很有自信，「妳現在有空聊幾句嗎？」

朵恩博士沒有空，她是個專做極短線的當沖客，每半個小時就要決定買進或賣出。她對自己的投資眼光相當自豪，所以很想趕快開始投入交易，但是朵恩聽出艾倫的聲音很急切，於是她答應跟他聊聊。

艾倫今年六十歲，生長在美國中西部，朵恩覺得他是一個很有能力又很可靠的人，工作努力又忠心，具有外向者天性活潑和武斷的特質。雖然他接下來說的故事有如災難一場，但還是維持著開朗樂觀的態度：艾倫和他太太工作了大半輩子，終於存了一百萬美元當作退休基金，四個月前他忽然有個想法，雖然他完全沒有股市投資的經驗，但他覺得自己應該買下價值十萬塊美金的通用汽車股票，因為有新聞報導指出美國政府或許會出面拯救汽車產業，他相信這筆投資不會有損失。

他才把資金投入股市，又有媒體報導政府可能不會拯救大車廠了，於是市場紛紛拋售通用汽車股票，導致汽車股價狂跌。不過艾倫還是夢想著最後大賺一筆的激情，這種激情感覺實在太真實了，他幾乎可以嘗到勝利的滋味，所以他穩穩抓著股票。結果股價一再下滑、下滑，然後又下滑，到了最後，艾倫終於決定賣掉股票，不過已經賠得一場糊塗。

更糟糕的還在後頭。下一波的新聞報導又指出政府還是會投入資金援助大汽車廠，這下艾倫整個人又興奮起來，又投資了十萬美金在低價時買進更多股票，但是同樣的事情又發生了：政府拯救大汽車廠的消息又不太可靠了。

艾倫「推測」股價已經不能再低了（之所以要把推測這兩個字用引號標起來，是因為朵恩博士認為，推測是需要邏輯推理的，可是艾倫的行為和謹慎的邏輯推理沒什麼關係）。他繼續緊緊抱著股票，幻想著自己可以賺到多少錢，他和他太太花錢的時候會有多開心。然而股價持續下跌，最後跌到每股只剩七塊美金，艾倫才賣掉股票，然後一聽到政府就要投入資金救助了，一陣狂喜之下又買了，接著……

等到通用汽車的股價每股只剩兩塊美金時，艾倫已經賠掉七十萬美金，也就是他籃子裡百分之七十的雞蛋。

在絕望中，他問朵恩博士是否有辦法幫他彌補損失。她搖頭。「沒辦法了，」她告訴他：「你的錢不可能賺回來了。」

他問她自己到底哪裡做錯了。

朵恩博士有很多答案。艾倫是個股市大外行，一開始就不應該出手交易，而且他也冒險投入太多資金，應該只要拿出存款淨值的百分之五投資就好，就是五萬美金。不過，最嚴重的問題，卻不是艾倫自己可以控制的：朵恩認為艾倫的期待過於強烈，也就是心理學家所稱的「回報敏感性」（reward sensitivity）。

回報敏感的人會非常積極尋求回報，像是升職、中樂透頭獎或者是和朋友共度開心的夜晚。回報敏感性會讓我們產生動力，積極追求目標如性愛、金錢、社會地位、影響力等，讓我們想要爬上階梯，伸手搆著最遠的枝條，擷取生命中最美好的果實。

但有時候我們對回報實在太敏感了，過度發揮回報敏感性的話，會讓人陷入各式各樣的麻煩。有時我們可能獲得豐厚的獎賞，比方像是在股市裡大賺一票，這時會太興奮了，導致我們甘冒極大的風險，而忽略了明顯的警告信號。

艾倫眼前充滿警告信號，可是他一直想著大賺一票，在得意忘形之下對這些警訊視而不見。他確實是落入了一個回報敏感性大暴走的典型模式：警告信號提醒他應該慢下來，他卻加速向前衝——將金錢投入一連串高風險的交易活動，而其實自己無法承受這樣的損失。

金融史上充滿了這樣的例子①。投資者經常在應該踩煞車的時候反而催足油門暴衝。行為經濟學家長久以來都觀察到，在併購公司的案子中，主事者可能會因為想要擊敗對手而變得太一頭熱，結果忽略了他出價過高的跡象，這樣的例子簡直不勝枚舉，多到甚至還有一個專有名稱叫做「交易熱」。「交易熱」的下一步，就會發生「贏家的詛咒」，例如美國與時代華納併購的經典案例。併購後，時代華納的股票市值消失了兩千億美元。當時美國線上是用自己的股票來當作併購時的資金，雖然有許多警告聲浪說這些股票的價值其實是過度高估了，沒想到時代華納的董事卻全體無異議通過併購案。

當時支持此案最力的時代華納大股東、媒體大亨泰德．透納還說：「這件事讓我覺得好興奮，充滿激情，程度可能超過了我四十幾年前第一次做愛的時候。」他是董事會成員之一，也是公司最大的個人持股股東。交易敲定的隔天，《紐約郵報》的標題寫著：〈泰德．透納：比性愛更棒〉，我們之後還會回頭來討論這個頭條的力量，來解釋為什麼聰明人的

「回報敏感性」有時候會變得太強烈。

☪

或許你會懷疑：這些跟內向和外向有什麼關係？我們每個人不是偶爾都會有點暴衝嗎？答案是沒錯，但是有些人暴衝的頻率比其他人高一些。朵恩觀察，在她的客戶中，外向的人比較有可能是具有「高度回報敏感性」的人，而內向的人則比較有可能注意到警告的信號，比較容易控制自己對慾望或興奮的感覺，比較會保護自己不要慘跌。「內向的交易者比較會說：『好，我真的覺得心裡有一種興奮的情緒在發酵，但是我知道我不能光靠著感覺而行動。』內向者比較擅長計畫，按照計畫執行，非常有紀律。」

朵恩說，要瞭解為什麼內向者和外向者面對回報的時候會有不同的反應，就必須稍微認識一下大腦構造。我們在第四章談過大腦的邊緣系統②，人類這部分的構造和大部分原始哺乳類是相同的，朵恩稱之為「舊大腦」，這個系統很情緒化，又很有直覺性，包括了許多不同的構造，其中就有杏仁核，而且邊緣系統和伏隔核有非常緊密的聯繫，有人把伏隔核稱為大腦的「愉悅中樞」。我們先前探究杏仁核在高度反應者和內向者身上的功能時，是在檢視舊大腦中負責焦慮的一塊，現在我們要來一窺負責貪婪的那一塊。

朵恩說，舊大腦不斷告訴我們：「對對對！吃多一點，喝多一點，多一點性愛，儘量冒險，盡全力追求你愛好的一切，最重要的是：別再考慮了！」朵恩相信，就是舊大腦中追求回報、喜愛享樂的那個區塊，促使艾倫把他一生的積蓄當成賭場籌碼一樣揮霍。

我們還有一塊「新大腦」叫做新皮質，是在邊緣系統之後持續長期演化的成果。新大腦負責思考、計畫、語言和下決定——這些能力正是讓我們成為人類的關鍵。雖然新大腦在我們的情感生活中也扮演很重要的角色，但這裡是掌管理性所在的位置。朵恩說，新大腦的工作包括了說：「不不不！不可以，因為這樣很危險，沒必要這麼做，這樣對你沒好處，對你家人沒好處，對社會也沒好處。」

那麼，艾倫想要在股市大賺一票的時候，他的新皮質在哪裡呢？

舊大腦和新大腦確實是一起運作，但不會一直合作無間，有時候兩者其實是互相衝突的，這時候我們所做的決定就要看誰送出的信號比較強烈。所以，艾倫的舊大腦傳送一連串訊息，讓新大腦覺得喘不過氣來的時候，新皮質或許有盡到自己的責任，告訴舊大腦要慢下來，回應說：「小心！」但是接下來的這場大腦拉鋸戰，新大腦卻敗下陣來。

當然，我們每個人都有舊大腦。不過，外向者的舊大腦對追求回報的渴望比內向者強烈，這種情況正如同高度反應者的杏仁核對新事物比一般人敏感一樣。事實上有一些科學家已經開始研究一種可能性，認為「回報敏感性」不僅僅是外向性格中一個有趣的特質，更是讓外向者變得外向的關鍵之處。也就是說，分辨外向者的條件就是他們對追求回報的傾向，這些回報包括爬上領導大位、性愛快感，以及大把鈔票。研究發現，外向者在經濟、政治及享樂上的野心都比內向者強烈，以這個角度來說，甚至他們的社交手腕也是因為「回報敏感性」才會如此高超——外向者之所以喜歡社交，是因為人類之間的聯繫都是為了滿足慾望。

這些追求回報的行為代表了什麼？關鍵似乎是正面情緒。英國新堡大學的心理學家丹尼爾．奈透寫過一本相當有啟發性的著作探討個性，說到外向者比內向者更容易感到愉悅和興奮，而這些愉悅或興奮的情緒之所以會被觸發，原因是「為了追求或捕捉某些珍貴的資源。眼看著珍貴的資源即將被掌握在手中，這種期待感就會引發興奮，而資源到手之後就會引起歡愉。」也就是說，外向者經常發現自己處在某種情緒狀態中，或許我們可稱之為「瘋忙」——這是一股強烈的感覺，充滿活力和幹勁，我們都知道這種感覺，也喜歡這種感覺，但是每個人感受的程度和頻率並不一定相同：外向者似乎在追求目標、達成目標的過程中，感覺格外瘋忙。

「瘋忙」的根源出在哪裡？似乎是在大腦裡面的一塊構造網絡（通常稱為「回饋系統」）產生了高度的活動力。這一塊構造網絡包括前額腦區底部、伏隔核以及杏仁核。回饋系統的工作就是要讓我們對潛在的好處感到興奮。實驗中透過功能性核磁共振可知，不管是任何形式的好事，都可以激發回饋系統，例如期待舌尖嘗到一口果汁、期待大賺一筆，或是看到型男正妹的照片。

大腦回饋網絡中的神經元在傳遞訊息的時候，有一部分的運作需透過神經傳導素在腦細胞之間傳遞訊息，這是一種叫做多巴胺的化學物質，人體接收到預期的歡愉時就會釋放出多巴胺這種「回饋化學物」。有些科學家相信，一個人的大腦對多巴胺的反應愈強烈，或者說釋放出的多巴胺濃度愈高，這個人就愈有可能去追求回報（如性愛、巧克力、金錢以及社會地位）。科學家在實驗中不斷刺激老鼠中腦的多巴胺活動，老鼠就會在空籠子裡超級興奮，四處亂跑，最後筋疲力盡而死。古柯鹼和海洛因就是刺激了人類會釋放多巴胺的神經元，因此讓人感覺愉悅。

外向者的多巴胺傳導途徑顯然比內向者的還要活躍，雖然目前還沒有決定性的理論說明外向性格、多巴胺和大腦回饋系統這三者之間的確切關係，初步的研究結果卻讓人很困惑。有項實驗是由康乃爾大學的神經生物學家理查．德普主持，德普分別請一群內向的人和外向的人施打了能夠激發多巴胺系統的安非他命，結果發現外向者的反應比較強烈。另一項研究則發現外向者贏得賭局的時候，大腦中回報敏感的區域活動比贏得賭局的內向者還要活躍。還有另外一項研究則是從醫學解剖的角度來看，前額皮質是大腦中驅動多巴胺的回饋系統中很關鍵的部位，而外向者的前額皮質會比內向者大。

相比之下，內向者的回饋系統「反應比較小，所以比較不會為了追求（回報的）可能性就忘我，」心理學家丹尼爾．奈透形容：「他們也跟其他人一樣，經常會受到性愛、玩樂派對，和社會地位的吸引，但是他們感受到的驅動力相對比較小，所以不會拼了命想得到這些東西。」簡單來說，內向者就是比較不容易「瘋忙」。

☪

就某些方面來說，外向者其實很幸運，因為瘋忙有一種讓人愉悅的特性，就像香檳氣泡一樣。瘋忙讓我們對工作充滿幹勁，讓我們放膽去玩，有勇氣去冒險，如果沒有這股力量，我們就不會去做看起來很困難的事情，例如演講。想像一下，你努力準備一場演講，議題也是你所關心的事，你清楚傳達訊息讓聽眾理解，結束的時候聽眾起立鼓掌，掌聲持久且誠懇。對於這種情況，演講者甲可能在離開講廳的時候想：「真高興他們都聽懂了我說的話，我也很開心演講終於結束了，現在我終於可以回到原本的生活了。」而演講者乙對瘋忙的狀態比較敏感，離開的時候可能在想：「這趟真是來對了！聽聽那陣掌聲！我講到那個改變人生的關鍵點的時候，你真應該看看聽眾臉上的表情！棒呆了！」

但是瘋忙也有一定的壞處。「大家都以為強調正面情緒是好的，但這樣不對。」心理學教授理查．霍華告訴我。他舉了個例子，往往在贏得足球賽之後，群眾卻發展出暴力和破壞公物的行為，「許多反社會及弄巧成拙的行為都肇因於人們誇大了正面情緒。」

瘋忙的另一個缺點就是我們和風險之間的關係——有時候還是特大號的風險。瘋忙可能會讓我們忽略一些應該留意的警告信號。泰德．透納（顯然他是極度外向的人）把美國線上對時代華納的併購案比喻成他的初夜時，大概就表示他的心智正處在瘋忙的狀態，就跟一個青少年因為要和新女友共度春宵一樣興奮，所以他沒有仔細思考這麼做會有什麼後果。這種對危險視而不見的個性，或許可以解釋為什麼外向者比內向者容易車禍死亡，容易因為意外受傷住院，抽煙比例較高，喜歡危險性愛，喜歡高風險運動，容易外遇和再婚，而且也能解釋為什麼外向者比內向者容易過分自信，雖然他們本身的能力並不足以讓他們有這麼大的自信。瘋忙是約翰．甘迺迪能夠攀上總統大位的關鍵，也是甘迺迪家族的詛咒。

☪

上述的外向理論尚未成熟，而且也不是絕對，我們不能說所有外向者都不斷在追求獎賞，也不能說所有內向者遇到麻煩時都會踩煞車，不過這個理論還是提醒了我們，應該重新檢視內向者和外向者在他們自己生活中所扮演的角色，也要重新檢視他們在組織中的角色。這個理論認為，在需要團體做決定的時候，外向者如果可以聽內向者的意見，結果會比較好，特別是因為內向者能預見問題存在。

有鑑於二〇〇八年金融海嘯的部分原因來自太多倉促的投資，又忽略了市場上的風險，於是眾人紛紛開始設想，如果華爾街上的女人比較多，男人比較少，或者說是睪丸酮濃度低一點，情況會不會比較好？或許我們也該想一想，如果華爾街再多幾個內向的人來掌控——這樣多巴胺濃度會低很多——事情又會如何發展？

其實已經有幾項研究間接回答了這個問題。西北大學凱洛格管理學院教授卡蜜莉亞・庫南發現，控制多巴胺濃度的基因（DRD4）和一種特別容易尋求刺激的外向性格有關，而且用這個特性來預測金融投資上願意冒險的傾向非常準確。相對來說，與內向性格及敏感性有關的基因，則是另一種控制血清素濃度的基因，有這種基因的人會冒投資風險的機率，比其他人低了百分之二十八。研究也發現，這些人在參與需要縝密判斷的博奕遊戲時，表現比同儕要好。（如果贏面較低的時候，擁有血清素基因的人比較不願意冒險；但如果贏面很高，他們相對也變得比較願意放手一博。）另外一項研究的對象是六十四位投資銀行的交易者，研究發現交易紀錄比較優良的人經常都是情緒穩定的內向者。

內向者似乎也比外向者更容易接受遲來的享受，這個重要的生活技巧關係到許多事情，像是在大學入學考試取得高分、賺到高收入，以及身體質量指數較低等等。有一項研究是這樣進行的：科學家讓受試者選擇是要馬上拿到一份小獎品（亞馬遜網路書店禮券），還是要等二至四週之後再拿到大一點的獎品。客觀來說，可以在不遠的將來拿到比較大的獎品，雖然不是馬上到手，但終究還是比較誘人的選項，沒想到有許多人卻選擇「馬上拿到」，而在他們做出選擇的時候，大腦掃描的結果顯示他們的回饋網絡活躍起來。至於那些選擇兩週後再拿到大一點獎品的人，他們的掃描結果則是前額皮質比較活躍，這個部分位於新腦，會勸我們寄出電子郵件之前要再三斟酌，勸我們不要吃太多巧克力蛋糕。（有個類似的研究認為「馬上拿到」的組別大多是外向者，而另一組則是內向者。）

一九九〇年代，我還只是華爾街上某家法律事務所的菜鳥小律師，我加入了一組代表某家銀行的律師團，這家銀行正考慮要買下其他貸方的次級房貸投資組合，我的工作就是要表現出善良管理人的注意義務——審閱所有文件，看看這些貸款的書面資料是否有問題，比方說借款人知不知道他們要付的利率是多少？知不知道利率會隨著時間增加？

結果這些文件中居然充斥著不尋常的紀錄，如果我是那些銀行家，一定會覺得很緊張，超級緊張。於是我們的律師團和他們開會說明我們看到的風險，語氣中充滿警戒，但是對方看起來好像一點也不當一回事，他們覺得可以用便宜的價格買進這些貸款組合，未來有獲利的潛力，所以想要快點成交。只不過，正是這種在風險及回報兩者之間的計算失誤，才讓許多銀行於二〇〇八年的經濟大衰退中一敗塗地。

大約就在我檢視這些貸款文件的同時，我聽到華爾街流傳著一個故事：有好多家投資銀行都出馬競逐一個令人垂涎的大案子，每家大銀行都派出頂尖人才去向客戶推銷，每組人馬都帶著基本配備：表單文件、「推銷聖經」，以及投影片簡報，但是最後的贏家還多帶了一樣東西增加戲劇效果：他們走進會議室的時候每個人頭上都戴著一樣的棒球帽，穿著一樣的T恤，上頭繡著FUD幾個英文字母，分別代表恐懼（Fear）、不確定（Uncertainty），以及懷疑（Doubt），然後FUD上頭打了一個大大的紅色叉叉，因為FUD這三個字絕對不能湊在一起。這個FUD終結者團隊贏得了這場競賽。

金鷹資本投資公司常務董事博金．庫里說，他在二〇〇八年經濟崩盤時站在第一線的時候觀察到，這種鄙棄FUD的心態，加上討厭那些察覺到FUD的人，就是造成華爾街垮下的原因。他認為那些甘冒風險積極投資的人手上掌握了太多權力，「二十年來，幾乎每家金融機構的DNA組成都……都太危險了。」金融海嘯衝到最高點的時候，他接受《新聞週刊》訪問表示，「每一次在談判桌上總有人想要完成更大的槓桿，冒更巨大的風險，而接下來幾年的發展也證明他們的決定是『正確的』，所以他們越來越大膽，職位愈升愈高，掌握的資金也就越來越多；同時，有些掌權的人退縮了，認為應該要謹慎一點，最後證明他們的考量是『錯誤的』，於是這些謹慎的人就越來越不敢說話，升官也沒他們的份，他們無法控制公司資金的流向。幾乎每家金融機構每天都在上演同樣的戲碼，一次又一次，結果最後在管理的人都是那一群特定性格的人。」

庫里畢業於哈佛商學院，而他太太瑟樂莉．坎博是出身佛羅里達州棕櫚灘的設計師，也是長期活躍於紐約政治社交界的重要人物，換句話說，庫里外表上看起來應該屬於他口中這群一味向前衝的積極人群，實在不太可能提倡內向的重要性。但他勇於為自己的推論辯護，認為是咄咄逼人的外向者造成了全球金融海嘯。

「控制資金、公司和權力的人都有相同的特定人格特質，」庫里告訴我：「而天生比較謹慎內向的人，思想有條理，卻遭到貶低，不受重視。」

文森．卡敏斯基是德州休士頓萊斯大學商學院教授，曾經擔任恩隆企業的研究部主任，這家企業在二〇〇一年申請破產時可是大新聞，原因就是經營交易時太過粗心大意。文森接受《華盛頓郵報》訪問時也說了一個類似的故事，敘述企業文化中如果讓積極、愛冒險的人享有太高的地位，同時忽略了謹慎的內向者，這樣會發生什麼事。文森自己是個說話溫和又謹慎的人，也是恩隆企業醜聞案其中一個主角，案發前他不斷對管理高層發出警告，認為公司投入交易的方式實在太冒險了，很可能威脅到公司的命運，可是高層卻聽不進去，於是他拒絕簽署同意這些危險的交易，還吩咐他的團隊不要進行這些工作，結果公司剝除他的權力，不再允許他審查全公司的所有交易。

有本書名叫《笨蛋的陰謀》，描寫恩隆醜聞案的經過，書中記載，當時恩隆企業執行長告訴文森：「文森，有人來抱怨說你沒有幫忙處理公司的交易工作，而且還把時間都花在偵查我們的交易之上，你以為自己是警察。文森，我們不需要警察。」

事實上，恩隆很需要，從頭到尾一直都很需要。後來二〇〇七年的信貸危機威脅到華爾街幾家大銀行的生存，文森覺得好像舊事又要重演了，當年十一月他接受《華盛頓郵報》時表示：「這樣說吧，恩隆的惡魔還沒完全驅魔成功。」他解釋，問題不只是很多人不瞭解銀行正在冒多大的風險，問題更在於那些瞭解風險的人，他們的意見都被忽略了。為什麼他們的意見會被忽略呢？部分原因是他們的人格特質不見容於職場主流：「有好多次我坐在會議桌前，對面坐著一個公司內的能源交易投資員。我說：『如果發生某某特定情況，你這個投資組合就完蛋了。』然後那個投資員就開始對我大吼大叫，罵我是白痴，說這種情況絕對不會發生的。所以問題來了，一邊是個有辦法呼風喚雨的投資高手，幫公司賺了很多錢，享受超級巨星的待遇；而另一邊呢，是個內向的書呆子，你覺得最後誰會贏呢？」

☪

到底是什麼樣的機制，使得「瘋忙」的情緒掩蓋了良好的判斷力？珍妮絲・朵恩的客戶艾倫耳邊有許多警告音訊在那裡高聲疾呼，警告他可能賠掉一生百分之七十的積蓄，他為什麼又會忽略這些警告呢？到底是什麼原因讓人們彷彿忘記FUD的存在，而促使他們一味採取行動呢？

威斯康辛大學心理學家喬瑟夫・紐曼做過一系列精密研究，可以為前述問題提供一些答案。想像一下你受邀到紐曼的實驗室去參加研究，你到那裡是去玩遊戲的，分數愈高，贏得的錢就愈多。電腦螢幕上會閃過十二個不同的數字，一次一個數字，沒有固定順序；你手上有一個按鈕（就像在參加遊戲節目一樣），每個數字出現時你可以選擇按或不按。如果你看到一個「好」的數字按鈕就可以得分，但如果看到「不好」的數字按鈕就會扣分，而要是都不按鈕，則什麼都不會發生。經過幾次嘗試和錯誤之後，你知道四是一個好數字，而九是不好的數字，所以下一次螢幕上閃過數字九的時候，你就知道不要按鈕。

不過有些人就算看到不好的數字，明知道不可以，還是會按鈕。外向者（尤其是個性非常衝動的外向者）遠比內向者容易犯這種錯誤。為什麼？心理學家約翰・布雷納和克里斯・庫柏或許有解釋：他們認為內向者「懂得等待」，而外向者「懂得回應」。兩位心理學家也曾經以實驗證實，外向者面對類似的情況時比較不會思考，行動會比大腦快。

外向者這種行為實在讓人困惑，不過這種行為還有一個比較有趣的面向：我們要關心的不是外向者誤按按鈕「之前」做了什麼，而是按了錯誤按鈕「之後」做了什麼。內向者看到數字九的時候如果按了鈕，發現自己被扣分，接下來的數字出現時他們就會放慢速度，似乎是要思考一下先前是出了什麼問題；但是外向者不但不會慢下來，速度其實還更快了。

這個結果好像很奇怪，怎麼會有人這麼做？進行這項按鈕實驗的紐曼教授解釋，這個結果其實非常有道理。如果你把焦點放在「達成目標」之上（回報敏感的外向者都是這樣），你就不會讓任何事情擋了你的路，不管是有人阻止或者是數字九都一樣。你會加快速度，好把這些路障擊倒。

但如果真的這麼做的話，那就不妙了。因為只要你停下來思考一下這些出乎你意料之外的反應，或者是這些負面的反應，想得越久你就越有可能從錯誤中學習。紐曼說，如果強迫外向者停下來想一想③，那麼他們在這場數字遊戲上的表現就會和內向者一樣好；但要是讓他們自己隨心所欲去操作機器，則他們就不可能停下腳步，所以也就不會學到要避開眼前的麻煩。紐曼說像泰德・透納這樣的外向企業家要競標買下一家公司的時候，很可能就會發生這種情況，他說：「有人出價會出得太高，是因為他們沒有約束自己應該約束的反應，他們在做決定之前沒有考慮到應該先衡量哪些資訊。」

內向者則不一樣。他們天生的思考模式就是會壓低回報的預期價值（這樣可以說是為了抑制瘋忙），並且找尋問題的存在。「內向者一旦開始興奮，」紐曼說：「就會踩下煞車，然後開始思考相關的問題，這些問題或許還更重要。內向者的思考運作方式好像經過特別安排或訓練，所以只要他們發現自己太過興奮、太過注意目標的時候，就會提高警覺。」

他說，內向者也比較會把新資訊拿來跟自己的期望做比較，他們會問自己：「這是我預期會發生的事嗎？事情應該是這樣嗎？」而如果情況不如預期，他們就會把這個失望的時刻（扣分）和此時環境中所發生的事情（看到數字九按鈕）連結起來，而這樣的連結可以讓他們做出正確的預測，未來遇到警告信號時應該如何應對。

☾

內向者「不喜歡往前衝」的這種個性，不止能讓他們避開風險，在處理需要腦力的工作上也很有用。下面是一些我們知道的例子，可以說明內向者和外向者面對複雜的解題工作時，各自的表現如何。外向者在小學階段的成績比內向者好，但是內向者到了高中、大學的表現就會比外向者傑出；在大學階段，以內向程度來預測學業成就，則會比以認知能力來預測學業成就來得更準確。有項實驗找來一百四十一位大學生，測試他們在二十項不同主題上的知識，範圍從藝術、天文學到統計學都有，結果發現內向者在每一個主題上的知識都比外向者豐富。內向者取得的研究所學位數量是壓倒性的多數，而且美國全國績優獎學金入選者以及卓越學生獎學金的人數，也是內向者居多。內向者在「華格批判性思考量表」測驗中的表現也比外向者好，這個量表是用來評估學生的批判性思考能力，許多企業在聘用及升遷員工時都會參考。顯然內向者具有一種非凡的能力，心理學家稱之為「高明解題能力」。

問題是：為什麼會這樣？

內向者並不比外向者聰明。從智商測驗分數來看，這兩種人一樣聰明，而且在進行許多種任務的時候，尤其是必須承受時間或社會壓力，或是需要同時進行多樣工作的時候，外向者的表現會比較好，因為外向者比內向者擅長面對資訊過量的情形。根據紐曼教授的研究，內向者在仔細思考的過程中，用掉了太多的認知能力。紐曼說，不管交付給內向或外向的受試者什麼任務，「如果人總共有百分之百的認知能力，則內向者只會使用百分之七十五的認知能力去處理工作，剩下的百分之二十五並沒有拿來用在完成任務上。而外向者則會把百分之九十的認知能力都用在完成任務上。」這是因為大部分的任務都是目的導向，外向者顯然會把大部分的認知能力都用在達成目標，但是內向者會把認知能力用來監控任務進行的狀況。

但是內向者的思考卻比外向者謹慎，這是任教於辛辛那提大學的心理學家傑羅・馬修斯在他的作品中提到的。外向者在解決問題的時候，容易採取速戰速決的方式，寧可求快而不求正確，所以在解決問題的過程中往往錯誤會越來越多，到最後問題變得太困難或太複雜，就乾脆棄船逃生。內向者在行動之前會先思考，徹底消化手邊的資訊，願意花長一點的時間解決問題，比較不容易放棄，工作也比較不會出錯。內向者和外向者的注意力也會集中在不同的目標上：如果你把內向者和外向者放著讓他們做自己的事，內向者喜歡先坐著想點事情，恣意想像，回想過去，然後計畫未來；而外向者比較可能會注意身邊發生的事，彷彿外向者是在看「現在發生的事」，而內向者則是在問「未來會發生的事」。

許多不同的實驗或測試都證實了內向者與外向者擁有完全不同的解決困難模式。在一項實驗中，心理學家找來五十名受試者，請他們拼出一幅很難的拼圖，結果發現外向者比內向者更容易中途放棄。另外一項實驗的主持人是理查．霍華教授，他印出一系列複雜的迷宮遊戲交給內向者和外向者，請他們在一定的時間內解答，結果發現內向者解答正確的迷宮遊戲不但數量比較多，而且他們也會花很大比例的時間先仔細觀察迷宮，然後才進入遊戲。如果讓一群內向者和外向者接受「瑞文氏標準推理測驗」，結果也很相似，這項智力測驗包括五組難度逐漸增加的題目，外向者在前兩組的表現較好，推測是因為他們能夠很快找到目標，進入狀況，但到了後面三組比較困難的題目，需要堅持解題的耐心，這時內向者的表現就非常傑出了，尤其是在最後一組最複雜的測試中，外向者比內向者還要容易直接放棄任務。

有時候內向者的社交表現甚至會比外向者漂亮，因為有些活動需要堅持下去的耐力。華頓商學院管理學系的教授亞當．葛蘭特（第二章描述過他主持的一項領導能力研究）曾經做過研究，主題是客服中心裡高效率雇員的人格特質。葛蘭特預測，外向者應該比較擅長電話行銷，但是結果卻證實外向程度和電話推銷能力沒有相關。

「外向者做電話行銷的時候也會有很棒的表現，」葛蘭特在訪談中告訴我：「可是如果半路出現了什麼閃閃發亮的東西，吸引他們的注意，他們就會分心了。」但是內向者則不然，「他們說話很溫和，但是蹦！蹦！蹦！他們一通接著一通打，目標明確又有決心。」唯一能夠贏過這些內向者的外向者，在接受另一種人格特質測驗時，會發現他們的責任感分數異常高出許多。這項研究結果也可解釋成內向者的堅持毅力不只能夠和外向者的瘋忙狀態比擬，甚至在非常需要社交技巧的工作上也很有用。

毅力這個詞聽起來好像沒什麼訴求點。如果說天才是一分的靈感和九十九分的努力，那麼我們的文化中總是喜歡稱頌那一分的靈感，我們喜歡這種稍縱即逝的燦爛。不過，其實另外那九十九分才具有更大的力量。

愛因斯坦絕對是一個內向者，他曾經這麼說過：「我並不是真的很聰明，只是我想問題想得比較久。」

☪

以上這些研究並不是要貶低那些朝著困難正面迎戰的人，也不是一味誇讚懂得反思和謹慎的人。重點是，我們過度重視了「瘋忙」的狀態，而沒有考慮到「回報敏感性」這個問題的風險，所以我們必須在行動和思考之間找到平衡點。

例如說，西北大學的管理學教授卡蜜莉亞．庫南就告訴我，如果你要幫一家投資銀行聘用員工，那麼理想的人選應該是「回報敏感性」比較強的人，因為他們可以在股市行情大好的時候獲利；另一方面你也需要聘用情緒比較穩定的人，公司的重大決策最好能夠聽取這兩種人的意見，而不是只聽一邊的看法。同時，你也會希望每一個員工無論自己的回報敏感性是強是弱，都應該瞭解自身的情緒偏好，這樣才可以調整自己的情緒來應付市場上的變化。

雇主仔細檢視員工的特質，對公司會有助益，不過好處還不止於此，如果我們仔細檢視自己的特質，瞭解自己的回報敏感性是強是弱，我們的生活就會更順利。

如果你是容易「瘋忙」的外向者，那你很幸運，能感受到許多讓人精神振奮的情緒；好好利用你的特點則可以創建新事物，啟發他人的想法，或者設立更遠大的目標。具體一點說，你可以建立新公司，可以架設網站，或者和孩子一起蓋一座精巧的樹屋。不過也要知道，你的性格裡有一個要害之處，你必須學習保護這個阿基里斯的腳踝，訓練自己把精力花費在對自己真正有意義的事情上，而不是那些次要的活動。雖然那些次要的活動看起來可以幫你很快賺到一筆財富，贏得社會地位或者一時的快感，卻無法長久。你要讓自己學會辨識警告信號，知道假若事情的發展不如你所希望，則這時候要暫停腳步想一想，從失誤中學習，找一個能與你互補合作的人（如配偶、朋友，或是生意夥伴），讓他們幫你懸崖勒馬，彌補你的盲點。

外向者想投資的時候，或是其他需要衡量風險與獲利的事情時，則要隨時控制自己的行動。要做到這點有一個好方法：在做決策的重要關鍵時間點，不要讓自己周圍充斥著獎賞的影像。庫南教授和史丹佛大學心理學教授布萊恩．納森做了一個實驗，將男性受試者分成兩組，一組在參加博奕遊戲前先觀看煽情圖片，另一組則是觀看如桌子和椅子等中性圖片，結果發現前者比較容易在賭局中冒險，這是因為他們在期待獎賞——任何一種獎賞，不管和手上的任務有沒有相關都一樣。這樣的期待會激發他們大腦內由多巴胺驅動的回饋網絡，讓他們的行為比較大膽。（這個實驗或許是目前最好的論證，證明在工作場所必須禁止情色相關的事物。）

如果你是內向者，你的回報敏感性比較不容易過度強烈，那又如何呢？表面上來看，有關多巴胺和「瘋忙」狀態的研究內容似乎都針對外向者，而且只有外向者才會因為追求目標的刺激而開心努力工作。身為一個內向者，我第一次看到這樣的研究時，感覺很困惑，因為跟我自己的經驗不吻合，我也很愛我的工作，一直都很喜歡，早上醒來就會覺得很興奮，想要趕快開始工作，那麼像我這樣的人又受到什麼動力驅使呢？

可能的答案是，就算「外向性格的人擁有比較強烈的回報敏感性」這個理論最後證實是正確的，我們也不能說所有的外向者都對回報比較敏感且不顧風險，當然也不能說所有內向者都對獎賞無動於衷而且對危險隨時保持警覺④。打從亞里斯多德的時代以來，哲學家們就已經觀察到，在人類一切活動底下的最深層根基就是「趨吉避凶」，也就是接近會讓人愉悅的事物，以及迴避可能會導致痛苦的事物。人類是一個團體，其中的外向者比較容易追求回報，不過每個單獨的個人對於自己喜歡的事情或者是討厭的事情，又都有自己不同的選擇，而且有時這種選擇會隨著情況而改變。當然，許多當代的人格心理學家會說，「對危險抱有高度的警戒心」這個特質與其說是內向性格的特色，還不如說是「神經過敏」。還有，人體內「獎賞」和「危險」這兩個機制似乎是獨立作業，不會互相干擾，所以一個人基本上可以對獎賞以及威脅同時覺得敏感或者不敏感。

如果你想知道自己是屬於獎賞導向、威脅導向，或者兩者皆是的話，不妨檢視下列的狀況，看你會不會這樣做。

如果你是獎賞導向，則：

1. 我得到想要的東西時，會覺得興奮、充滿活力。
2. 我想要什麼東西的時候，通常會豁出一切去追求。
3. 如果我看到有個機會可以得到我喜歡的東西，就會馬上興奮起來。
4. 好事發生在我身上的時候，對我的影響非常強烈。
5. 和朋友比較起來，我害怕的事物很少。

如果你是威脅導向：

1. 別人的批評或責罵對我的傷害很深。
2. 如果我想到或知道有人對我生氣，就會覺得很焦慮不安。
3. 如果我覺得有什麼討厭的事情要發生了，通常會變得很「激動」。
4. 如果我覺得沒有辦好某件重要的事，就會很憂慮。
5. 我很擔心犯錯。

不過我相信，還可以用另一個重要的解釋來說明內向者為什麼會對工作有熱愛。這個解釋來自於另一系列的研究，主持人是第三章提到過的、非常具有影響力的心理學家米哈里．契克森米哈。他提出一種狀態叫做「流動」，流動是你覺得整個人完全投入某項活動的理想狀態，無論是長距離游泳、寫歌、相撲，或者是性愛，在流動的狀態中，你完全不會覺得無聊或者憂慮，也不會質疑自己的能力適不適合，時間一眨眼就過去了。

流動狀態的關鍵在於「為了活動本身」而去進行這項活動，不是為了活動帶來的回報。雖然內向及外向的人都能擁有流動狀態的經驗，但是在米哈里所寫到的流動經驗中，有許多是個人獨立進行的活動，如閱讀、照顧果園、獨自出海航行等等，這些事情和追求回報並沒有關係。米哈里在他的書裡寫著，流動狀態通常是在人「獨立於社交環境之外」的時候才會發生，而且獨立於社交環境之外的程度必須達到「不再心繫於環境中的回報或者懲罰。一個人若想達到這樣的自主程度，就必須學習提供回報給自己」。

感覺上，米哈里的理論超越了亞里斯多德，他是要告訴我們，有些活動並無關趨吉避凶，而是有更深層的意義：專心投入在某項活動中所帶來的滿足感。「心理學理論通常假設說我們行為的動機有兩種，一是需要消滅一個令人不快的條件，像是飢餓或恐懼；」米哈里寫道：「二是期待未來會得到的回報，像是金錢、社會地位或名聲。」但是在流動狀態中，「一個人可以日以繼夜連續工作好幾天，也沒有什麼理由，就是想要繼續工作下去。」

如果你是內向者，可以運用自己的天賦找到流動狀態。你有毅力，願意堅持不懈去解決複雜的問題，而且有清晰的洞察力，可以避開絆倒別人的圈套；你喜歡自由，不容易受到金錢或社會地位這樣膚淺的獎賞誘惑。說實話，你最大的挑戰可能是要如何完全駕馭自己的力量。或許你一直忙著想要假裝是個風趣熱情、喜歡追求回報的外向者，反而忽視了自己的才能，或者覺得身旁的人都低估了你。但是一旦你專注在你關心的某項計畫上，你或許就會發現，其實你有無窮的精力⑤。

所以你要誠實面對自己的本性。如果你想放慢做事的步調，穩定前進，那就不要讓別人影響你，好像你非趕快不可。如果你喜歡往下做深刻探究，就不要逼自己往左右拓展疆域；如果你喜歡獨立作業，不想團體合作，那就捍衛你的立場到底。既然你對回報比較不感興趣，所以有無窮的權力可以依自己的方法做事，這就看你是否願意運用這份獨立自主，發揮出最好的效果。

當然，這麼做並不一定容易。我在寫這一章的時候，正好和奇異公司的前任執行長傑克．威爾許通信，他剛剛把自己在美國《商業週刊》網站上的專欄整理出版，書名叫《釋放你的內在外向》，並在書中呼籲內向者在職場上要表現得外向一點。我告訴他，外向的人有時候也要表現得內向一點，也跟他分享了一些觀點，就是本章先前所記載的，有關華爾街的管理階層如果多一點內向者會有什麼好處。威爾許覺得很有趣，不過他說：「外向者可能會說，他們從來沒聽過內向者有什麼意見。」

威爾許的觀點很有道理。內向者要信任自己的內心，盡量以有力的方式說出自己的想法，與人分享。這並不代表要一味模仿外向者。要分享自己的想法，可以用安靜的方法進行，例如用書寫來溝通，也可以包裝成內容豐富完整的演講，要不然可以藉由同伴幫忙來提出。內向者該使用的技巧就是要突顯自己的表達方式，而不要遭到主流模式影響。導致二〇〇八年經濟大衰退的許多事件中，隨處可見到……可嘆哪！就是那些行事謹慎的人卻冒了不適當的風險，例如花旗集團的前任總裁查克．普林斯。這位曾擔任律師的總裁在市場衰退之際還冒險進行貸款，他的原因是：「只要音樂還在演奏，你就得起身跳舞。」

「有些原本很謹慎的人後來變得太積極，」金鷹資本投資公司常務董事博金．庫里對這個現象做出解釋：「他們會說：『嘿，比較有衝勁的人都升官了，而我還沒，所以我也得更積極一點才行。』」

☾

但是金融危機的故事中總會有一些小插曲，有些人預先看出危機來臨（還因此獲利不少），而這些小故事主角通常都是那些信奉FUD信條的人，或者是那些喜歡關上辦公室百葉窗的人。他們不受大眾意見和同儕壓力影響，獨自專心工作。在二〇〇八年經濟崩盤時還能獲利的投資人並不多，其中一個就是寶波避險基金公司的總裁塞斯．卡拉曼。卡拉曼最出名的本領就是能夠不斷在市場上有傑出表現，同時還能穩定迴避風險，讓他的現金資產維持可觀的比例。二〇〇八年經濟崩盤後整整兩年內，大部分投資人都對避險基金避之唯恐不及，但是在卡拉曼管理公司的期間，卻讓寶波的資產幾乎翻升一倍，達到兩百二十億美金。

卡拉曼能夠做到這點，要歸功於他的投資策略明確謹守FUD的信條。有一次他寫信給投資人的時候寫道：「我們寶波公司非常喜歡『害怕』，在投資的時候，顯然害怕要比後悔好多了。」《紐約時報》在二〇〇七年的一篇報導中說卡拉曼是世界級的「戰士」，不過是「戰戰兢兢」的「戰」。這篇文章名為〈經理人為了市場傷腦筋，但依然賺大錢〉。卡拉曼養了一匹賽馬，名字就叫做「看清附加說明」。

博金．庫里說，在二〇〇八年經濟崩盤逐漸出現的前幾年，卡拉曼是少數幾個依然堅持原則的投資人，而且謹慎到有點偏執的地步。「大家都在狂歡慶祝的時候，他可能在地下室裡囤積鮪魚罐頭，準備迎接人類文明的末日，然後等到其他人都慌張失措的時候，他就開始買進。他不只是懂得分析，而且懂得掩飾情緒，這樣的思考運作模式可以幫卡拉曼找到別人沒發現的投資機會，不過也讓他看起來冷漠又遲鈍。如果每次市場景氣大好的時候你卻憂心忡忡，你可能很難爬到企業權力金字塔頂端，卡拉曼或許沒辦法成為業務經理，但他是當代最偉大的投資人之一。」

作者麥克．路易士在《大賣空》一書中描寫了導致二〇〇八經濟崩盤的因素，書裡提到三位眼光敏銳的人，他們早在事情發生之前就預見災難即將來臨。一位是獨立經營避險基金的麥克．貝瑞，他形容自己是「快樂活在自己的腦袋裡」，經濟崩盤前幾年他獨自待在加州聖荷西市的辦公室裡，仔細爬梳金融資訊文件，發展出自己與眾不同的市場風險觀點。書中另外兩位人物則是一對有社交障礙的投資人查理．雷德利和傑米．麥，他們的投資策略完全根據FUD原則：把寶押在下跌幅度有限的標的物上。要是市場上出現什麼戲劇性的意外變化，這種下注法就有機會賺回可觀獲利。這不只是投資策略，也可以說是一種人生哲學──他們相信大多數情況都不如表面上那麼穩定可靠。

這個策略「很適合這兩個人的性格，」路易士寫道：「這樣他們就不必費力去確認情況。這兩個人的個性裡都認為，人類（再擴大一點說就是市場）其實對於那些本質上不確定的事情，都表現得太確定了。」雖然在二〇〇六年及二〇〇七年間，因為他們對次級房貸市場的預測是正確的，因此賺了一億美金，「他們還是花了好一段時間思考，為什麼有些人的投資明明大獲全勝（例如他們自己），卻還是會感覺到膽怯、懷疑，不確定該怎麼做。可是，一開始正是膽怯、懷疑等特質，才讓他們能夠獲利的。」

雷德利和麥瞭解他們膽怯的天性有什麼樣的價值，但其他人害怕這種膽怯，所以不敢跟著這兩人投資，這樣也等於是因為對於FUD懷抱了偏見，因此損失一大筆錢。博金．庫里和雷德利很熟，他說：「查理．雷德利厲害的地方就在於，你所看到的是一個絕頂聰明的投資人，卻也保守得不得了。如果你會擔心風險，他就是你最好的選擇。不過他很不懂得怎麼募集資金，因為他好像對什麼事都猶豫不決，有些潛在客戶離開查理的辦公室時可能會不敢把錢交給他，因為他們覺得他缺乏果斷力。再看到其他基金的經理人那種無比的自信和確信，客戶當然就把錢都投進去了。等到經濟局勢改變，自信的那些經理人就會賠掉客戶一半的錢，而查理和傑米卻大賺一筆。任何人只要用世俗的社交線索來評斷一個金融經理人優劣，最後都會導出完全錯誤的結論。」

☾

另一個例子則是來自於公元兩千年的網路經濟泡沫，主角是一個自認為內向者的人，他的公司設立在內布拉斯加州的奧馬哈，大家都知道這個人可以把自己關在辦公室裡好幾個小時不出來。

華倫．巴菲特是金融投資界的傳奇人物，也是全球最富有的人之一。他正是利用我們在這個章節探討的這些特質，包括擇善固執、審慎思考，以及能夠看到警告信號並據此行動，因此為自己和波克夏．哈薩威公司的股東賺進上億美元。大家都知道，巴菲特在周遭的人衝動昏頭時還能謹慎思考，他曾經說：「成功投資和智商沒有相關，只要你有一般人的智商即可。你需要的是能夠控制衝動的性格，其他人在投資上會出問題都是因為衝動。」

一九八三年起每個夏天，美國精品投資銀行艾倫公司都會在愛達荷州的太陽谷舉辦長達一週的會議。這不是一般的會議，而是狂歡盛宴，有奢華派對、泛舟之旅、溜冰活動、登山健行、釣魚、騎馬等等，還有一群保姆負責照顧賓客的小孩。艾倫公司的客戶以媒體業居多，過去的賓客名單包括報業大亨、好萊塢明星以及矽谷名人。出席這場太陽谷盛會的都是響噹噹的大人物如影星湯姆．漢克斯與坎蒂絲．柏根、媒體大亨貝瑞．迪勒、報業媒體大亨梅鐸、蘋果創辦人賈柏斯、新聞主播黛安．索耶，以及電視主播湯姆．博考。

根據巴菲特傳記《雪球》作者艾莉斯．施洛德的記載，一九九九年七月間巴菲特也獲邀參加，他每年都帶著一家大小一起坐著灣流私人噴射機抵達會場，和其他ＶＩＰ賓客住在精挑細選的獨棟公寓區，從住處可以俯視整片高爾夫球場。巴菲特很喜歡每年到太陽谷度假，他覺得這裡是全家團聚的好地方，也可以和老朋友見面敘舊。

不過今年的氣氛很不一樣，當時正值科技業榮景的高峰，宴會桌上多了許多新面孔，都是那些一夜致富成名的科技公司老闆，還有挹注資金給科技業的創投資本家，這些人趾高氣昂。此時專拍名人的攝影師安妮．列博維茲⑥也現身會場，準備為《浮華世界》雜誌拍攝「媒體明星隊」的成員照片。許多科技新貴開始施展遊說身手，想要跟著入鏡，因為這些科技新貴相信自己就是未來。

巴菲特顯然和這群人不一樣，他是很傳統的投資人，不會受一時的投機狂熱影響，把資金花在獲利能力不明的公司上。有些人視他為舊時代的遺物，不把他當一回事，但是巴菲特還是很有份量，在會議的最後一天擔任主題講者發表談話。

他為了這場演講努力想了很久，花了好幾個星期準備。巴菲特本來是很害怕公開演講的人，後來上了一堂卡內基課程才好轉。在這場演講中，他先說了一個有趣的故事開開自己玩笑，讓聽眾的氣氛熱絡起來，然後他拿出高明又詳細的分析資料，煞費苦心向聽眾解釋，為什麼由科技業帶動的股市牛市不會長久。巴菲特研究數據資料時，發現了危險的信號，然後停下來思考這些信號代表什麼意義。這是他三十年來第一次公開發表市場預測。

施洛德在傳記中寫道，那場演講的聽眾並不捧場，因為巴菲特壞了他們的大好興致。演講結束後他們雖然起立熱烈鼓掌，私底下卻有很多人駁斥他的看法。「好你個老巴菲特，」他們說：「他是很聰明，不過這次他錯失良機了。」

當晚，主辦單位用一場華麗燦爛的煙火秀結束這次會議。這次會議一如往常空前成功，但會議中提出最重要的觀點，也就是巴菲特警告大家注意市場上的危險信號，大家卻到了隔年才體會到。網路經濟的泡沫破滅，正如他所預言的完全一樣。

巴菲特不只是對自己的投資成果紀錄引以為傲，他也很自豪他習慣於聽從自己的「內心計分板」。他把世界上的人分成兩種，一種只專注於自己的直覺，另一種則是跟著眾人的感覺。「我覺得自己好像仰躺著，」巴菲特這樣形容自己的投資生涯：「我在西斯汀大教堂裡不斷畫著，我喜歡聽到人們說：『喔，天哪，那幅畫還真好看。』但這是我的畫，所以如果有人說：『你要不要多用一點紅色，少用點藍色呢？』那我的看法是，走開啦，這是我的畫。我也不管他們要賣多少錢，這幅畫永遠畫不完，所以這件事才會這麼棒。」

---

①軍事史上也充滿了類似的案例。一八七六年的「小巨角之戰」當中，卡斯達將軍的戰場名言就是「好啊！弟兄們！我們這下逮到他們了！」喊完這句話沒多久，他的整個部隊就被蘇族及夏安族的美國原住民所殲滅。韓戰時期，麥克阿瑟將軍雖然面對中國紅軍的威脅，依舊反覆往前進攻，消耗掉約兩百萬條人命，所獲得的戰略優勢卻很有限。一九四一年間，史達林先後接獲九十餘次的緊急警告，告訴他德國即將朝東進攻蘇聯，他依舊不肯相信。參見Dominic D. P. Johnson, Overconfidence and War: The Havoc and Glory of Positive Illusions (Cambridge, MA: Harvard University Press, 2004.)

②許多當今的科學家不喜歡使用「邊緣系統」這個詞，原因是「邊緣系統」究竟指的是大腦內的哪些區域，一直沒有定論。過取隨著時間的變化，科學界對於「邊緣系統」所指的區域，也一直在改變中，今日許多科學家則以「邊緣系統」來指稱大腦中與我們情緒相關的部分。無論如何，「邊緣系統」還是個很方便的簡稱。

③這段話出自威斯康辛大學心理學家喬瑟夫．紐曼與作者於二〇〇八年十一月十三日的對話。為什麼有些人會擔憂風險，有些人則不顧風險？這點可以從大腦構造網絡的觀念去理解。本章中作者主要描述受到多巴胺刺激才會激發的回饋系統，以及回饋系統如何為我們帶來物質上的利益。但大腦中

還有另一個相似的系統，常被稱為「避免損失系統」（loss avoidance systme），功能是提醒我們有風險。如果回饋系統的功能是追求閃亮的成果，那麼避免損失系統的功能就是在擔心會追到爛果子。避免損失系統和回饋系統都是兩刃的利劍，有好也有壞。避免損失系統會造成人的焦慮，甚至焦慮到一個程度使得就算股市榮景就在眼前，人人都在發財，而你卻呆坐著沒有行動。雖然如此，避免損失系統還是可以使人不要太愚蠢去冒險。避免損失系統會受到一種叫做血清素的神經傳導物質的調節，當人們服用百憂解等影響避免損失系統的藥物時（百憂解就是一種選擇性血清回收抑制劑），就會變得比較不在意冒險，以及比較喜歡和人群相處。這些特點，神經科經濟學家李查．彼得森博士（Dr. Richard Peterson）說，和那些不理智亂投資的人非常相似，這點實在很奇妙。他寫道：「服用了百憂解等藥物後，對威脅的感知降低了，對社交的喜好提高了，這些特點竟然和那些不太管風險、盲從又出手過度衝動的投資人非常相似，彷彿這些泡沫投資人腦袋裡的避免損失系統暫時失去了效用。」

④許多當代的人格心理學家會說，「對風險有很高的警覺」這個特質反而更常見於神經敏感的人身上，而非內向者。

⑤外向的人精力無窮，快樂也無窮。研究發現，外向的人似乎比較容易經歷到瘋忙和其他的正面情緒，而且外向的人整體來說也比較快樂。可是心理學家把「快樂的外向者」和「快樂的內向者」放在一起比較的時候發現，兩組人有許多共同的特性，例如自尊、不焦慮、對於生命滿意。而且，用這些特性來預測一個人是否快樂，會比用外向與否來預測準確得多。參見Peter Hills and Michael Argyle, "Happiness, Introversion-Extroversion and Happy Interverts," Personality and Individual Differences 30（2007）: 595-608.

⑥安妮．列博維茲（Annie Leibovitz，生於一九四九年）是美國知名的攝影師，拍明星名人，從《滾石雜誌》起家，拍攝過約翰．藍儂等多人。她也是作家蘇珊．桑塔格的同性戀情人。

第三篇

全球文化裡的內向觀

第8章

軟實力：亞裔美國人與典型的外向性格

用溫和的方法，就可撼動世界。

——印度聖雄甘地

二〇〇六年某個春日，天氣非常晴朗，我在跟一位叫麥可·魏的學生聊天。他是個十七歲的華裔高三生，就讀加州庫比蒂諾市的林布魯克中學。他跟我聊了一些身為亞裔學生的經驗。麥可身穿美式運動風格的卡其褲、外套，還戴了一頂棒球帽，不過，他可愛又認真的臉龐和稀疏的鬍子，為他添了幾分年輕哲學家的氣息。麥可說話的時候聲音好輕，我整個人還得稍微把身體向前傾，才能聽清楚。

麥可說：「在課堂上，我比較習慣當乖學生，聽老師說話就好，不會跟同學聊天也不想搞笑。假使我在班上大聲喧嘩或者搞笑而影響我的學習的話，那我寧可好好學習。」

麥可講這段話的時候，樣子看起來很正經，他自己也知道這種話在美國人的耳裡聽來有多怪異。他繼續補充說，這種觀念來自他父母。「每當我可以選擇要跟朋友出去玩還是要待在家念書，這時我父母的樣子就會浮現在我眼前。他們是我堅持下去的動力。我父親還說，他的工作是做程式設計，我的工作則是好好念書。」

麥可的母親更是以身作則。母親以前在中國是數學老師，移民到美國後她到別人家裡幫傭，邊洗盤子邊背英文。麥可說她是個安靜的人，不過有很強烈的學習意願，「中國人都像這樣，很注重教育。我母親有種力量是別人不太容易發覺的。」

不管從哪個方面來看，麥可是個讓父母驕傲的孩子，他的電子信箱地址甚至還用了「優等生」這幾個字。麥可又細心又用功，最近獲得史丹佛大學錄取，每所大學應該都搶著要這種優等生。不過，華爾街日報六個月前刊登過一篇叫〈新一波白人出走〉的報導，指出庫比蒂諾市的白人成群出走，他們離開這個城市就是因為有麥可這樣的亞洲學生。亞洲學生非常有紀律，把考試分數拉到超高。這篇文章指出，白人父母擔心他們的小孩會跟不上，所以搬家。該文章還引用了一位當地學生說的妙語：「如果你是亞洲學生，你聰明大家也不意外。如果你是白人而你說你聰明，那你要拿出證據才行。」

不過這篇文章沒有繼續闡明為什麼亞洲人學業表現這麼突出。我很想知道，這個城市的小孩學業成績優秀，是否代表了追求外向的風潮並沒有吹到這裡。如果的確如此，那麼在周圍環境沒有外向的壓力下，感覺又是怎樣？為了解開這個謎題，我決定親自一訪。

我剛來的時候覺得，庫比蒂諾市大概就象徵了移民的美國夢。有很多第一代和第二代亞洲移民住在附近，在當地的高科技園區工作。蘋果電腦的總部就位在這個城市，地址是「無限迴圈路一號」，沿著主要的馬路走下去就會看到谷歌在加州山景城的總部。沿路上的車全都保養得非常好，幾個行人也穿戴亮麗整齊。這裡的房價非常高，即使是不起眼的屋子也很貴，但是買家認為只要小孩可以擠進市區裡有名的公立學校，和那些以後會上長春藤名校的學生當同學，那麼一切就非常值得。二〇一〇年，庫比蒂諾市的蒙他維斯塔高中共有六百一十五名畢業生，其中百分之七十七是亞裔美國人（這是該校網站的數據。學校網站甚至有中文頁面），這裡面出了五十三位全國績優獎學金的準決名單人選。應屆生的大學學測平均分數是一千九百一十六分（滿分是二千四百分），比全國平均還高了百分之二十七。

學生告訴我，在蒙他維斯塔高中裡面，受到眾人崇拜的優秀學生並不是運動型的或者活潑好動的，反而是努力而且不多話的一群學生。一位韓裔高二生克里斯跟我說：「聰明就會受到大家推崇，就算有點宅也沒太大關係。」他還說了他朋友的經驗：他朋友一家人搬到田納西州的小鎮住了兩年，那裡亞裔美國人很少，雖然他朋友很喜歡那裡，卻有點不適應。田納西州那裡「有很多非常聰明的人，不過在那裡的聰明人都沒什麼朋友。但是在這裡，聰明的人卻能交到很多朋友，因為很多人都需要聰明人的協助。」

庫比蒂諾市的圖書館就跟其他城市的大型百貨公司或足球場一樣重要：圖書館就象徵這個城市的生活。這裡的高中生把讀書戲稱為「變宅」，橄欖球或啦啦隊反而不是最受大家歡迎的活動，克里斯打趣說：「我們的橄欖球隊爛透了。」不過他們橄欖球校隊最近的戰績也不像克里斯說的那麼差。對克里斯來說，「橄欖球隊很爛」這件事似乎具有種文化風俗上的意涵。他繼續說道：「那些隊員的外型根本看不出來他們是校隊的，他們不會穿球衣，也不會一大群人集體行動。我有個朋友畢業的時候，學校放了一段紀念影片，結果我朋友說：

『真不敢相信影片裡面竟然出現橄欖球隊和啦啦隊』，因為這些並不是本市的重點。」

泰德．席塔是蒙他維斯塔高中的老師，也是該校「機器人社團」的顧問，他也表達了類似的想法：「我讀高中的年代，如果你不是校隊球員，甚至連參選學生代表都會有問題。大多數的高中都有特別受歡迎的團體，例如校隊，會把其他的團體比下去。但是這所學校的學生不會這樣，因為全校的學生都太愛唸書了。」

一名當地的大學輔導老師波力．莫迪也贊同這樣的看法：「在這裡大家不會鄙視內向的人，都很能接受這樣的個性，有時候這種人甚至還受到尊重和欣賞。西洋棋大賽冠軍或是彈奏樂器都很酷。」在這裡跟其他地方一樣，內向和外向的人都有，可是這裡的人口彷彿有比較多人傾向內向的那一端。有一位即將要去東岸名校念書的華裔學生也注意到這個現象，因為她在網路上認識了幾個未來的同學，她開始擔心自己離開內向環境之後的生活。她說：「我在臉書上遇到了幾個人，他們真的好不一樣，我是很安靜的那種人，不太喜歡跑趴或參加其他社交活動，但是那幾個人好像都很會交際很會玩，跟我這裡的朋友很不一樣。真不曉得過去之後我會不會交不到朋友？」

她臉書上有一個看來活潑的好友，就住在附近的帕羅奧圖市。我問她，如果那個朋友邀她暑假過去玩的話，她會怎麼回應。

「我可能不會去吧。認識其他人或是有什麼活動應該蠻有趣的，但我媽不太讓我出去，我得念書。」

看到這個年輕人如此聽父母的話，我真的很震驚；看到她父母要求把念書的優先順序擺在社交活動之前，也非常令人震驚。不過這在庫比蒂諾市沒什麼好大驚小怪，很多亞裔孩子跟我說，父母要求他們整個暑假都要念書，七月的生日派對不能參加，這樣才能超前趕上十月學校的課程。

蒂芬妮．廖是一位神情沉穩的高三學生，父母來自台灣，而她即將前往賓州就讀名校史沃茲莫爾學院。「我想這就是我們的文化吧，」她說：「要讀書，考高分，不要惹麻煩！我們天生就比較安靜一點。我還記得我小的時候到我爸媽的朋友家玩，我要是不想開口說話，就會帶一本書，這本書就像是防護罩一樣，我躲在裡面，其他人還會說：『她好用功喔！』而且他們是真心的是在稱讚我。」

要是這種事發生在其他地方，一般的美國爸媽看到大家都在烤肉聊天，只有自己的孩子在眾目睽睽之下念書，大概沒辦法出口稱讚這孩子。不過那些以前在亞洲國家受教育的亞裔父母，很可能在小時候就被教導出比較安靜的風格。很多東亞國家的傳統教育體制裡，非常強調專心聆聽、書寫、閱讀和背誦。至於發表意見完全不重要，甚至會被老師警告。

「我們國家的教育方式和美國的很不同。」一位庫比蒂諾市的媽媽洪葦倩（音譯）如是說道，她在一九七九年從台灣來到美國念加州大學洛杉磯分校的研究所，「在台灣，我們就是上課，然後考試。在我上學的年代，老師不會教課外的東西，也不允許學生在私底下講話，如果學生站起來發表愚蠢的意見，就會被罵。」

洪小姐是我遇過最有趣、最外向的人之一，講話還會比很多誇張的手勢，甚至會捧腹大笑，她穿著運動短褲、球鞋，戴著琥珀首飾，剛見面的時候就給我一個大大的擁抱，後來還開車帶我們去麵包店吃早餐，我們邊吃東西邊聊天，非常開心。

所以，當年洪小姐一踏進美國教育的殿堂，就受到劇烈的文化衝擊。洪小姐原本認為在課堂上發表自己的意見非常沒禮貌，因為這樣是在浪費其他同學的時間，她邊笑邊回憶：果然，她是全班最安靜的人。她說她在UCLA的時候，「教授一上課就會說：『我們來討論一下吧！』我眼睜睜看著同學們在那邊胡言亂語，不過教授非常有耐心聽大家說話。」洪小姐誇張地點頭，模仿著那些過度尊重學生的教授在上課的神態。

「我還記得我有多驚訝，那時候正在上語言學的課，我同學講的東西根本就跟語言學無關！我就想說，原來在美國只要你開口，說什麼都沒關係。」

如果洪小姐對美國課堂裡互動的方式感到訝異，相信當時的老師很可能也對她感到訝異，因為她都不發言。洪小姐搬到美國整整二十年後，聖荷西信使報刊登了一篇〈東西方教育傳統衝擊〉的文章，指出加州大學的教授對於像洪小姐這樣的亞洲學生感到不悅，因為他們很少開口。其中一位教授說這是因為亞洲學生太尊師重道，反而築起了一堵高牆。另一位老師辭嚴厲色地說，他要把課堂參與納入學期成績裡面，這樣才能夠刺激亞洲學生開口說話。第三位教授說道：「在中國的課堂上，學生應該要保持謙虛，提醒自己看看以前那些偉人。在亞裔美國學生居多的課堂上，學生不發言是個長久以來的問題。」

這篇文章在亞裔社群裡引發熱烈迴響，有些人認為大學教授的看法沒錯，亞裔學生應該適應西方的教育體制。有個由亞裔人士建構的網站，故意把名稱取得很諷刺，叫做「模範少數族群」（ModelMinority.com），一位讀者投書到這個網站上說：「亞裔美國人就是因為都不開口，才會讓別人踩在腳底下。」不過也有人認為，亞洲學生不該被逼著發言，不該被逼著服從西方的模式。史丹佛大學文化心理學家金熙君①在一篇論文當中指出，開口說話並不一定就是正確的：「校方或許應該要嘗試聆聽他們內心的聲音，而不是一味想要改變他們。」

☪

為什麼同一種課堂互動行為，西方人會視為是「課堂參與」，然而亞洲人卻看做是「胡言亂語」？其實，有一期的《人格特質研究期刊》已經解答過這個問題了。該期刊載了研究心理學家羅伯特．麥可瑞繪製的世界地圖，這地圖看起來就和地理課本裡面的地圖一樣，可是他說這張地圖是用「人格特質來劃分的，而不是人口密度或是雨林分布」。圖中用深灰色和淺灰色來做區別，深灰色的地方代表外向的文化，淺灰色的地方代表內向的文化。這張圖清楚顯示，亞洲是內向文化地區，歐洲則屬於外向文化。美國並沒有被畫進這張地圖內。不過如果有的話，應該也會畫上深灰色。美國人是世界上最外向的人種之一。

麥可瑞的地圖可能會讓人覺得是一幅刻板印象。把整個大陸板塊用人格特質來區分，根本就是過度簡化：無論是中國或者美國喬治亞州的亞特蘭大，都有講話很大聲的人。而且，這幅地圖也沒有考慮到每個國家或地區內部，一定還有些細微的差異：北京人跟上海人的行事風格肯定有差異；把北京人、上海人拿來和首爾及東京的居民相比，又會顯得很不同。同理，假如西方人把亞洲人稱作「模範的少數族群」，就算意思是在稱讚他們，可是這種說法也等於把亞洲人限定住了，更顯示出西方人高高在上的姿態。其他類似以偏概全的形容詞，也有同樣的問題。也許，我們把加州庫比蒂諾市形容成「學者的搖籃」這種意象也是有問題的，即使這個形容詞對某些人來講有多好聽，還是一樣。

雖然我的本意不是要鼓吹僵硬的國族或人種刻板印象，不過如果我們完全不談文化差異，那也未免太可惜了，因為亞洲文化和亞洲人格特質明明就有太多面向，是世界上其他文化可以學習的。這幾十年來學者不斷研究人格特質的文化差異，尤其關注東西方如何看待「內向和外向」。對於人類的人格特質要如何區分，心理學家們向來就是眾說紛紜，唯獨在內向和外向的差異上，大家都相信無論走到世上哪個地方，這都是最基本的，可以衡量出來的。

很多研究結果都類似麥可瑞的地圖，舉例來說，有個研究比較了上海和加拿大安大略省南部、年齡八歲到十歲的小孩，研究發現加拿大的小孩比較不理會那些害羞又敏感的同學，可是同樣人格特質的小孩，在上海卻可以成為大家喜歡的同伴，甚至更可能獲選為領袖或班長，因為這種小孩很「懂事」。

同樣的，中國的高中學生告訴研究者說，他們比較偏好「謙虛、愛幫助人、誠實、認真」的同學，不過美國高中生卻喜歡「活潑、熱情、愛社交」的人。專門研究中國的跨文化心理學家邁克．邦德寫道：「這個對比非常強烈。美國人強調社交能力，讚揚人氣王、好相處等人格特質；中國人強調比較深層的特質，像是道德感和事業成就。」

另一份研究是用「放聲思考」研究法做實驗，要亞裔美國人和歐裔美國人在解題的時候同時說出自己的思考過程。結果發現亞洲人在作答時如果不用口述說明，的確表現較佳，但是白人反而是開口說出解題過程的時候表現較佳。

你要是瞭解亞洲人對於口語表達抱持著何種態度的話，那麼前述的研究結果應該不會讓你感到驚訝。亞洲人認為，說話在精不在多，當下有必要傳達訊息的時候才說話，沉默是金才是真理，安靜內自省的層次更高。有時候言多必失，說出大家認為最好不要說的事，會刺傷人或是讓多話的人惹上麻煩。舉例來說，東方的國家流傳著下面這些諺語：

「風呼嘯而山不動。」——日本諺語

「知者不言，言者不知。」——老子《道德經》

「雖然我沒有刻意遵守寂靜的規範，但是獨居就讓我遠離了言語的罪惡。」——鴨長明（日本隱士）

再比較一下西方的諺語：

「舌頭是力量的來源，善用言語才能獲得力量，言語比任何武器還強大。」——普塔霍特普　西元前二四〇〇年古埃及祭司、哲學家

「言語就是文明。就算是自相矛盾的話語也保留了一定程度的互動，靜默則隔離了一切。」——湯瑪斯曼，《魔山》作者

「嘎嘎作響的輪子才會被上油。」（會吵的孩子有糖吃）

是什麼原因造成這兩種截然不同的態度？其中之一是亞洲人普遍非常尊重教育，尤其是儒家文化圈裡的國家，像是中國、日本、韓國、越南等國。甚至到今日，有些中國的村落還保有明朝時通過進士考試的儒生雕像。如果你跟庫比蒂諾市的小孩一樣，暑假整天都在念書，通過進士考試就會容易一點。

另一個解釋是群體認同，很多亞洲文化都是集體行動，但是他們眼中的群體概念和西方人眼中的群體不同。不論是在家庭、公司或是社會裡，亞洲人把自己視為群體的一份子，而且非常重視群體關係內部的和諧。通常，亞洲人會為了群體利益而犧牲了自己的欲望，對於自己在群體裡的位階也很認命。

相反地，西方文化繞著個人主義打轉。西方人把自己視為獨立的個體，生命的意義就是要表達自我、追求個人幸福、突破外在不必要的限制，自己之所以生存在這個世界上，是因為有一個特殊的、只有我才能達到的使命，而我的生命就是要達成這個個人使命。西方人可以和其他人相處，但是不會因為群體而犧牲自己的意願，或至少不會喜歡這種事情。西方人當然也尊重父母，但是對「孝順」這種概念卻感到不悅，因為這種概念意味著服從和束縛。跟別人相處時，西方人是把自己當成一個獨立的個體，在團體中和別人玩樂、競爭、比較、爭奪，不過也喜歡對方是個獨立自主的個體。甚至西方的上帝也是個自主性強、聲音強勢的神，祂的兒子耶穌基督雖然柔和又謙卑，但也是個具有群眾魅力、能影響大眾的人（別忘了一齣音樂劇就叫「耶穌基督萬世巨星」）。

這樣來看，西方價值觀裡強調大膽和言談技巧，這些都是能夠使個體脫穎而出的特質。反過來說，亞洲人讚揚安靜的個性、謙虛和敏感纖細，這些特質可以加強團體的凝聚力。如果你活在一個注重集體生活的環境裡，若要凡事能夠順利一點，最好就不要太放肆，甚至要懂得臣服在別人底下。

最近在一項採用了功能性磁振造影技術的研究中，更可明顯看出東、西雙方在人格特質的差異。實驗是把兩種不同的圖片分別拿給十七名美國人和十七名日本人看，兩種圖片各是「強勢姿勢」（男人雙手抱胸，肌肉突出，兩腳堅定站立）和「服從姿勢」（男人肩膀垂下，雙手交叉護住下腹部，雙腿緊緊併攏）。研究者發現，強勢姿勢的圖片會讓美國人腦部的愉悅區活躍起來，不過日本人腦部的愉悅區塊活躍起來卻是因為看到服從姿勢的圖片。

從西方的觀點來看，西方人很難瞭解為什麼亞洲人這麼喜歡委曲求全，但是對西方人來說是委曲求全的事情，對亞洲人來說可能只是基本的禮儀。第二章提到的那位哈佛商學院學生陳冬告訴我，他跟一群亞洲朋友和一位要好的白人朋友分租公寓，這位白人個性溫和，很好相處，所以陳堂覺得跟他們住應該沒問題。

可是有一天，白人朋友發現廚房水槽的碗盤越堆越高，於是要求其他亞洲裔同學也一起出力清洗。這時候，衝突就發生了。陳冬說，白人朋友的要求並不算過分，這位白人也認為自己講話的口氣算是相當有禮貌，也夠尊敬，不過其他亞洲室友卻不這麼認為。對他們來說，這個白人講話又嚴厲又帶著憤怒。陳冬說，要是一個亞洲人來處理相同的狀況，講話的語氣會比較謹慎，可能會用問句來表達自己的不滿，而不是用要求或是命令的方式。或許亞洲人根本就不提起這件事。因為一些髒盤子而破壞了團體的氣氛，不太值得。

換個方式來說，亞洲人的「尊重」對西方人來說，其實就是極度顧慮他人的感受。心理學家邁克．邦德觀察，「只有從強調『外顯』的文化環境來的人，會把亞洲人的行事作風視為『隱藏自己』；在內斂的文化裡，這種態度會被視為『重視群體關係』。」其實，重視群體關係所帶來的群己互動，在西方人眼中可是會發展到令人驚訝的地步。

舉例來說，這種重視群體的態度，使日本人出現一種「對人恐懼症」，這種恐懼症不是怕自己出糗，而是「自己會害得別人感到尷尬」。在美國，大家比較怕的是讓自己出糗。也就是因為這種重視群體關係的態度，使得西藏的喇嘛光是安靜下來同心冥想，就可以獲得內心的高度平靜；若將他們的腦部斷層掃描，還可發現他們的愉悅指數早就破表。另外，也是因為有這種重視群體的態度，讓日本廣島原爆的倖存者之間會彼此道歉，因為他們活下來了。作家莉迪亞．米勒寫道：「原爆後有許多紀錄，記載著日本人彼此之間的禮節，這份禮節深深存在日本人的心中。例如有位日本人告訴另一個人：『我很抱歉。很遺憾您的小孩走了，而我竟然存活下來……』他一面講一面鞠躬，同時自己手臂上的皮膚片片脫落。另一個原爆的『被爆者』看見一個小孩伏在母親的屍體上痛哭，雖然他自己的嘴唇腫到跟柳橙一樣大，卻誠心向那個孩子道歉說：『真抱歉，我沒有代替你母親死去。』」

東方這種重視人際關係的態度既淒美又值得尊重，但西方重視個人自由、尊重發言的權力和重視個人發展的態度，同樣也值得尊重。重點並不是哪一個比較優越，重點是文化價值觀的差異對於人格發展有莫大的力量。在西方，大家鼓勵外向，但是在很多亞洲國家裡（至少，在這些國家西化以前），沉默才是金。這些截然不同的觀點會影響我們對室友用過的髒盤子有什麼反應，影響我們在大學的教室裡會開口說些什麼話。

還有，這些不同的觀點告訴我們，「外向理想」的價值系統其實沒有大家想像的這麼理想。所以，如果你內心深處相信外向、會社交的人永遠可以控制內向、敏感的人，或是相信外向才是人類最自然的性格，你就錯了。麥可瑞的人格特質世界地圖指出了另一個事實：不論個性健談還是安靜、小心或大膽、拘謹或狂野，都代表背後有一個強大的文明特色。

☪

諷刺的是，最難理解這個道理的人，竟然就是一些生長在庫比蒂諾市裡的亞裔美國小孩。一旦他們過了青春期，離開了家鄉的束縛，他們發現外頭的世界是音量大才受歡迎，會講話才有賺大錢的門路。他們只好開始運用雙重人格來生活：一部分的自己是亞洲人，另一部分是美國人，兩種身分會彼此懷疑。那個寧可念書也不去玩耍的高三生麥可．魏就是這種「雙重人格」的代表。我跟他第一次見面的時候，他還是高三生，庫比蒂諾市這個保護傘還可以保護到他。他當時說：「因為我們亞洲人非常重視教育，社交生活並不是很重要。」

秋天時，我又遇到他，他在史丹佛大學念大一，雖然史丹佛大學離他家鄉只有二十分鐘的車程，但是那裡的族群分布和家鄉完全不同，麥可好像有些不適應。我們在一家露天咖啡廳碰面，隔壁桌是一群男女學生，都是運動員，時不時就爆出笑鬧聲。麥可對他們點點頭，他們整群都是白人。麥可認為：「白人好像不怕其他人覺得自己講話太大聲或太蠢。」麥可似乎受夠了在學校餐廳裡聽見的膚淺對話，還有，受夠了很多同學在課堂上假借「參與討論」，其實都在胡言亂語。他大多數的課餘時間都跟亞洲人待在一塊兒，一部分原因是他們「個性上的外顯程度都差不多」。他又說道：「和其他不是亞洲裔的學生在一起的話，我常常有種要表現出過度興奮或是嗑藥的感覺，那跟我的個性很不符。」

「我宿舍裡五十個學生當中，只有四個亞洲學生，我覺得跟亞洲學生相處比較舒服，有一個叫布萊恩的同學，他很安靜，我可以看出來他有那種亞洲人特質，就是不太說話，因為這樣所以我很喜歡找他，在他旁邊我可以做我自己，不用特別要酷。在其他不是亞裔人的大團體裡面，或是在那種很吵的一整群人裡面，我感覺好像要特別扮演某個角色才行。」

從麥可說的話聽起來，他很不喜歡西方的溝通風格，但是他承認他有時候也希望自己可以吵一點，不要那麼拘謹。麥可說他的白人同學「表現得很自然」，而亞裔人「並不是不喜歡做自己，而是不太習慣表達自己的真性情。不過在團體裡面，就有壓力要逼著自己表現得更外向一點，如果沒達到對方的期待，可以發現他們臉上有失望的樣子。」

他告訴我，大一那年他參加了一個聯誼活動，活動的目的是要新生冒險做些平常不會做的事，要大家去依照指令去舊金山街頭尋寶，只能使用自己手上現有的資源。麥克的那組只有他一個亞洲人，其他人都很瘋癲，有幾個還在舊金山街頭裸奔，或是在聯誼活動中扮裝成異性，在當地的百貨公司尋寶。其中一個女生跑到「維多利亞的祕密」專櫃，脫到剩下內衣站著。麥可邊說的時候，我以為他要跟我說其他人有多過分、多誇張。結果他沒有責備其他人的意思，他責備的是自己。

「每次有人這麼做的時候，我就覺得不自在。他們凸顯了我的膽小，有時候我還因此覺得他們比我優秀。」

麥可的教授也給他相同的感覺。他大一的導師是史丹佛醫學院的女教授，在迎新活動後邀請一群學生到她家。麥可很想要讓教授留下好印象，但是他卻擠不出話來，而其他學生卻如魚得水，邊談笑風生邊問一些很高明的問題。最後，教授在麥可準備離開的時候，開玩笑地告訴他：「麥可，你今天話好多喔，真是讓我印象深刻。」麥可離開教授家的時候非常內疚，他非常遺憾地總結這件事：「不講話的人好像就顯得很懦弱，或根本沒存在感。」

當然，這些情況對麥可來說不算全新的經驗，他高中的時候就已經歷過類似的事情了。庫比蒂諾市雖然也算是受到儒教文化圈的影響，亞洲居民安靜、認真讀書且重視群體，但是這個城市還是受到「外向理想」價值體系的影響，以下場景也不算罕見：某個週間的下午，在當地購物中心有幾個高傲的亞裔少年，頭髮抓得翹翹的，跟幾個穿著細肩帶背心的亞裔女孩大聲交談，女孩面露不耐，講話伶牙俐嘴的。另一個場景是週六早上的圖書館，有些年輕人在角落的位子認真讀書，但是也有一些人聚在大桌子旁聊天吵鬧。其實，跟我交談過的庫比蒂諾市亞裔孩子裡，很少人願意認同自己符合「內向」這個形容詞，雖然在他們的言談間，他們早已把自己描繪成內向的人。這些青年人一方面非常遵守父母親的價值觀，但似乎也會把這個世界區分成「傳統亞洲人」和「新亞洲巨星」兩塊。傳統的亞洲人頭低低的，努力辛苦把功課完成。新亞洲巨星不但成績好，而且又是班上的活寶，還會挑戰老師，讓大家注意到自己的存在。

麥可說，很多學生刻意要表現出比父母還外向的樣子，「他們覺得自己的父母實在太安靜了，所以有時候會刻意要表現出自己非常外向、非常不同。」很多父母也開始改變，「有些父母發現內向的個性在職場上不利，所以鼓勵自己的小孩參加演講或辯論。我們學校的演講和辯論課程規模在加州排名第二，學校鼓勵學生有機會大聲發表意見，說服別人。」

不過，我第一次遇到麥可的時候，他對自我的形塑和自我價值觀其實已經大抵發展完畢，他知道自己不屬於所謂的「新亞洲巨星」那一群，如果用一到十分來給自己的人氣指數打個分數，他只會給自己四分，不過他當時對現狀還算滿意。他說：「我寧可跟個性比較真誠的人交往，所以我的朋友大多比較安靜。一個人很難同時間兼具聰明和受歡迎兩個特質。」

麥可算是幸運的，享受了庫比蒂諾市這個保護傘相當長一段時間。亞裔學生要是一開始就生長在風俗比較「美式」的地方，他們很早就會遇到麥可在史丹佛遇到的問題。有個為期五年的研究觀察歐裔美國青少年和第二代華裔美國青少年之間的差異，發現華裔青年在青春期時明顯比另一組人較內向，而且，自信心也較另一組人低。華裔青少年十二歲時還覺得自己各方面都很不錯，這是因為他們還是依照父母的價值觀在衡量自己的緣故，一旦他們到了十七歲，接觸到外界「外向理想」的價值觀時，自信就會開始驟降。

對這些亞裔小孩來說，無法適應社會的代價就是社交時的尷尬氛圍。但是，隨著年紀增長，他們要付出的代價就是薪水差人一截。著名記者、哥倫比亞大學新聞學院院長尼可拉斯．雷曼曾經為了撰寫《美國菁英史》一書，採訪過一群亞裔美國人。書中寫道：「事實令人非常感傷：亞洲菁英在畢業那天，他們菁英的地位就正式告終了，因為亞洲人欠缺超越他人的文化風格：他們太過被動，不懂得交際應酬。」

我在庫比蒂諾市遇到許多專業人士，他們也有這個問題。有一個貴婦說她好友圈的丈夫們很多都已經跑到中國工作，在上海和庫比蒂諾市之間往返，部分原因就是這些丈夫們的個性內向，阻礙了他們在美國職場的晉升之路。她說，美國公司認為「他們不會做生意，因為他們的簡報能力不足。在職場上，常常就是要把一些有的沒有的資料組合在一起，弄出一個精彩的簡報。我丈夫就只知道把幾個重點講出來，講完就沒了。你看一下那些大公司的總裁，沒有幾個是亞洲人，這些公司聘的都是一些外行人，但是他們就是很會做一場精彩的簡報。」

有個軟體工程師告訴我，他覺得自己跟其他人比起來，常常被公司忽略，「特別是那些歐洲血統的人，說話之前都不用經過大腦的。」但是在中國，他說，「如果你很安靜，其他人會覺得你很有智慧，跟這裡的狀況完全不一樣，這裡的人好多話，就算他們的想法還沒成形，還是很急著說出口。如果我溝通技巧好一點，可能就會受到多一些重視。就算我的主管知道我這號人物，也不知道其實我工作能力非常好。」

這名工程師接著坦承說他有參加過一些美式溝通課程，老師是出生在台灣的普利斯頓·倪。倪先生在一所庫比蒂諾市外圍的社區大學開班，這個課程的名稱叫做「非美國出生的專業人必備溝通課」，課程透過當地一個「矽谷開口說話協會」的網站上刊登廣告，該協會的任務就是要「幫助國外出生的專業人士強化自己的軟實力，追求生活的成功」。協會網站上斗大寫著「有話就說！每個人都可以在這個協會獲得成功」，而且這句英文還有兩處地方出現拼錯或文法錯誤。

我很好奇亞洲觀點中的「有話就說」是什麼意思，於是我就報名了這個課程。幾週後，開始上課，我去的時候發現教室非常現代化，陽光從北加州山脈的方向穿過教室的大玻璃窗照進來。全班總共有十五位學生，很多都是亞洲國家來的，但也有些是東歐或是南美裔。

倪老師是個和藹的先生，穿著西裝，打的金色領帶上還畫著中國山水，他臉上帶有一抹害羞的微笑。課程一開始，他簡介了一下美國商業文化。他警告學生說，在美國，如果想要出人頭地，不但要有內涵，還要有風格。這樣講好像不太公平，因為有沒有風格不應該是評論一個人最好的標準，「但是如果你沒有魅力，就算你是全世界最聰明的人，還是無法受到尊重。」

倪老師繼續說，美國的這個價值觀跟世界上很多其他的文化不一樣。中國共產黨領導人物演講的時候，是拿著一份紙本的稿子照著唸，甚至不看讀稿機唸稿，而是直接照著手上的稿子唸，「因為他是領導，大家都得聽他的。」

倪老師接著要同學志願到台前示範，一位名叫拉吉的印度學生走到台前，他是個二十幾歲的工程師，公司還是《財星雜誌》評比的前五百大企業。拉吉的打扮就是矽谷工程師會有的樣子，襯衫配卡其色長褲，但是拉吉的肢體語言透露出些許防備之心，他把雙手交叉放在胸前，穿著登山鞋的腳拖著步伐向前走。我們今天稍早在教室彼此自我介紹的時候，坐在後排的拉吉就用帶點顫抖的聲音說，他想學「如何找話題」還有「學習放開心胸」。

倪老師要拉吉告訴全班的同學，他這個週末想要做什麼。

「我要跟一個朋友吃飯。」拉吉眼睛盯著倪老師看，一面回答，但是他的聲音小到像蚊子叫：「然後明天可能會去健行。」

倪老師要他再說一次。

拉吉說：「我要跟一個朋友吃飯，」拉吉口齒不清，喃喃自語：「然後去健行。」

倪老師很溫和地說：「我對你的印象就是，我可以交代很多工作給你做，但我不太需要特別記住你。大家要記住，在矽谷工作，你可能是最聰明、最能幹的人，但是如果你除了死命工作以外，無法展現出你自己的特點，你就會被大家貶低。很多國外出生的專業人士都有這種經驗，『這種人就只是一個忠心的勞工，可是不能當領袖。』」

全班心有戚戚焉，大家猛點頭。

倪老師繼續說：「但你還是有辦法可以做自己，只是聲音要大一點，很多亞洲人發聲的時候只有用到一點點的肌群，所以我們要從最簡單的開始：呼吸。」

說完，他要拉吉躺下，然後發出美式英語的五個母音，A……E……U……O……I②

……拉吉緩緩發出這五個音，他的聲音從教室的地板上飄上來，A……E……U……O……I……A……E……U……O……I……

然後倪老師示意要他站起來。

「現在請你告訴大家，下課之後你有什麼有趣的計畫？」倪老師拍著雙手，鼓勵拉吉再度開口。

「今天晚上，我要去朋友家吃飯，然後明天跟另一個朋友去健行。」拉吉的聲音比前兩次宏亮許多，全班爆出了熱烈的掌聲。

倪老師自己就是有志者事竟成的典範。課後我到他的辦公室去，倪老師告訴我，他以前剛到美國的時候有多害羞。後來他逼著自己不管是參加夏令營還是唸商學院的時候，都要演出一套外向的樣子，最後自然而然就不需要用演的了。最近，他研發出一套成功的練習方式，開始開班授課，他的客戶有的在雅虎，有的在VISA或者微軟等大公司，倪老師把自己辛苦練習的技巧傳授給其他人。

但是我們講到亞洲人的「柔力」，也就是倪老師口中說的「用水之力，而非火之力」領導時，我觀察到他這人對於西方溝通方式的某個面向並不是十分認同。他說：「亞洲文化用比較低調的方式來達成目標，不會太激烈，但一旦下定決心就會一步步向前邁去，而且手腕溫和卻很高明，大多可以獲得不錯的回饋。積極進取的方式常常會被潑冷水。溫和的力量反而才可以讓你達成目的。」

我問他有沒有什麼真實生活的例子，他眼睛亮了起來，告訴我他有些客戶的影響力量是在於他們的想法和心靈。很多客戶是員工社團的負責人，如婦女團體、多元文化團體等，這些負責人想把大家聚集起來一起運作，他們仰賴的是內心「信念」的力量，不是靠外在的社交互動。倪老師也提到有個組織叫「反酒駕的媽媽」，這個團體的成員不是透過個人魅力來改變社會，而是透過內心關懷，成員的溝通技巧絕對足以傳達他們的理念，但是真正的力量是發自內在的。

倪老師繼續說道：「路遙知馬力，如果整個概念是對的，時間久了，大家就會被感動。如果你的使命符合公理正義，而你竭盡心思努力去做，別人就會信服，這是個放諸四海的準則：理念相同的人會彼此吸引。溫和的力量才能細水長流，我想到的這些人不論是生活或是人際關係都堅守著自己的理念，最後，他們就會建立一個完整的團隊。」倪老師認為，溫和的實力在歷史上比比皆是：德雷莎修女、釋迦牟尼、甘地等人都是。

他提到甘地這個例子的時候，我非常訝異。我訪問庫比蒂諾市的學生時，會問他們欣賞哪個領導人，結果，很多人提到的都是甘地。究竟甘地有什麼特質吸引他們呢？

☪

甘地在自傳中將自己描寫成一個天生害羞、安靜的人。他年紀小的時候什麼都怕，怕小偷、怕鬼、怕蛇、怕黑，更害怕陌生人。甘地平常埋首書堆，放學後立刻就衝回家，因為實在太怕跟人互動。甚至到了青年階段，他第一次獲選進入素食團體的行政委員會，他每場會議都參加，卻還是不敢開口。

有個委員會的成員對甘地的表現感到困惑，於是問他：「你跟我講話的時候就很正常啊，但是為什麼在開會的時候你就不敢開口？你就是懶惰嘛！」後來委員會裡面出現了權力鬥爭，甘地明明有滿腔熱血想要說，就是不敢開口，於是他把想法寫下來，想說開會的時候用讀稿的好了，結果最後還是連讀稿都不敢。

甘地後來慢慢學會如何克服自己的羞怯，但他其實從來就沒有完全成功過。他無法即席演講，如果可能的話，不要演講最好。晚年時他甚至如此寫道：「我覺得自己沒辦法參加聚會，也不願意跟一群朋友一起開會或是聊天。」

雖然他害羞，卻有種獨特的堅定力量。如果仔細檢視甘地一生當中鮮為人知的小故事，就會發現他有種約束自我的意志力。年輕的他違抗了他所屬的種姓階級長老（莫德巴尼亞人），一心要去英國念法律。他所隸屬的階級不得吃肉，長老也認定甘地到英國後不可能繼續遵守這項規定，不過甘地早已向他敬愛的母親發誓會遵守戒律，所以他不認為這個原因可以阻礙他出國。於是，他用一貫的態度回應長老。

長老問他：「你會背叛種姓的戒律嗎？」

甘地回道：「我真的不懂，我覺得種姓制度根本不該干涉這件事。」

就這樣，他被逐出該族群。就算多年後他從英國光榮回國，這位年輕又通英語的律師依舊不得重返原屬的族群。他所屬的階級對於該如何處置甘地，在意見上分裂為兩派，其中一派歡迎他，另一派則排斥他。被逐出族群之外代表他不得跟家鄉相同種姓階級的人一同進食，甚至是自己的姐姐和岳父岳母也不可以。

甘地知道，要是別人遇到這樣的狀況，就會要求重新回到原來的族群，不過他不覺得這有多要緊，甘地知道反抗只會產生憎恨，所以寧可遵守規定，和自己的家人保持距離。他的姐姐和岳父母打算偷偷迎接他，但是甘地拒絕了。

乖乖聽話帶來什麼結果呢？他的族人不但不再找他麻煩，而且有些成員，甚至是之前反對他重返社群的族人，在後來的政治運動中也幫他不少，而且沒有要求任何的回報。他們用充滿敬愛和慷慨的心態對待甘地。甘地事後寫道：「我相信所有的好事都是因為我的不反抗帶來的，要是我當初很急著回去族裡，試圖分化他們或激怒他們，勢必有人會報復，這樣根本無法遠離風暴，反而可能在剛從英國回來的時候就馬上捲入紛擾。」

在甘地的生命故事裡，不斷出現這種忍受他人所不能忍之事。在南非的時候，年輕的甘地申請進入當地律師協會以便執業。但是律師協會排斥印度成員，所以百般阻撓，要求甘地遞交一份證明文書的正本，不過該正本被保管在孟買的高等法院，無法在當地取得。甘地非常生氣，他知道真正原因其實是歧視印度人，但他沒有表現出憤怒，只有耐心繼續交涉，最後他只需要呈交當地高級官員提出的證明就好。

等到他要去宣誓就職那天，當時的大法官要求甘地脫下頭巾，這時甘地發現自己忍耐的極限非常大，甘地也很清楚如果反抗這種命令還算合理，但是他更曉得自己最重要的戰場不應在此，所以他脫下頭巾。甘地的朋友很生氣，他們認為甘地太懦弱，認為他應該要為自己的信仰起身反抗，但是甘地覺得他早已可以「欣賞妥協之美」。

如果我說這段故事的時候沒有先說出故事的主角是甘地，或是沒有先說他後來的成就，聽故事的人可能會覺得這個主角還真是軟弱又被動。在西方的概念裡，被動或軟弱簡直就是罪惡。根據韋氏字典裡的定義，被動這個英文字的定義是「靠外力得以行動」，同時也有「服從」的意思。甘地後來自己否定了「被動式抵抗」這種說法，因為他認為這種說法太軟弱，比較偏好他自創的字satyagraha，這個字是由梵語的「堅定追求」和「真理」合成而來。

由「堅定追求」和「真理」這兩個詞合成的新字，同時也說明了甘地的被動其實一點也不軟弱，反而意味著當他在追求終極目標的時候，不會把火力分散到無謂的小爭執之上。甘地相信，自我控制就是他最大的資產，而且這種能力是伴隨著他害羞的個性而生，他對於這項特質曾經這麼說：

> 我天生就有三思而後行的能力，未經仔細思考的話語不會脫口而出，也不會寫下來。我從生活上的經驗學到了教訓，「靜默」就是追求真理的人所需要的精神訓練，很多人說話的時候沒什麼耐性，這種衝動的話語對世界沒有什麼助益，只是在浪費時間。我天性內向，但這也變成一種防護罩和盾牌，可以在裡面成長，更可以幫助我判斷事情的真相。

☪

溫和的力量不只是聖雄甘地才有，想一下為什麼亞洲人的數學和科學成就常獲得大家崇拜，倪老師把這種溫和的力量界定為「無聲的堅持」，這種特質在學術界的重要性跟印度政治上的重要性一樣偉大。無聲的堅持需要持久的專注力，並且對於外界的刺激保持冷靜。

「國際數學與科學教育成就趨勢調查」是全世界每四年舉辦一次的評量競賽，每次評量結束後，研究學者就會開始細細分析結果，比較世界各地學生的表現。韓國、新加坡、日本、台灣等亞洲國家總是名列前茅，像是一九九五年的第一屆比賽，韓國、新加坡和日本三個國家的中學生數學成績是前三高，科學成績也是佔了前四名裡的三個名次。在二〇〇七年，研究者想要測量一個國家內有多少學生達到了高等國際賽的標準（對於鑽研數學的學生來說，達到高等國際賽的標準，簡直就是取得超級明星的地位了），結果他們發現大多數通過的學生聚集在少數幾個亞洲國家：四年級生的評量裡，新加坡和香港大約有百分之四十的學生達到或者超越該標準。八年級生的評量裡，台灣、韓國和新加坡有百分之四十到四十五的學生通過標準。如果看全世界的平均表現，四年級生的通過率只有百分之五，八年級生更是只有百分之二。

那麼，該怎麼解讀亞洲國家和其他國家間如此巨大的差距？那就得先看一下「國際數學與科學教育成就趨勢調查」考試的狀況：考試的時候，學生除了答題之外，還要回答一連串繁瑣的個人問題，例如他們有多喜歡科學、家裡的書有多少，能夠塞滿三個書架以上嗎？填寫這些個人問題非常耗時，當然也不會算在總成績裡面，所以很多學生常常就乾脆不回答了，畢竟每題都要回答完真的需要不少耐心。但是，教育學教授爾林．波的研究發現，問卷回答越詳細的國家就是那些成績好的國家。換句話說，優秀的學生不只是具有解決數學和科學問題的能力，更有「無聲堅持」的人格特質。

其他的研究也發現了年紀非常小的亞洲學童就已經有不尋常的毅力，心理學家普莉西雅．布林可的研究就是個例子。她的研究分別給日本和美國一年級生一份沒有說明的拼圖，讓他們獨立作業，沒有任何老師或同學協助，以此比較兩國學童堅持不放棄的時間。日本學童平均堅持了十三點九三分鐘　美國學童卻只花了九點四七分鐘就宣告放棄；只有不到百分之二十七的美國學童能夠超過日本的平均時間，而日本學童只有百分之十低於美國的平均時間。布林可認為是日本民族的毅力造成這樣的差異。

很多亞洲人、亞裔美國人不單單是在數學或科學表現上很優秀，在其他領域也常表現出這種特質。好幾年前我去庫比蒂諾市的時候，遇到了即將前往賓州就讀名校史沃茲莫爾學院的蒂芬妮．廖，就是那位烤肉時在人前念書，爸媽還會稱讚她的女孩。我們第一次碰面的時候，她還是個十七歲的女孩，有張娃娃臉，準備要上大學，她當時說到要去東岸念書、結交新朋友等等事情，她感到非常興奮，也會擔心東岸那裡沒有人會喝台灣人發明的著名飲品泡沫紅茶。

現在這個女孩女大十八變，變得更成熟，是個善於交際的大四生。還去過西班牙念書，簽名的時候還會在名字前面加上一個歐陸風格的用字：「Abrazos（西班牙語，擁抱之意）」。她臉書的照片已經擺脫稚氣的臉龐，新的照片流露出柔美、友善卻也善解人意的微笑。

蒂芬妮才剛被選上大學報的主編，慢慢要實現她的記者夢。不過，她還是覺得自己是個害羞的人，如果要她在大家面前說話或是打電話給陌生人，她還是會一陣臉紅，但是開口說話已經變得比較容易。蒂芬妮自己所說的「安靜的特質」反而是讓她成為主編的功臣，她認為自己因為有這樣的個性，所以能夠專心聽別人說話，同時振筆疾書，還有在面對面採訪別人前能夠耐住性子，先做好深度調查。她寫給我的信裡說：「這個過程讓我能夠成為一位好記者。」這句話代表蒂芬妮已經開始接受這種安靜的力量了。

我第一次遇到麥可・魏的時候，他希望自己可以跟同學一樣神態自然大方，他說世界上沒有幾個內向的領袖。他問道：「如果你都不講話，怎麼讓別人知道你的理念？」我當時跟他說，不見得如此，其實我當時心裡也有點動搖，內向的人似乎在表達理念上真的有些障礙？

不過，當時我還沒聽到倪老師口中的「溫和力量」，也還沒讀到甘地說的「堅定追求真理」，或是思考蒂芬妮成為記者的故事。我從庫比蒂諾市的小孩身上學到一件事：重點在於要擁有信念，不管你用多大或多小分貝來表達，最重要的是要有信念。

---

①金熙君（Heejung Kim，音譯），於二〇〇一年獲得史丹佛大學社會心理學博士後，目前任教加大聖塔芭芭拉校區（校內網頁http://www.psych.ucsb.edu/people/faculty/kim/）。她曾是全美國論文被引用次數最多的助理教授，也曾獲Seed雜誌推選為「科學界改革思想者」之一。

②一般人熟悉的英文母音排列順序是AEIOU，可是在倪老師的課堂上，卻是以異常的順序來排列這五個母音。

第四篇

內外向大結合——愛情與麵包

第9章

內向的人何時該表現外向？

我們因爲在乎的人太多了，所以在各個場合會表現出不同的自我，通常不同的朋友所看到的我們，都有不同的面相。

——美國心理學家、哲學家威廉·詹姆士

跟你介紹一下前哈佛心理學教授布萊恩·利托，同時也是3M卓越教學獎的得主，這個獎項相當於大學教育獎裡的諾貝爾獎。他個頭不高，身材健壯，戴副眼鏡，外表可愛和善。聲音響亮的利托教授是個男中音，常常在講台上突然就唱起歌來，或是轉圈跳起舞來，他說話時有著傳統歌舞劇演員的發聲方式，每個字的子音都不會放過，更會拉長母音。常有人把利托教授形容是愛因斯坦和演員羅賓·威廉斯的綜合體。他講笑話的時候往往自己比觀眾更激動，在哈佛開的課班班爆滿，下課的時候學生常常還會起立鼓掌。

接下來，我要形容一個非常不一樣的人。這個人跟他的妻子住在偏遠的郊區，房子座落在隱密的加拿大森林裡，偶爾他們的兒女和孫子會來拜訪，其他時候都沒有什麼客人。這個人閒暇時會聽音樂、閱讀和寫作，或是寫很長很長的電子郵件（他自己戲稱是「書」了）寄給朋友。如果他必須與人交際，他也偏好一對一的談話；在宴會上他一有機會，就會出去「透透氣」，或是找另一個人私下講話。如果他被迫要花很多時間在外面工作，或是必須要處理一些人際上的衝突，他是真的會生病的。

我剛剛描述的這兩個人，一位是受歡迎的活潑教授，另一位則是嚮往心靈生活的隱士。但其實他們是同一個人，你很驚訝嗎？可能不會，因為我們本來就會根據不同的情境展現不同的樣子。不過，如果我們可以這麼有彈性，那硬要區分出內向性格和外向性格還有意義嗎？這樣的二元對立是否太過簡化？內向的就一定是智者、哲學家，外向的就一定是勇敢的領袖？內向的人就一定是詩人或是宅男工程師，外向的就一定是運動員或啦啦隊員？內向與外向，我們每個人多多少少兩邊都有沾到吧？

以上的這些問題，心理學家稱之為「個人—情境」之爭：人格特質是固定不變的嗎？還是會因為情境不同而有所改變？要是你問利托教授，他就會說，雖然他在課堂上是明星教授，但他骨子裡卻是個憂鬱、極度內向的人，不只是行為表現，就腦神經科學上而言更是如此（他也有做第五章提到的內向及外向者檸檬汁實驗，果然屬於口水直流的內向者）。這樣看來，在「個人—情境」的論爭當中，他似乎站在「個人」那端：他相信人格特質的確是固定不變的，而且深深影響了我們的生活。他也相信人格特質建構在心理機制之上，人終其一生都有固定的特質。歷來有很多學者都是支持這派說法的：古希臘的醫生希波克拉底、英國思想家密爾頓、德國哲學家叔本華、瑞士心理學家榮格，還有最近的核磁共振技術和皮膚導電率測試結果，也都支持這種看法。

這個論戰的反方則是一群稱作「情境論者」的心理學家。情境論者認為社會大眾用來概括個性的形容詞，像是害羞、積極、負責、友善等等都是帶有誤導性的用字，其實我們並沒有所謂的核心「自我」，我們有的是很多個「分身」，隨著情境不同而使用不同分身。情境主義在一九六八年跟著心理學家華特．米歇爾所寫的一本書而興起①。當年任教於史丹佛大學的米歇爾推出了《人格與評量》（現在該書已經是經典了），書中挑戰了「人格固定論」的觀點，指出情境因素可以預測出人類的行為（如利托教授的行為），這種情境準確度比用人格特質來預測的準確度更高。

接下來幾十年間「情境論」獨占鰲頭。後現代主義對於自我的看法，大約也在此時興起，這是受到加拿大社會學家歐文．高夫曼等理論家的影響，高夫曼寫了《日常生活的自我呈現》一書，指出社交生活是種表演，表演時戴的面具就是我們的自我。很多研究學者開始質疑人格特質這種概念是否真的有意義，甚至當時有很多研究人格特質的學者都找不到教職。

現在學者對於人格特質是否固定不變這個爭論，有了更進一步的瞭解，所以「個人——情境」的論戰也就逐漸平息，正如先天、後天這種爭論被後來的互動理論取代（亦即先天、後天對人都有影響，甚至互相影響）。人格心理學家發現，一個人可以在晚上六點表現得很交際，到了晚上十點又變得像個獨行俠，這種改變的確存在，也會依據情境改變。不過他們強調，就算有這種變化，還是有固定不變的人格特質。

到了最近，連情境論的開山祖師華特．米歇爾都承認人有固定的性格，不過他認為這些性格會有固定出現的模式情境。舉例來說，有些人對同儕或是屬下比較兇，但是碰到帶有權威的角色就比較乖順，而有些人則完全相反。有些人對於「被人拒絕」的感受很強烈，這種人如果感覺很安心的時候，個性就會很和藹，但是他們被人拒絕的時候就會變得充滿敵意或是掌控慾很強。

然而這種妥協，卻可能替我們在第五章提到的「自由意志」這種說法帶來問題。我們現在已經知道生理上的限制會形塑個體和行為，但是我們是否應該要盡可能努力改變自己？或者只要順著本性做自己就好？在哪種情況下，「改變自我的個性」這件事是沒用的又事倍功半的？

如果你是個內向的人，但在美國的企業裡面討生活，你是否應該要把自己安靜的那一面留在週末？上班的時候你是否應該「跨出去、交友、多說話、跟團隊互動、使盡全力長袖善舞」，就像傑克．威爾許在《商業週刊》的線上專欄上面建議的那樣？如果你是個外向的大學生，你就應該把自己吵鬧的一面留在週末，然後平常多用功讀書？人類可以這樣自我調整他們的性格嗎？

前述的這些問題，到目前為止最好的答案來自利托教授給我的妙解。

☾

一九七九年十月十二日早上，利托教授前往加拿大黎希流河畔的聖尚皇家軍事學院演講。這所學校在蒙特利爾南方四十公里處，利托教授演講的對象是一群資深軍官。就如同大家所預料的，內向的利托會先寫好稿，準備非常充分，不只演練了好幾次自己的講稿內容，還確認自己引述的資料是最新研究。甚至到了上台的時候，他還處於自稱的「內向模式」裡頭，不斷掃視觀眾是否流露不愉悅的神情，以便讓自己隨時調整：某處要說明一下參考數據，這裡要講一個笑話等等。

結果演講很成功（成功到校方甚至邀請利托教授每年都去演講一次），可是演講完之後校方又提出另一個讓他嚇死了的邀約：與最高階軍官一同用午餐。當天下午他在別處還有個不同的演講，利托教授心想要是整整一個半小時都在跟別人聊天，他會瘋掉，他需要好好休息，下午才能上場。

利托腦筋一轉，他說他對輪船設計非常有興趣，所以希望主辦單位讓他利用午餐的機會觀賞黎希流河上往返的船隻。後來他午餐的時候就在河畔的人行道上散步，臉上充滿了喜悅之情。

利托每年回去皇家軍校演講的時候，中午都在黎希流河畔上散步，沉浸在他（騙人的）興趣裡頭。突然有一天，軍校遷到非常內陸又不靠河的新校區，這下利托沒有藉口可以躲開了，他只好躲到最後的防線去——男廁。演講一結束，他就立刻衝到男廁去躲起來。沒想到有位軍人從門縫看到利托的鞋子露出來，就開始滔滔不絕跟他談起心來，之後利托學乖了，就把腳緊貼在廁所的牆上，這樣才不會被發現。（令人訝異的是，對內向的人來說，躲在廁所似乎是很常見的現象，利托接受加拿大最有名的脫口秀主持人彼得·左斯基訪問時曾經這樣說：「我演講完之後，就待在男廁的九號間裡。」左斯基想都不想立刻回答：「每次節目結束的時候，我都躲在八號裡。」）

大家可能會很好奇，像是利托教授這麼內向的人，怎麼能夠完全克服怯場，在大眾面前發表精采的演說？他說，答案很簡單，這跟他獨自創立的心理學派有關，叫「自由性格理論」。他認為固定不變的特質以及自由性格是同時存在的。根據自由性格理論，我們天生及文化的環境，會造就一些特定的人格特質，如內向與否，但我們可以為了達成「個人核心志業」，而改變或演出不同的性格。

換句話說，內向的人可以為了自己非常重視的工作，為了他們所珍愛的人，為了他們高度重視的事物，而表演出外向的樣子。自由性格理論解釋了內向的先生為何能夠為自己外向的妻子舉辦驚喜派對，或是願意參加女兒的家長會，這也說明了為什麼外向的科學家願意乖乖待在實驗室裡，和藹可親的人在商業談判的時候會變鐵腕，愛吵架的叔叔帶姪女出去吃冰的時候又可以這麼溫和。前述這些例子意味著在很多情境中都可以看見自由性格理論的發揮，尤其是在這個鼓勵外向的文化裡，更可以從內向者的生活行動上看出自由理論。

利托教授認為，當我們投入我們自己很重視的計畫（我們的「個人核心志業」），而且還算應付得來、不會負荷過重，且有旁人支持的話，我們的生命會開始增長。要是有人問：「最近過得怎麼樣？」我們可能隨便回答一下，不過真正的答案其實代表了我們核心志業的發展是否順利。

這就說明了為什麼利托教授這個極端內向的人可以在講台上大放異彩。他像是現代的蘇格拉底，非常喜愛學生，也熱衷於擴展他們的視野，關心他們的狀況，這都是利托教授重要的個人核心志業。利托在哈佛任教的時候，每當他開放給學生的諮商時間一到，走廊上就會排了長長的隊伍，場面彷彿是利托教授在免費發送搖滾演唱會的門票。學生也常常拜託他寫推薦信，曾經連續有二十多年，他每年都替學生寫好幾百封推薦信。有位學生這樣描述利托教授：「利托教授是我遇過最用心、最風趣又最關心學生的教授，他為我個人帶來的正面影響多到數不清。」所以對利托教授來說，雖然他必須付出額外的努力來突破他個人天性的限制，但這樣做是為了完成他自己的個人核心志業，也就是啟迪他的學生。

自由性格理論乍看之下會跟西方文化傳統有些相悖。舉例來說，莎士比亞在《哈姆雷特》裡面的名句「對自己忠實」，到今天還經常被引用，這種觀念在西方人腦海裡已經根深蒂固，很多人不管怎樣都無法接受自己「假裝成另一種人」，即使短暫裝一下也不行。假設要我們說服自己說，我們扮演出來的偽自我是真的，那麼我們會在毫無覺知的情況下很快就將精力消耗殆盡，自己還不知道為什麼。不過，利托精妙的理論完全解決了這個困擾。的確，這種「外向」是演出來的，確實在道德上似乎有些爭議（更不用提要演出來是多累的事），但如果這種演出的出發點是為了自己對夢想的追求或是職業上的追求，這樣做其實跟莎士比亞的建議完全一致，不相違背。

☾

要是切換個性的技巧拿捏得宜，就看不出這是在演的。利托教授的學生聽到教授宣稱自己很內向，通常都不敢置信。但是利托教授絕對不是特例，尤其在領導階層中有更多這種「假裝外向」的人。以我的朋友艾力克斯（化名）為例，他是金融投資公司的高層，也是應酬高手，在絕對匿名的前提下，他願意在我的採訪裡說真話。艾力克斯跟我說，「假裝外向」這種技巧是他在七年級的時候自學而成的，因為當時其他的小孩常常欺負他。

「我當時真的是個超級大好人，妳一定會想跟我做朋友，」艾力克斯回想：「不過世界沒有這麼美好，現實社會裡大好人一定會被欺負，我不想再過這樣的生活，讓別人欺負我。我就想，好吧，那解決辦法是什麼咧？方法只有一個，就是我要讓每個人都對我服服貼貼的，要繼續當好人的前提是學校每個人都在你掌握之中。」

但是要怎麼改變現況呢？艾力克斯說：「我仔細觀察大家的互動，我敢說，你認識的人裡面，我花最多時間在這件事上。」他觀察大家講話的方式、走路的姿態，還有特別注意強勢男孩的姿勢，然後他開始稍微改變自己的行為。雖然他還是個害羞、溫和的人，但是別人已經無法佔他便宜了。「凡是遇到會被欺負的事情，我就告訴自己：『我要學著變強。』所以我隨時準備迎戰，只有這樣別人才動不了你。」

艾力克斯也善用自己的天性，「我發現男生大概就是只會『追女生、追到手、分手、談論女生』，我當時心想，這也太迂迴了吧，我是真的很喜歡女生啊，這種喜歡就是一段關係的開始啊，與其在那邊坐著空談，不如真的去瞭解她們，我從那時開始跟女生有親密接觸，再加上我很會運動，其他男生就非常佩服我。喔！對了，偶爾也是要動手打人，這種時候我不會手軟。」

現在的艾力克斯散發出平易近人、好相處的氣息，甚至還帶有一種「舉重若輕」的輕鬆神態。我從沒見過他有心情差的時候，不過要是在交涉公事的時候踩到他的地雷，你會看見他以前自學而來的那種凶狠模樣，不過，要是跟他約吃晚飯，就會發現他內向的那面。

艾力克斯說：「我真的可以好幾年都不跟朋友連絡，只跟老婆小孩在一起就好，妳看我們兩個，妳是我最好的朋友之一，但是我們實際交談過幾次？只有妳打來的時候！我真的不喜歡交際應酬，我的夢想就是可以跟家人在幾千英畝大的島嶼上獨居，不必朋友成群圍繞也沒關係。所以，不管妳平常看到我在外面是什麼樣子，我真的是內向的人。我覺得，我一直以來都是這樣，非常非常害羞，但是我可以靠自己彌補這方面的不足。」

話說回來，暫且不論意願問題，有多少人可以像艾力克斯那樣扮演出另一種個性？利托教授剛好也是個很棒的「表演者」，很多企業執行長也是，那我們其他人呢？

好幾年前，研究心理學家理查．利帕想要回答這個問題。他找了一群內向的受試者到他的實驗室，要他們假裝成外向的數學老師，然後利帕的團隊用攝影機記錄課堂情況，測量受試者的步伐、跟「學生」的眼神接觸次數、實際說話的時間比例、講話的速度和音量，還有每堂課的時間。同時，利帕團隊也會就這些受試者展現出來的整體外向程度加以評分，評分標準是他們的音量和肢體語言。

接著，利帕又找了真正的外向者來做實驗，比較兩組人的結果。他發現，雖然真正外向的人的整體表現當然比較外向，不過有些「假外向」的人也可以演得非常逼真，所以似乎每個人多少都知道要怎麼演出。雖然我們未必聽過跨步的距離、實際講話的時間或微笑的頻率等行為舉止可以分辨出內向和外向的人，但是我們下意識似乎就是知道這些差異。

不過，我們可以控制自我表現的程度還是有個極限。部分原因是「露餡行為」（behavioral leakage）這個現象，就是我們真正的自我會在下意識的肢體語言中顯露出來，例如在某種時刻中外向者會進行眼神接觸，而同樣的時機當中內向者則可能會微妙地躲開眼神；又或是在演講的時候，內向者會很有技巧地轉換話題，把不停講話的重擔轉移到觀眾身上，而外向講者則會讓自己講話的時間長一點。

但是，為什麼在利帕的實驗裡，有些假裝外向的人分數會跟真外向的人這麼接近？結果顯示，那些很會表演外向性格的受試者通常有個特質，心理學家稱之為「自我監控」，懂得自我監控的人非常擅長根據當下情境的社交需求來調整自我行為，他們會搜尋線索，當作行為上的依據。這就是心理學家馬克．斯奈德所說的「入境隨俗」，斯奈德是「自我監控特質量表」的發明人，且著有《在外表現，在內真實》一書。

我認識的人當中，最會自我監控的人就是艾德格，他是紐約社交圈裡不可或缺的知名人物，非常受歡迎。艾德格夫婦兩人幾乎從星期一到五，每晚都舉辦或參加募款等社交活動。艾德格算是那種聰明絕頂又擅長搞怪的人，每每都有些讓人發笑的事，成為社交圈中最受歡迎的話題。不過他自認是個內向的人，他說：「比起跟別人交談，我還寧可坐下來閱讀、思考。」

可是他還是經常跟人交談，他出生在一個交際頻繁的家庭，所以家人自然期待他能夠自我監控，調整行為。況且，他也擁有自我監控的動機：「我喜歡政治、政策，想要做點事，用我的方式改變世界。所以有時得假裝一下，其實我不太喜歡參加宴會，因為這樣我得取悅別人，但是我會舉辦宴會派對，這樣就算不用跟人交際，也可以自然成為焦點。」

艾德格參加別人舉辦的活動時，往往要很努力演好他的角色。「讀大學的時候，甚至是一直到現在，只要我去參加派對或雞尾酒宴會，事前就會準備一張小卡片，在上面寫下三到五件好玩的小故事，這些故事白天就要先想好，一想到有什麼好用的故事就要趕快寫下來。然後吃晚飯時，我就會看準時機再開始講這些趣事，有時候我還要先跑去廁所讀一下卡片才不會忘記。」

久了以後，艾德格赴宴的時候已經不用帶卡片了。雖然他還是認為自己是內向的人，不過艾德格花了很長的時間和心力來經營他的外向人格，所以講故事對他來說越來越輕鬆。的確，最高層次的自我監控不只能夠在特定情境下製造出所要的情緒和預期的效果，而且表演起來也比較沒壓力。

有些人跟艾德格這種高手相反，他們是自我監控能力程度較低的人，他們只能依照自己心裡「內建的指南」行動，但是個人內建的社交行為和面具卻又不夠充足，面對情境上的細微變化又不夠敏銳（例如他們拿捏不準在晚宴上應該說幾個笑話）。還有的人就算知道情境上有什麼需求，卻不太喜歡扮演外向的人。心理學家馬克．斯奈德說過，不懂得自我監控的人和自我監控高手彷彿是對著不同一群觀眾在表演，前者只能在內心裡表演，後者可以演給外在的觀眾看。

如果你想知道自己自我監控的能力有多高，以下是斯奈德列的自我監控特質量表所列出來的一些問題：

如果你不確定在某個社交場合該怎麼應對進退，你會觀察其他人的行為來做為參考嗎？

你常常請朋友推薦哪些電影和書籍好看，或是哪些音樂好聽嗎？

在不同的場合、面對不同的人，你會呈現出不同的樣貌嗎？

你覺得模仿別人很容易嗎？

你可以看著別人的眼睛，面不改色說出善意的謊言嗎？

你面對不喜歡的人時，可以裝出很友善的樣子嗎？

你可以為了取悅別人或是為了讓人留下印象而做一些表演嗎？

你可以在別人面前假裝感受很深刻的樣子嗎？

如果你肯定的回答越多，代表你自我監控的能力就越好。

現在，問自己以下第二組問題：

你是否常會流露自己內在真正的感覺、想法或是態度？

你是否只能針對你心裡已經相信的事情來跟人辯論？

你不願意單純為了取悅別人或是贏得別人好感，而改變自己立場或者行為。

你討厭「超級比一比」這樣的遊戲或是即興表演。

要你改變行為來應付不同的人和不同的情境，你會感到困難。

如果你在這組問題的答案越多是肯定的，你自我監控的能力就越差。

利托教授在人格心理學的課堂上介紹這個自我監控的概念時，有些學生對於自我監控這件事感到不滿，認為這麼做很不道德。他們告訴利托，有些同學還因為談戀愛的對象與自己分屬不同的自我監控等級，最後導致分手。對於厲害的自我監控者來說，低階自我監控者很嚴肅，或是有社交障礙；對低階自我監控者來說，高階自我監控者就是騙人的牆頭草。用監控量表發明人斯奈德的話來說，就是「重視現實過於重視原則」。的確，自我監控強的人比較會說謊，所以自我監控較弱的人對自我監控高手提出道德質疑，似乎也不是沒有道理。

但是利托本人的道德崇高又具同情心，同時他也是個高度自我監控的人。他對這件事有不同的看法。他認為自我監控是一種謙虛的行為，因為這是要調整自我以符合社會規範，不是因為自己的需求和利益操弄每件事情。他說，自我監控的出發點並不見得完全是演戲或取悅大眾，有些內向者在自我監控的時候，他們追求的是避免在社交場合犯錯，而不是想要成為聚光燈的焦點。所以，利托教授之所以可以完成一場又一場的完美演說，部分原因是他每分每秒都在自我監控，一直注意觀眾的反應是開心還是無聊，然後視情況調整自己的表演。

所以，如果你有辦法假裝，如果你很會演戲，會注意交際情境的細微變化，也願意服從社會規範來達到自我監控，那麼你就一定應該要這樣去做嗎？答案是，如果好好運用利托教授所發想的「自由性格」的策略，就會有效；但是如果表演過頭，結局就很可怕。

最近我在哈佛法學院舉辦的座談會上演講，當天是為了慶祝法學院招收女生的五十五週年紀念，全國上下的校友齊聚歡慶。座談的主題是「不同的聲音：有效呈現自我的策略」，共有四位講者：一位出庭律師、一位法官、一位演說訓練師，還有我。我準備演說的時候非常小心，我清楚知道我要扮演的角色。

第一位講者是那位演說訓練師，她的主題是如何在演講時讓人印象深刻。第二位講者就是那位法官，她的主題是社會上的刻板印象會帶來很大困擾，因為她是韓裔美國人，大家都以為亞洲人很安靜很用功，不過她很外向又有主見。律師是第三位講者，她個頭嬌小、金髮碧眼，個性極度活潑，她說有次在法院對質詰問的時候，法官要求她：「這位老虎律師，請冷靜一點！」

最後換我上台，我心裡的目標觀眾，是那些不想當激動的老虎律師、不想當打破社會迷思的亞洲人、不想要在演講時讓人印象深刻的女性。我告訴她們，談判協調的技巧跟頭髮顏色或是牙齒整不整齊這種事情不一樣，不是天生的，而且談判技巧也不是只有激動拍桌的人才懂。我告訴她們，每個人都能夠成為很好的談判者，事實上，安靜優雅的談判者，懂得聆聽的談判者，以及天性重視和諧更甚於引發衝突的談判者，常可以收到極佳的效果。這種溝通風格讓人可以不傷害對方的自尊，同時又可以採取攻勢。而且，仔細聆聽才可以真正瞭解對方的動機，然後創造雙贏的契機。

我也跟觀眾分享了讓自己平靜和放鬆的心理技巧，像是在自己很有自信的時候，注意自己的臉部表情和肢體動作是怎樣運作的，這樣如果改天要假裝很有自信的時候，就知道要怎樣演出。研究顯示，表情其實會影響心情，例如微笑會讓我們更有自信、更開心，皺眉則會讓自己心情更糟。

座談會結束後，通常觀眾會找講者談一下，而來找我的當然是那些內向或假裝外向的人。其中有兩位女士讓我印象深刻。

第一位叫艾莉森，是位身材纖細、打扮仔細的出庭律師，不過她的臉色慘白，有點扭曲，看起來不太快樂。她在同一家商務法律事務所工作了十年以上，最近投了履歷到好幾家公司，想要轉行擔任法務部門主任。她的轉職計畫看起來很合理，問題是她的心思根本不在那上面。當然，最後沒有半家公司錄取她。以她的資歷，她都可以晉級到最後的面試關卡，但是在最後關頭都會被刷掉。艾莉森自己也知道原因，安排面試的人力公司都給她一樣的回覆：她的個性不符合這份工作。艾莉森自認為是個內向的人，跟我談起這樣傷人的評價時，她看起來很痛苦。

第二位校友是朱莉安，她在自己很喜歡的環保組織擔任資深主管。朱莉安給人的感覺是位和善、開心又踏實的人，她很幸運地可以把大多的時間花在研究自己關切的議題和撰寫相關的決策書上，不過，她有時候必須要主持會議和簡報，雖然會後都有很強烈的滿足感，但她不喜歡大家的眼光都看著她。所以她問我怯場的時候該怎麼保持冷靜。

艾莉森和朱莉安兩位校友有什麼不同呢？兩位都是假裝外向的人，你可能會說艾莉森努力要表現外向，可是做得不如朱莉安好。不過，艾莉森真正的問題在於，她要在自己沒有熱情的場合演出，她不喜歡法律，她之所以選擇當華爾街的訴訟律師，是因為她認為這樣才是成功的律師，結果她沒有強烈的動機來支持她的演出。艾莉森無法告訴自己：「我現在正在做的事，可以幫助到其他那些我真正關切的事情，等到完成手上的工作，我就可以變回自己最真實的樣子。」艾莉森內心的獨白反而是：「要成功就是要變成跟本來的自己不一樣的人。」這不是自我監控，而是自我否定。朱莉安有時候要轉換樣貌來達成自己更重視的目標，但是艾莉森卻認為她的自我好像出了點問題。

只不過要能夠認清自己最在乎的核心目標，其實不是一件很容易的事情。對內向的人來說尤其困難，因為他們一輩子花了很多時間去遵從外向文化的規範，等他們選擇職業或志向的時候，自然就會忽視自己的喜好。內向的人長大後，在法學院或是護校唸書或是在行銷部門工作，可能會不太自在，但是以前唸中學或是參加夏令營的時候也是一樣不自在，所以也習慣了。

我自己也經歷過這一段。我很喜歡商事法，有一陣子我還說服自己說我打從心底就是個律師，畢竟我都在法學院念了這麼多年的書，還加上實習，而且華爾街的一切又是這麼吸引人。我就是無法面對真正的自我。我的同事聰明、和善、體貼（大多數啦），這份工作薪水又高，我的辦公室就在摩天大樓的四十二樓，窗外還看得到自由女神像。一想到我可以在這樣坐擁高權的環境下發展事業，我就很驕傲，我甚至很擅長問「但是……」和「要是……的話」這種句子，這對大多數的律師來說是很重要的思考過程。

我花了將近十年才瞭解，法律根本不是我最核心的志業，甚至差很遠。我現在可以毫不猶豫告訴你，我最在乎的志業是：我先生和兒子、寫作、推廣《安靜就是力量》這本書的理念。我瞭解到這件事之後，於是下定決心要改變自己的生活。我回顧自己在華爾街的日子，當時就好像是跑到另一個國家去了。異國非常吸引人、非常刺激，在那裡我一定要認識一些別的地方碰不到的人。但是，我永遠是個異鄉人。

我花了好多時間轉換跑道，也花了好多時間輔導別人轉職，我終於發現有下列三個關鍵可以協助各位解答，究竟你的核心志業是什麼。

第一，想想小時候你最喜歡做什麼。別人問你長大以後要做什麼，你都怎麼回答？以前回答的答案或許已經不準了，可是內在的動機可能沒有改變，如果你小時候的答案是當消防員，那消防員對你來說有什麼重大意涵？是在別人苦難的時候能夠解救他們嗎？是喜歡冒險嗎？還是可以開大卡車？如果你小時候的答案是舞者，是因為你喜歡舞者的衣服嗎？還是因為你想要掌聲？或是純粹喜歡身體高速旋轉時帶來的快感？小時候的你可能比現在還更清楚自己喜歡的事。

第二，注意什麼樣的工作會吸引你。我在法律事務所的時候，從來沒有自願多接一件商業訴訟案，卻花了很多時間，免費為一個非營利性的婦女領導才能協會服務。我也擔任很多其他法律事務所的委員，目的是為新進律師提供協助與訓練，幫助他們的個人發展。身為讀者的你可能已經發現，我不是那種適合加入委員會的人，但是這些委員會的目標本身讓我很開心，所以我才會參與。

第三，注意你羨慕什麼東西。嫉妒是很醜陋的情緒，但是也很真實，你可能會羨慕那些擁有你渴望事物的人。我是在一次同學會中瞭解了我真正嫉妒的事情。法學院畢業後，有次我跟一些同學聚會，大家比較了一下彼此的職涯，結果每個人都非常崇拜、也非常嫉妒某一位同學，因為他常常要到最高法院參與言詞辯論。我一開始很置身事外，只覺得恭喜這位同學手上握有更多的權力了，我因此還覺得自己高尚超脫，後來我馬上發現當時的心情也不是什麼了不起的東西，因為我根本不期望自己到最高法院進行言詞辯論，也不想追求其他律師都想要的專業成就。後來我問自己到底羨慕誰？結果答案立刻就浮現了：我羨慕那些後來成為作家或是心理學家的大學同學。所以，我今天所追求的志業，就是心理學和寫作這兩者的綜合體。

☪

但是，若你已經在自己的核心志業裡發展了，那你也要注意，不應該做出太多不符合自己個性的事，或至少不要花太長時間在假裝。還記得利托教授在兩場演講之間跑到廁所去躲起來這件事吧？這種躲起來的時間意味著，我們還是得盡量做自己，這樣我們的外在演出才會成功。聽起來有點矛盾。不過，為了要做自己，你一開始可以在日常生活中盡量多創造一些「修復性的避風港」。

「修復性的避風港」是利托教授的用詞，意思是在這些地方你可以恢復成自己真實的樣貌。這個避風港可能是一個實體的場所，像是黎希流河畔的步道，或是一個短暫的時刻，像是你在業務會議之間，可以安排一些獨處的時光。你也可以在公司舉行重要會議前的週末取消一切交際應酬，你可以練練瑜珈或冥想，或選擇只用電子信件聯絡而非親自參與面對面的會議。（維多利亞時代的女性，她們的工作內容就只有社交應酬以及與家人相處，可是就連她們也要在每個下午離席休息一下。）

如果你夠幸運，有自己的辦公室，那麼在會議中間的休息時間時你可以把辦公室門關上，這樣代表你為自己闢建了一個避風港。甚至在開會的時候，你也可以創造出一個避風港，只要小心挑選你的座位，然後知道自己應該何時發言和如何發言。美國柯林頓總統時代的財政部長羅伯特．魯賓在回憶錄《不確定的年代：從華爾街到華盛頓的艱難選擇》中寫道：「我一直都在避免成為中心人物，不論在白宮的總統辦公室還是在白宮幕僚長辦公室，我的座位總是在會議桌的角落。我比較喜歡跟人在肢體上稍微保持一點距離，這樣感覺比較舒服，也可以觀察整個房間和大家的言論，我不會擔心被冷落，不管我坐得或站得多遠，還是可以發表意見：『總統先生，我的想法是這樣、那樣。』」

你去新公司上班之前，若能先評估該處是否可以建立你的避風港，這樣會很有幫助，而且這跟休假時數或是保險福利一樣重要。內向的人應該自問：「這個新工作是否容許我做自己喜歡的事？舉例來說，閱讀、擬定策略、寫作或是做研究。我有自己的工作空間嗎？還是要在開放式的辦公室裡應付大家的要求？如果這份工作沒有避風港，那我平日晚上和週末可以留給自己嗎？」

外向的人也會想要有「修復式避風港」，只不過這種避風港跟內向人的不同。外向的人應該問自己：「這份工作需要我說話嗎？要出差或是會有很多機會遇到不同的人嗎？辦公室會不會太無聊？如果這份工作不太完美，工作完有時間可以讓我一吐怨氣嗎？」要把工作條件都想清楚。我採訪過一個非常外向的女士，本來很高興要去擔任一個親子網站的「社群負責人」職位，後來她發現這個職位必須要一個人朝九晚五坐在電腦前面，她就不去了。

有時候，避風港就藏在你從沒想過的地方。我以前有個同事是訴訟律師，上班時間大多是美妙的獨處時光，一個人做研究和寫訴狀，因為大多數的案子都可以和解，她幾乎不太有必要上法院，所以她也不在乎偶爾要演一下外向的樣子。我也採訪過一個內向的行政助理，她利用自己在公司裡學到的經驗，用網路成立了一個在家工作的公司，提供行政服務的訊息交換，也進行「虛擬助理」的訓練服務。下一章我還會提到一個超級業務員，他每年都打破公司的銷售紀錄，方法竟然是堅持做內向的自己。這三個案例的主角都是內向的人，但都決定待在外向人的領域，而且都用自己的方式改造了工作方法，所以大多數的時間還是真實的自己，工作時間都可以待在自己的修復式避風港裡面。

找到適合自己的避風港沒有那麼容易。你可能想要在週六晚上坐在壁爐旁邊安靜閱讀，但若是你老婆希望你帶她出門跟她的好姊妹聚會，怎麼辦呢？你喜歡在外出拜訪客戶中間的時段躲到你自己的辦公室綠洲裡，但要是你的公司決定要改採開放式辦公室，那又該怎麼辦呢？要是你想要多多練習「自由性格」的特質，那麼就需要親朋好友和同事的幫助，所以利托教授才會大聲疾呼，要大家趕快簽下「自由性格同意書」。

這是自由性格理論的最後一部分。這份「自由性格同意書」讓我們知道，有時候我們必須演出「不是自己」的樣子，目的是為了換取「做自己」的時間。以剛剛提到的例子來說，老公在晚上想要安靜讀書，但是老婆想要跟朋友聚會，經過自由性格同意書的調整，以下就是新的行程：一半的時間出去玩，一半的時間待在家。老公原本被逼著要陪老婆去參加姊妹淘婚前送禮派對、訂婚派對、告別單身狂歡派對等三項活動，但是因為有了同意書，老婆同意讓老公跳過這三項活動，可是一定要參加最重要的婚禮。

跟朋友和情人通常都可以達成妥協，因為他們是你願意討好的人，也愛你最原始的樣子。至於職場上就有點困難了，因為大多數公司不是用這種方式來思考，因此你一開始可以用間接的方式進行。職業諮詢師秀雅．瑞姬跟我說過她客戶的例子，這位客戶是個內向的金融分析師，每天工作時不但要跟客戶簡報，同事還常常在她辦公室進進出出的，她感覺非常疲憊，甚至到了想辭職的地步。後來，秀雅．瑞姬建議她去跟公司協調出一個修復時間。

這個客戶在華爾街的銀行工作，這裡的文化不太理解超級內向人的需求這種事，所以她的用字遣詞要非常小心。她跟她的老闆說明工作特質，她身為一位策略分析師，需要安靜的時間才能專心思考，當她用實際案例向老闆說明完畢之後，很容易就達到了她在心理上所渴求的：一週在家工作兩天。

其實，最可以簽下同意書的人，是你自己。不過你要克服你自己的抗拒。

舉個例子來說，假設你今天單身，你不喜歡去酒吧之類的店，可是你又想要跟人建立親密關係，而且是長期穩定的交往，可以跟對方一起愜意度過夜晚時分，或是可以連同對方和幾個好朋友談心。為了達成這項目標，你要跟自己達成協議，先逼自己出席一些社交活動，因為這樣你才有機會遇到另一半，然後長期來看，以後才能減少出席聚會的時間。不過在這些過程中，你只盡量參加自己還可以忍受的場子，自己決定上限是多少，如一週一次或一個月一次，甚至一季一次。達到上限之後，你就可以安心待在家，沒有罪惡感。

另一個例子，你也許一直都想要建立一個在家工作的小事業，以便有多一點時間陪家人和小孩。但是，你也知道要先建立人脈，才能在家工作，所以你和自己簽下這個協議：每週參加一次休閒聚會，每次聚會至少跟別人有一次誠心的交談（對內向人來說，這樣至少比要你負責炒熱整個場子的氣氛來得容易多了），然後隔天還要跟那個人繼續保持聯絡。這樣，就算你之後拒絕了其他建立人脈的社交邀約，也不會有罪惡感。

☾

利托教授非常清楚，要是沒有和自己簽下這份同意書，他會發生什麼事。利托曾經有段時間的行程表，簡直就是包含了外向和內向性格中最耗費心力的要素：外向性格的方面有大量的上課演講、跟學生約談、監督學生的小組討論、寫一堆推薦信等；而在內向性格的部分，他對於前述那些活動都背負著非常非常深的責任感。在這段期間裡，他只有偶爾逃到黎希流河和廁所等地方躲起來。

「這段日子分析起來會發現，我展現出非常偏向外向性格的行為。不過假如我真的是個外向的人，那麼這些事情我就會做得快一點，寫推薦信的時候比較不會那麼用心，也不會花太多時間準備課堂上的演講，社交活動當然更不會讓我覺得心力交瘁。」他也罹患了某種程度的「名聲混亂症」（這也是他發明的用詞），亦即他因為自己的超級熱情、逗趣演出讓他出名，名聲愈傳愈遠，別人就以為他的個性就是這樣，結果他感覺到自己有義務要持續扮演出來這個樣子。

當然，利托最後撐不下去了，不但是心理上的疲憊，還有生理上也是。以前他會告訴自己，沒關係，我喜歡學生，喜歡我的工作，全部都喜歡。結果呢，最後利托病倒了，因為他忙到沒有注意自己得了雙側肺炎，最後是他老婆把他拖去醫院的，他自己還不想去呢。也算不幸中的大幸，醫生說要是拖久一點，利托就沒命了。

當然，你我都可能會有雙側肺炎和過度操勞的生活，但是對利托教授來說，這是因為他演出外向的時間實在太長，沒有時間好好躲起來休息。如果你因為責任感而逼自己接下過重的工作量，超過自己的負荷，你就會慢慢開始失去興趣，即便這工作原本非常吸引你也一樣。身體健康也會付出代價，「情緒負擔」指的就是我們要控制和改變情緒時所需要付出的努力，這跟壓力、過勞、甚至心血管疾病的症狀都有關聯。利托認為，長時間演出非真實自我的樣貌會增加自律神經系統的活動量，結果就是免疫功能會失調。

有一份研究報告非常值得關注，報告顯示越是壓抑負面情緒的人，就越容易在事後以無法預料的方式爆發。心理學家朱蒂絲．葛拉布在實驗中要求一組受試者觀看噁心圖片，而且臉上盡量不要表現出情緒，她甚至讓受試者咬著一支筆，這樣他們才不會皺眉。另一個對照組則是沒有受到限制。她發現，壓抑情緒的受試者比較不覺得這些圖片很噁心，但是這些壓抑情緒的受試者後來都出現了一些副作用，他們的記憶力受損，負面情緒也影響到他們的生活觀。舉例來說，葛拉布要他們填空，有一個題目是gr——ss，壓抑情緒的受試者比較多人填成gross（噁心），而沒有壓抑的受試者比較多人填出grass（草）。葛拉布總結說：「有壓抑負面情緒習慣的人，常會看到事情的黑暗面。」

因此，利托教授現在還處在修復狀態。從大學退休後，他跟太太在郊區的家中開心辦公。利托教授說，他太太蘇·菲力普絲是卡爾頓大學公共行政系的系主任，兩人行為模式非常相似，根本不用同意書來協調彼此的關係。但是他跟自己簽的同意書則要求自己「悠閒進行學術活動」，可是不可以「超過必要時間」。

然後利托教授就要回家跟老婆窩在壁爐旁取暖。

---

①有關「個人—情境」論爭的綜論，可以參見David C. Funder, The Personality Puzzle（New York: W. W. Norton, 2010）m 118-44.另外亦見Walter Mischel and Yuichi Shoda, "Reconciling Processing Dynamics and Personality Dispositions," Annual Review of Psychology 49（1998）: 229-58. 人格是否為固定不變的？以下是支持這個見解的說明：我們現在知道，在人格測驗上被分類為內向的人，和外向的人比較起來擁

有不同的心理狀態，可能身上還帶著不同的基因。我們也知道從人格特質就可以預測出很多人生的結果。如果你屬於外向，你比較有可能有各種不同的朋友，比較可能冒險追求性愛，或者出意外，並且在與人有關的事業上成功，如業務、人力資源、當老師等等（當然，這不意味著你一定會從事這些行業，這只代表你比典型的內向者更可能選擇這些職業）。如果你是內向的人，你比較可能在高中、大學都有優秀的課業表現，未來的學術生涯也很光明，交友圈比較小，婚姻比較穩定，也喜歡從事比較自主的事業如藝術、研究、數學、工程等。內向或者外向甚至可能決定了你在人生中會碰到哪些心理挑戰：內向者比較容易發生憂鬱和焦慮（伍迪艾倫就是一個例子），外向的人比較容易有敵意、自戀、過度自信（小說《白鯨記》裡面的船長就是這樣，會對一條鯨魚發這麼大的火氣）。

此外，研究顯示，從一個人年輕時代的行為就可以準確預測他到七十歲時的人格特質。換句話說，雖然我們一輩子經歷過各種不同的情境，我們的核心特質依舊不會改變。當然，我們的人格會演變，凱根針對高度反應者的研究就已經證明了人的人格會演變。不過，我們還是會維持一種可以預測的模式。假設高中時你是班上內向程度排名第十的內向者，或許你的行為會隨著時間改變，可是高中畢業五十年後開同學會的時候，你在班上的內向程度還是排名第十。或許，在同學會上你還會發現許多人的內向程度，比你當年記得的還要更嚴重：他們變得更安靜、不需要外界刺激，情緒上也比較穩定，比較容易與人相處，良心也比較敏銳。這些特質，都會隨著年歲而更加凸顯。這個過程，心理學家稱之為「根本的成熟」，而且無論是在德國、英國、西班牙、捷克、土耳其等各國，都可以看見同樣的模式。科學家也在大猩猩與猴子身上發現同樣的模式。

從演化上來講，這樣是有意義的。高度外向有助於得偶，因此在青春期及青年時期是我們人生中社交活動最頻繁的時刻。等我們進入下一個階段，需要維持穩定的婚姻以及養育兒女的時候，「渴望到處去參加趴踢」這個社交需求就變得比較沒有用處，「留在家裡與所愛的人在一起」這個需求反而變得有用。還有，如果能夠擁有一定程度的內向，也可以讓我們隨著年歲增長變得更穩重，可以面對困難。假如說人生的上半場是以「讓大家知道你」為目標的話，那麼人生下半場最大的挑戰就是「不要隨便糊塗亂竄亂跑」了。

第十章 跨越溝通障礙：如何和另一種人對話

兩種人格相遇就像是不同的化學物質互相碰撞：若產生反應，兩者都產生質變。

——瑞士心理學家榮格

如果內向的人和外向的人就像南北兩極，或是說同一個光譜的兩端，那麼這兩種人怎麼可能和平相處？其實，這兩種人經常彼此吸引，成為朋友或事業上的夥伴，尤其是在戀愛關係上更可見到這兩種人的組合。這種組合彼此欣賞，可以衝撞出美麗的火花，並且互補使對方更圓滿。有一方通常當聽眾，另一方是講者。有一方對「美」特別敏銳，對唇槍舌劍也特別敏感，另一方卻是莽莽撞撞又開開心心度過每一天。有一方負責付帳單，另一方安排小孩的出遊日。但是，這種組合也可能因為相反的個性而引發劇烈衝突。

葛瑞格和艾蜜莉這一對夫婦就是內向和外向的組合，彼此又愛又恨。葛瑞格剛滿三十歲，走路的步伐很大，一頭黑髮常常遮在眼前，動不動就大笑，很多人都形容他是「社交動物」。艾蜜莉二十七歲，個性沉穩，內斂的程度和葛瑞格外放的程度完全成對比，她舉止優雅，說話輕聲細語，一頭紅棕色的頭髮盤起來，眼神總是低低的，幽幽看著他人。

葛瑞格和艾蜜莉是個完美組合，要是艾蜜莉沒有了葛瑞格，除了上班以外的時間，她大概都足不出戶。矛盾的是，要是葛瑞格沒有了艾蜜莉，他這種社交能手還是會覺得很孤單。

兩人相遇之前，葛瑞格的前女友都是外向的人，葛瑞格說他雖然跟前女友相處很愉快，但是從沒有非常深入瞭解她們，原因是兩人都在忙著跟朋友交際應酬。不過，葛瑞格一提到艾蜜莉，口氣就充滿了崇敬之意，彷彿艾蜜莉隸屬某種更高的存在等級，葛瑞格把艾蜜莉形容成他生活中的「錨」，他的重心。

艾蜜莉也很珍惜葛瑞格的熱情如火，葛瑞格讓她生活更開心、有活力。艾蜜莉一直以來都很喜歡外向的人，她說「外向人會負責打開話匣子，對他們來說，開啟話題簡直易如反掌。」

問題是，交往這五年來，兩人老是針對一件事爭吵。葛瑞格做的是音樂行銷，認識一大群朋友，每週五晚上葛瑞格都想請朋友來家裡吃飯，但這種隨興、熱鬧的聚會結束後就是一片杯盤狼藉。葛瑞格從大四開始，每週五都會邀人來家裡，這種聚會已經成為葛瑞格每個星期的重大盛事，甚至是他身分認同很重要的一部分。

而艾蜜莉越來越害怕每週五的聚會。艾蜜莉是藝術博物館的法務專員，工作辛勤，注重隱私，下班後最討厭還要回家取悅別人。艾蜜莉心中最完美的週五夜晚，就是和葛雷格一起去看電影。

這兩人的需求似乎難以協調：葛雷格一年想要五十二次晚餐聚會，艾蜜莉一次都不想要。

葛雷格希望艾蜜莉努力改變一下，他說艾蜜莉有「反社會」的傾向。艾蜜莉回嘴：「我還是有社交生活，我愛你，愛我的家人和我最要好的朋友，但我就是不喜歡每個星期五的聚餐。在這種聚會碰面的人根本不會深交，只是應酬一下。你把你的心力花在你朋友身上，我卻把我全部的心力投注在你身上，你不覺得自己很幸運嗎？」

不過艾蜜莉很快就讓步了，雖有部分原因是她討厭爭吵，但主要原因還是她竟然開始質疑自己。她在想：「難道我真的是反社會？也許問題在我身上？」每次她和葛雷格在吵這件事的時候，她小時候的回憶就如潮水湧來：艾蜜莉的校園生活比較不順利，不像她個性活潑的妹妹；艾蜜莉永遠比別人更擔心社交互動的問題，例如要如何婉拒同學放學後的邀約，只因為她喜歡待在家裡。艾蜜莉還是有很多朋友，交朋友對她來說不成問題，可是她從沒有跟別人出門旅行超過兩天。

艾蜜莉後來提議，只要她不在家的時候（例如外出去找她妹妹），那麼葛雷格就可以邀朋友來辦趴。問題是，葛雷格又不想自己一個人舉辦晚餐聚會，葛雷格很愛她，也想跟她待在一起；其他人如果真的認識艾蜜莉，也會很喜歡她的。那為什麼艾蜜莉還會感到這麼害怕呢？

這個問題越來越困擾葛雷格。要他一個人在家，簡直就像是要他的命一樣，他會很沒精神。葛雷格一直嚮往著婚後可以跟另一半一起冒險，他一直想像兩人可以共同站在事件的焦點中心，還有更重要的，他心底知道但從沒有承認的是，他結婚的目的是為了不想要孤單一個人。可是，艾蜜莉現在竟然要他一個人招待朋友，他感覺艾蜜莉好像違背了當初婚姻的誓言，而且，葛雷格認為艾蜜莉真的有點毛病。

☾

「我的個性真的有問題嗎？」艾蜜莉會有這種懷疑，或者說，葛雷格會這樣指責她，一點也不奇怪。有關人格特質，一般人最常聽到、可能也是傷害性最強的誤解，就是以下這種指控：內向的人比較反社會，外向的人比較合群。不過，只要稍微留心就知道這兩種說法都不對，外向或內向的人都會和人互動，只是程度不同。不論內向或是外向的人，都會有心理學家說的「親密需求」。其實，知名心理學家大衛·巴斯說過，最重視這種親密關係的人，不見得就是「最吵鬧、最活潑、整天交際的外向人」，這種人很有可能只有一群非常親密的朋友，因為他們「喜好真誠且有意義的對談，勝過整天狂歡」，也就是類似艾蜜莉這樣的狀況。

反之，外向的人不見得是從社交活動上獲得親密感。心理學家威廉·葛拉賽諾告訴我：「外向的人比較需要論壇型的聚會，以滿足他們對社會影響力的渴求，正如將軍需要士兵來滿足他的領導欲望。」他還說，「外向人一到場，大家都知道他們來了。」

外向的程度似乎會影響你有多少朋友，卻不代表你就是這些人的親密好友。德國的心理學家阿斯朋朵夫和威爾皮斯研究了柏林洪堡大學一百三十二位大學生，想要瞭解不同的人格特質對於與同儕和家人間的關係有何影響。研究焦點放在所謂的五大特質，有很多人格心理學家認為人類的人格可以化約成下列這五種特質：內向外向、親切程度、對於新體驗的開放度、良知責任、情緒穩定性。①

阿斯朋朵夫和威爾皮斯預測，外向的學生比內向的學生容易結交新朋友，後來顯示的結果也確實是如此。不過，若「內向的人是反社會，外向的人傾向群體生活」的假設為真，那照理講，在這個研究中的外向學生應該會有最和諧的人際關係。結果根本不是如此。其實，人際關係衝突少的學生，在「親切程度」那個特質上得到很高的分數。親切的人溫和待人，給周邊的人支持和關愛，心理學家發現如果讓他們看電腦螢幕上的「關懷」、「諮詢」、「協助」等字眼，他們注意這些字的時間比其他人久一些，但是對「綁架」、「攻擊」、「騷擾」等字觀察的時間比其他人短。內向和外向的人都有可能是親切的人，內外向程度跟親切程度並沒有關聯，這也說明了為何有些外向的人喜歡社交應酬的刺激感，但是卻特別不喜歡跟他周遭的人相處。

這也可以說明為什麼像艾蜜莉這樣的內向人，對於交朋友卻很有一套辦法。原因是她非常友善，雖然不喜歡閒聊八卦，卻付出大量的心力關注家人和親密朋友。所以葛雷格給艾蜜莉貼上「反社會」這樣的標籤，其實是不對的。艾蜜莉投注在婚姻關係上的心力，就是大家預期和藹的內向人會做的事，她的社交活動重心就是她先生葛雷格。

不過也有例外的時候。艾蜜莉工作很辛苦，有時候回到家已經筋疲力盡，雖然平時看到葛雷格她就會很開心，但有時候她還是只想靜靜在葛雷格旁邊閱讀就好，不想再出門跟朋友聚餐或是熱烈交談，只要待在葛雷格身邊就夠了。對她來說，這就是最自然的狀態。但是葛雷格看到老婆只願意為公司努力，卻不願意為自己努力的時候，就覺得很受傷。

令人覺得哀傷的是，在我訪問過的內向外向情侶中，這種情況非常普遍，內向人非常渴望有休息的時間，趁這機會好好瞭解另一半；但是外向的人想要別人的陪伴，討厭其他人偷走另一半最「精華」的時段。

外向的人很難理解為什麼內向者在一天結束之後，會如此迫切需要充電。如果另一半睡眠不足而累到無法交談的話，我們都可以理解，但我們卻不太瞭解，過度的社交刺激對內向的人來說也是很累的。

內向人恐怕也很難理解，為什麼自己的靜默不語竟然會帶來這麼大的傷害。我採訪過一個叫莎拉的女生，她是個活潑又充滿精力的高中英文老師，她先生包柏是個內向的大學法學院院長，當院長整天要募款，一回到家就累癱了。莎拉跟我哭訴，她婚後有多沮喪，多孤單。

莎拉說：「他上班的時候活力十足，每個人都跟我說他好風趣，我可以嫁給他有多幸運，我聽到這種話就想把他們給掐死。我們每天只要一吃完晚餐，他就立刻站起來清理廚房，然後他就只想一個人獨處，自己看報或是玩他的攝影。九點一到他就去臥房，在我身邊看電視，但是就算是那樣，他的心根本也不在我身邊。他也會要我把頭靠在他肩上，跟他一起盯著電視，可是這樣根本就像兩個孩子在一起，你玩你的玩具，我玩我的玩具，彼此沒交集。」莎拉想要說服包柏換工作，她說道：「我覺得如果他可以整天待在電腦前面，不用出去去募款的話，我們都可以過得很輕鬆。」

如果今天的狀況是男生內向、女生外向，如同上述這個例子一樣，我們常常會誤以為是性別差異造成的結果，然後就會搬出「傳統的智慧」來解釋：男人來自「火星」，下班後需要回到自己的山洞；女人來自「金星」，比較喜歡交流互動。不管究竟是性別差異還是性格所致，重點是，這是可以改善的。歐巴馬總統在《歐巴馬勇往直前》一書中坦承，他跟蜜雪兒剛結婚時，正在撰寫第一本書，「因為公寓外面有鐵路經過，我整個晚上都待在公寓最裡面的書房。我本來覺得我一個人獨處是很正常的，後來才發現，這樣常常讓蜜雪兒覺得很孤單。」歐巴馬認為，獨處是為了寫作，但也是因為他從小到大都是獨生子，所以習慣獨處。他說，這些年來兩人已經瞭解彼此的需要，而且現在很注重對方的需求。

☾

內向者和外向者也不容易理解對方處理問題的方法。我有個客戶叫希莉亞，是個打扮一絲不苟的律師。希莉亞想要離婚，但還不敢讓對方知道。雖然她的理由充足，卻也擔心老公會乞求她留下來，最後她就會因為罪惡感而讓步。最困難的是，希莉亞想要用很溫馨的方式向老公傳遞個壞消息。

我和希莉亞先沙盤推演一次，我演她的丈夫。

希莉亞：「我想要離婚，這次是說真的。」

我求她：「我真的盡一切努力在改善我們的關係了，妳怎麼可以對我這樣？」

希莉亞想了一下子，說道：「我一直在想這件事，我覺得對我們兩個來說，分開是最好的決定。」她的聲音相當平淡。

我問：「我要怎麼做，才能讓妳回心轉意？」

希莉亞：「做什麼都沒用。」她的聲音完全沒有起伏。

我雖然一邊在想她先生大概會說什麼，可是我又傻在那裏，她講話好像在死背課文，一點感情也沒有。她丈夫一定會想：「明明是要離婚耶！我們結婚十一年了！她難道一點也不在乎？」

我要希莉亞重新演練一次，這次要多放一點感情。

「我做不到，就是沒辦法。」

不過她還是乖乖再試一次了。「我想要離婚。」這次她哽咽了，開始失控抽泣。

希莉亞的問題不是沒有感情，問題在於她要怎麼表達情緒，但又不能失控。希莉亞找了張面紙，很快振作一下心情，然後又變回剛硬無情的律師狀態。她只有兩種極端的模式：一種是被情緒淹沒，另一種是冷靜漠然。

我之所以要講希莉亞的故事是因為她跟艾蜜莉很像，也跟很多我採訪過的內向者很像，只不過艾蜜莉跟葛雷格談論的不是離婚，是聚餐問題。艾蜜莉的溝通風格跟希莉亞一樣，每次艾蜜莉跟葛雷格意見不合時，她的聲音就越來越小聲，越來越平淡，情緒也慢慢抽離，因為艾蜜莉想要把衝突降到最低，她不喜歡生氣。所以，她情緒上看似是讓步了。然而，葛雷格剛好完全相反，爭執的時候他的音量會越來越大，他越深入討論問題就越激動凶狠。而艾蜜莉越退縮，葛雷格就覺得越孤單、越受傷，然後越激動，可是，艾蜜莉也會更受傷、更作噁不舒服，當然更退縮。這樣很快造就了一種惡性循環，逃也逃不開。會有這種情況，多少要歸咎於兩人都認為自己處理爭執的態度是妥當的。

如果你知道「人格特質差異」以及「處理衝突的方式」兩者間的關聯，這對夫妻相處的模式就沒有什麼好訝異的。就像男人跟女人對於衝突的處理方式通常大不相同，內向者和外向者也是這樣。研究顯示，內向人比較會避免衝突，但是外向人會當面攤牌，比較願意講開來，甚至是辯論起來。

這兩種方式截然不同，所以這兩種人注定會起爭執。如果艾蜜莉不介意兩人間產生口角，也許她就不會對於葛雷格的反應如此反感；如果葛雷格願意用溫和一點的方式處理，他也許可以理解艾蜜莉這種低調的處理方式。假如兩人之間可以協調出一種處理衝突的方式，那麼每次意見不合，都是可以拿來確認對方觀念的機會。但是葛雷格和艾蜜莉每次碰到爭執，彼此對於對方的反應都無法認同，所以每次爭執之後，彼此也就變得更陌生。

爭執的時候，他們對於彼此的愛也減少了嗎？心理學家葛拉賽諾一項很有啟發性的研究可以為我們解惑。他的研究結果顯示，的確是減少了。葛拉賽諾將六十一名男學生分成幾隊，進行模擬的橄欖球賽。其中一半的人分配到一場「彼此合作」的比賽，他們收到的指示是，「橄欖球賽對我們有好處，因為要打贏的話，所有成員都要彼此合作」。另一半的人則被分配到強調競爭的比賽，利用投影片分別讓每個學生都看到他的「隊友」的假資料，以及競爭隊伍隊員的球員資料（也是假的），然後要求受試者寫下他對其他球員的感覺分數。

結果，內向者和外向者的差異非常顯著。被分到合作組的內向者給其他人的分數都比自己高，包含自己這隊的隊友和另一隊的敵人都是偏高。被分配到競爭組的內向者，給其他球員的評分則低於合作組的內向者所給出的分數。外向者的評分結果則相反，被分配到競爭組的外向人士，給其他所有球員的分數比較高。這些發現指出一件很重要的事：內向的人比較喜歡在友善的情境下交友，但是外向的人比較喜歡在競爭的環境下交友。

再來看一下另一項非常不同的研究。在這個研究裡，科學家安排中風後的病人在復健時與機器人互動，結果也和模擬橄欖球賽的研究非常相似：如果把機器人說話的方式設定成相當和緩溫柔，像是，「我知道復健很辛苦，但是要記得這樣對你很有幫助喔。」或是「很好，繼續加油！」則內向的病人反應就會比較良好，跟機器人互動的時間也較長。另一方面，如果把機器人說話的方式設定成激勵、刺激的言語，像是，「我知道你還可以做得更好！」「專心一點喔！」則外向的病人就會比較努力一些。

上述的這些研究結果意味著葛雷格和艾蜜莉兩人正在面對一個很有趣的挑戰。如果在比較激動一點或是競爭意味強一點的情況下，葛雷格對人的喜愛程度會提升，而艾蜜莉在比較溫和、合作的環境中，對人的喜愛程度才會提升，那麼這兩人在聚餐這件事上該怎麼達成共識？而且是以一種充滿感情的方式？

答案來自密西根大學商學院的研究，不過這個研究的對象並不是個性相反的已婚男女，而是不同文化之間的談判者。該研究選擇了亞裔人士和以色列人為主體，有七十六位來自香港和以色列的MBA學生想像他們在幾個月後就要結婚，必須要和負責餐點的外燴公司把事情安排好。而當事人和外燴公司之間的會議，則是透過視訊方式進行。

有些學生看到的視訊影像裡，外燴公司的經理非常和善，常常微笑。另一組則看到易怒、高傲的經理。不過外燴公司告訴兩組學生的訊息都相同，那就是學生辦婚禮的同一天另外有一對新人想要辦婚禮外燴，所以外燴公司要求抬高價格。如果客戶願意接受新價錢那就成交，不接受那就拉倒。

香港來的學生和以色列的學生反應很不一樣。亞洲人更有可能接受和藹可親的經理，有百分之七十一的人願意跟親切的經理合作，但只有百分之十四的人願意跟高傲的經理合作；以色列學生對於兩種經理的反應則沒有太大的差異。換句話說，對於亞洲人來說，如果要協調事情，行事風格和內容都非常重要；以色列人則注重訊息本身的內容，對於親切或是有敵意的情緒表現，他們都不受影響。

兩組學生的反應會有如此顯著的差別，原因在於兩種文化對於尊重的定義不同。第八章說過，很多亞洲人展示尊重的方式是降低衝突，但是研究者說，「以色列人不認為意見不合是一種不尊重的表現，反而把意見不合視為對方很關切這件事，而且很積極參與討論。」

我們也可以用相同的概念來看葛雷格和艾蜜莉這對夫妻。每當艾蜜莉降低音量，或是吵架的時候把情緒歸零，艾蜜莉會認為自己很努力不讓負面情緒顯露出來，以表示尊重對方。但是葛雷格會認為艾蜜莉這樣是在逃避，或是根本什麼都不在乎。同理，每當葛雷格怒火中燒，他認為艾蜜莉也應該要有一樣的感覺，表現自己的情緒就是對著另一半展現最真實的自己。但是對艾蜜莉來說，這很像是葛雷格突然要找她麻煩。

卡蘿．塔芙瑞斯在她《憤怒：被人誤解的情緒》一書中提到個故事，從前有一條孟加拉的眼鏡蛇，常喜歡咬路過的村民。有一天有個出家得道的僧人告訴那條眼鏡蛇說咬人是不對的行為，於是那條眼鏡蛇就發誓不再咬人，爾後也的確遵守誓言。怎知不久之後村中幾個男孩就不怕那條蛇了，甚至還把蛇抓起來虐待一番。眼鏡蛇被打到渾身是血，於是跑去跟那位高僧抱怨說自己遵守誓言，結果換來這種下場。

僧人回道：「我跟你說不要咬人，但我沒說你不可以嚇他們啊。」

塔芙瑞斯寫道：「很多人跟那條眼鏡蛇一樣，把『咬人』跟『嚇阻』搞混了。」很多人，如葛瑞格和艾蜜莉，都可以從這個故事學到很多東西：葛瑞格要停止咬人，艾蜜莉要學會嚇阻對方。

葛瑞格可以開始改變自己對於憤怒的看法，他跟我們大多數一樣，以為發飆可以宣洩怒氣，這種宣洩精神的論調認為我們體內的憤怒會堆積，發洩出來才會健康。這種看法可以追溯至希臘時代，然後在佛洛伊德的年代又捲土重來，在一九六〇年代的時候，打拳擊沙包和原始吶喊這種發洩方式大受歡迎，「全都發洩出來吧」的觀念大行其道。但是，這種宣洩理論其實是種迷思，雖然看似很有道理或很美妙，不過迷思終究是迷思。數十個研究早已顯示，發洩無法讓怒火消失，反而會助長怒氣。

最好的辦法就是我們根本不用走到憤怒這一步。令人最驚訝的是，神經科學家發現打肉毒桿菌的人因為不能面露怒容，所以他們似乎比其他人不易發怒，因為光是皺眉癟嘴這表情就會刺激大腦的杏仁核產生負面情緒。而且，怒氣不單單是對當下的氛圍具有殺傷性，在事後好幾天，發怒的人還要跟另一半修補關係。雖然很多人以為和好時的性愛非常美妙，但很多情侶表示，還是需要一段時間才能重新找回愛對方的感覺。

葛雷格發現自己的怒氣高漲的時候，該怎麼做才能冷靜下來？他可以先休息個十分鐘，問問自己到底是什麼事這麼重要，讓他可以氣成這樣？如果沒有這麼重要，就放下情緒吧。如果真的很重要，他就應該好好表達他的需求，很平和地討論事情，不該讓對方認為自己是在人身攻擊。「你就是反社會！」這種話應該改成「我們可以想一想，有什麼方式是兩個人都可以接受的？」

就算艾蜜莉不是敏感的內向人，這種方式依舊適用。沒人喜歡受對方控制或是不被尊重，而且艾蜜莉對憤怒這件事情格外無法忍受，所以葛雷格面對艾蜜莉「避免交鋒」的行為，更應該小心回應，因為他今天娶的老婆是想要避免衝突的人，不是當面攤牌的那種人。

現在，換從艾蜜莉這邊來看，她可以做些什麼呢？葛瑞格「咬人」的時候，也就是人身攻擊的時候，她的確應該要抗議。但假如葛瑞格只是在「嚇阻」她呢？艾蜜莉固然可以把自己「不參與討論」的責任推給對方，不過還有一點不能忘記，她有自責和自我防衛的傾向。第六章說過，很多內向的人小時候就有很強烈的內疚感，我們也知道大家常常會把自己的反應投射在他人身上。艾蜜莉不喜歡衝突，她從不會「咬人」，甚至也不會「嚇阻」人，除非葛雷格真的做了非常過分的事情。就某種程度而言，她面對葛雷格的「咬人」行為時，自己卻變得很內疚，至於她到底為了什麼事情內疚，老實說也沒人知道。然後這種內疚的感覺到了無法忍受的時候，她就會徹底否認葛雷格的說法有任何可取之處。當然，這種互動就會陷入惡性循環，艾蜜莉就會關閉原有的同情之窗，然後葛雷格的要求就會被忽視。

所以，艾蜜莉需要接受一個事實：如果是自己有錯，其實也沒關係。起初她還無法分辨出自己到底何時是有理，何時是無理的，葛雷格發脾氣的時候，更是很難釐清真相，但是艾蜜莉一定要努力，別被爭執給沖昏了頭，如果葛雷格講的話有道哩，艾蜜莉就要承認。這樣的目的不單單是當她先生的好夥伴，更是要教導自己，犯錯是人之常情。這樣的話，她內心就不會那麼容易受傷，然後比較能夠在葛雷格無理取鬧的時候反擊。

反擊？但是艾蜜莉討厭起衝突耶？

沒關係，她需要練習把自己的聲音傳達出來，願意發出「嚇阻」對方的聲音。內向的人不太樂意讓彼此的關係陷入不合，但就像那條被動的眼鏡蛇，內向的人還是得擔心另一半可能會越來越狠毒，反駁回去不見得會讓對方想要報復，這種嚇阻作用會讓葛瑞格知道何時該收手。艾蜜莉不需要做得很激烈，大部分的時候一句堅定的「我就是不想要這樣。」可能就足以傳達意思了。

偶爾，艾蜜莉可能可以改變一下一貫的作風，小小發飆一下。因為對葛雷格來說，刺激的互動有助交流情感，就像是外向的人在橄欖球比賽對於對手那種情感，所以如果艾蜜莉可以稍稍展露自己激烈的情緒，有點像是球員做好心理準備要上場對戰了，也許會讓葛雷格覺得兩人的距離比較接近。

艾蜜莉可以提醒自己，葛雷格內心並不像外表那麼具有攻擊性，這樣可以稍微減少自己對於葛雷格行為的反感。我採訪過一個叫約翰的內向男子，他跟脾氣火爆的老婆相處非常愉快，他說在二十五年的婚姻生活裡，他學會下列這樣的相處模式：

每次珍妮佛在責怪我的時候，她都相當狠。如果我睡覺前沒有把廚房清理乾淨，隔天早上她就會破口大罵：「廚房髒死了！」我走過去看一下廚房，大概有三、四個杯子沒收而已，沒有到「髒死了」的地步，不過這就是她的風格，她講話就是很誇張。她這樣講話，其實想表達的意思是：「啊，你有時間就幫我稍微打掃一下廚房，我會很感謝你的。」假如她真的講出這種話，我就會說：「我很樂意幫忙，不好意思，我昨天沒有收乾淨。」不過因為她用這種超強火力說話，我就想要挫挫她的銳氣，我想要簡潔回她一句「真糟啊。」但我沒有這樣做，因為我們已經結婚二十五年了，我慢慢瞭解她說話的方式，反正聽她這樣講，又不會死。

那約翰到底怎麼跟強勢的老婆相處呢？約翰明白讓她知道，自己不會接受老婆這樣的惡罵，但他也會試著去解讀對方的意思。「我會盡量替她想一下，先把她的語氣暫時忘掉，不要去介意她的攻擊，而是去看看她到底想表達什麼不滿。」

其實珍妮佛只是採用了火力十足的言語，來包裝一些很簡單的訴求：尊重我、注意我、愛我。

現在葛雷格和艾蜜莉已經有了方法，可以討論彼此的差異了。但還有一個問題要解決：為什麼他們兩個對於這種聚餐的感受差異會這麼大？我們知道艾蜜莉一進入人多的場合，她的神經系統會高度緊張起來，我們也知道葛瑞格完全相反，他喜歡被大家環繞，喜歡跟大家聊天、聚會等這種會讓他腦部充滿多巴胺的場合，這些是外向者渴望追求的熱血沸騰境界。接下來我們再稍稍深入解析這種雞尾酒聚會的對話，因為要把這兩人的鴻溝連結起來，關鍵之處在於細節。

☪

好幾年前，神經學家李柏曼博士還在哈佛讀研究所時，做過一個實驗，要三十二對彼此不認識的內向和外向人士在電話上交談幾分鐘。掛上電話後，受試者要寫問卷，為剛剛那段交談和互動評分。問題包括「你多喜歡剛剛和你交談的人？」「你有多友善？」「你想和那位對象繼續聯絡嗎？」然後，受試者必須換個角度思考，想想對方會怎麼評價自己：「你的交談對象會多喜歡你？」「對方對你說的話反應多大？」「你有鼓勵對方交談嗎？」

李柏曼和他的研究團隊比較了所有的回答，然後聆聽受試者的對話，另外為這些互動評分。他們發現，外向者比內向者還能正確評估對方是否喜歡跟自己聊天，這些結果顯示外向的人比較擅長解讀社交互動的信息。一開始這些發現都沒有什麼特別的，李柏曼繼續寫道，這跟一般大眾的想法是一致的，大家都認為外向的人比較擅長解讀社交情境。唯一的問題是，李柏曼在他的實驗裡增加了一點不同的設計，然後發現原來大家的想法似乎都錯了。

李柏曼和他的研究團隊要一些受試者聆聽幾段對話的錄音檔，然後再填問卷。結果發現在這群受試者裡面，內向和外向的人對於社交信息的解讀能力，並沒有什麼差異。為什麼呢？

原因就是這群受試者在聆聽錄音的時候，不用做其他的事，只要專心聽、解讀信息就好。而且很多其他稍早的研究已經指出，內向的人其實很會「解碼」，甚至有一份研究報告確實發現內向者比外向的人會解碼。

但是這些研究都是衡量內向的人「觀察」社交互動的能力，而不是他們有多麼擅於參與社交互動。大腦在參與社交活動時所要負責的任務，和單純的觀察其實很不一樣。在參與時，大腦需要進行一心多用的功能，包含同時處理大量短期資訊，而且在處理大量資訊的時候大腦不可以被別的事干擾，也不能超過負載而宣告當機。這就是外向者的大腦通常比較擅長的能力。換言之，外向人之所以比較會社交，正是因為他們的大腦遇到「有好幾個需求在爭奪腦力」時，處理得比較好，在聚餐交談的時候正需要這種一心多用的能力。內向的人面對相同的場合，則需要稍稍強迫自己，才能同時注意很多人。

試想，光是兩個人之間的對談就牽涉到超級大量的資訊處理任務，包含解讀對方說話的內容、解讀肢體語言和表情、很順暢自然地輪流發言和聆聽、回覆對方的話、評估自己說的話對方聽進去多少、判斷對方是否喜歡這段談話，如果不喜歡，要想怎麼改善或是怎麼脫身。光是這樣就已經牽涉到多少任務同時進行！而這還只是跟一個人談話而已。再想想，要是跟一大群人在聚餐的時候對話，又必須一心多用到什麼程度？

所以內向的人通常都採取觀察者的角色，正如他們在寫小說或是在思考單一領域的理論一樣。內向者在聚餐的時候陷入沉默，並不是心不在焉或者缺乏精神，他們只是在做自己天生適合的事情而已。

☪

李柏曼這個實驗讓我們瞭解內向的人為何不擅長社交。但是，他的實驗並沒有為內向的人指出一條發光發亮的路。

我們來看一下某個不起眼的男人，瓊恩．伯格赫夫，他是標準的內向人士，從外觀就可以瞧見端倪：身體苗條細瘦，五官深邃，鼻子和顴骨都像是雕刻出來的，帶著眼鏡，表情總是若有所思。他的話不多，但是說出來的每一句話都經過深思熟慮，要是在團體中，他更是小心翼翼。他說：「我要是跟十個人同時在一個房間裡，我會盡量不說話。我就是那種會被人問『你怎麼都不說話』的人。」

可是，瓊恩從青少年時代就是個出色的推銷員。一九九九年夏天，他還在念國中的時候，就開始擔任初階的廚具銷售員工作，他必須親自到客戶家門口拜訪，推銷他的菜刀，這是最近距離的銷售方式，不像是在會議室裡協商或是汽車經銷商的店面，而是深入客戶的廚房，把廚房裡每天必用的東西賣給他們。

瓊恩剛開始工作的前八個星期，就賣出了五萬美元之多，該年度馬上就被公司從四萬名新員工中遴選出來，成為頂尖銷售代表。公元兩千年，他還在讀高三，賺得的佣金已經超過十三萬五千美元，打破二十五項全國及區域的銷售紀錄。可是，他在學校裡還是個不擅社交的男生，午餐時間都躲在圖書館。到了二〇〇二年，瓊恩已經招募、聘任並且訓練了其他九十名銷售員代表，使自己當年度區域營業額成長了百分之五百。同年，瓊恩創辦了「全球培力訓練機構」，是他自己擁有的個人銷售技巧培訓機構。目前他已經舉辦過數百次的演講、訓練講座和私人諮商，從他手下結訓的銷售員和經理已高達三萬多名。

瓊恩成功的祕訣是什麼？正在加州大學聖塔克魯茲校區任教的發展心理學家艾薇兒．索恩做過一個實驗，實驗裡面可能有線索。艾薇兒邀請五十二位年輕女性擔任受試者（內向和外向各二十六名），每個受試者分別要跟一位內向的人和一個外向的人對話十分鐘，將對話內容錄音下來，然後再請受試者重聽一遍。

過程中出現了驚人的發現。內向和外向的受試者參與對話的程度都差不多，證明了「內向的人話比較少」這個觀念是錯的。當對話的兩人同為內向的時候，話題大多集中在一、兩個嚴肅的主題上；對話的兩人同為外向的時候，他們的話題比較輕鬆且廣泛。內向組常會談到生活中的衝突，像是在課業、工作、友情上面的問題。也許正是因為內向的人喜歡談論「困擾」，所以他們在對話中通常會給予對方建議，輪流給對方諮商，彼此協助解決問題。相較而言，外向的人比較會講一些跟自己相關、但比較輕鬆的訊息，希望讓雙方可以找到起共同之處，像是「你又養了一隻狗？好棒喔！」「我有個朋友養了一缸海水魚！」

這個實驗最有趣的部份出現在一個內向者和一個外向者對彼此展現的欣賞。內向者和外向者說話的時候，內向的人會選些比較輕鬆的話題，他們說這樣的交談比較容易，而且還說跟外向人聊天很愉快。另一方面，外向人士覺得跟內向人聊天時可以放鬆心情，而且可把自己的問題坦白說出，沒有必要假裝自己很歡欣愉悅。

這項結果對社交來說非常有用。內向人和外向人有時候會覺得對方真是掃興，但是艾薇兒的研究卻顯示，兩者可以提供彼此的需求。外向人需要知道，內向的人雖然看似會鄙視膚淺的交談，但原來他們滿喜歡外向人輕鬆的談話風格；內向人需要知道，雖然自己天性就喜歡談論嚴肅的話題，看似是很無趣的人，其實這樣會讓外向人覺得可以找他們討論正經事，讓外向的人很有安全感。

艾薇兒的研究也讓我們瞭解瓊恩·伯格赫夫能夠成為超級銷售員的原因。他的優勢就是擅長討論深度的話題，他比較像是提供好建議的人，而不是一個一直想要說服客戶的人。利用這些優勢，他把自己轉變成某種諮商者，對客戶進行諮商。瓊恩解釋：「我很早就發現，客戶跟我買東西的原因不是因為他們瞭解我在賣什麼，而是因為他們感覺到有人可以瞭解他們。」

瓊恩的天性就是會問很多問題，並且仔細聆聽這些答案，這個天性讓他獲得很大的益處。「到後來，我甚至可以進入客戶家，根本沒有在賣刀子，只是不斷問問題，光是問出正確的問題就可以主導整個對話。」今天，瓊恩的訓練公司也是做相同的事情，「跟對方講話的時候，我會把自己調整成他的頻率，還有要特別注意他們散發出來的氛圍，對我來說這很容易，反正我常常在觀察別人。」

但是，難道銷售員不用把場面炒熱，不用讓自己的情緒保持高昂嗎？據瓊恩的看法，不用這樣。「很多人以為銷售員就是講話飛快，或是要拿出魅力來說服別人，這些方式其實就是外向人的溝通方式。在銷售的時候，有句老話可以參考，『人有兩隻耳朵，只有一張嘴，多聽少說。』我認為銷售和諮商最重要的關鍵其實是仔細聆聽別人。我觀察了我公司裡最頂尖的銷售員，沒有一個是因為外向的特質成功的。」

☪

現在回頭看一下葛雷格和艾蜜莉的僵局。我們剛剛學到了兩件很關鍵的事：首先，艾蜜莉不喜歡同時跟很多人講話，這樣其實是合情合理的。第二，內向的人若能夠採用自己的方式和別人交談，則可以發展出深度且令人感到愉快的交流。

只有當葛雷格和艾蜜莉兩人都接受前述這兩個關鍵的事實，他們之間才可能打破僵局。與其花心思討論跟朋友聚餐的「次數」，不如先開始談論進行聚餐的「模式」。與其把每個人都安排在大餐桌上用餐，不如用自助餐的形式來舉辦，這樣艾蜜莉就不用一心多用參與多人對談，反而可以好好跟幾個朋友坐在沙發上談天，甚至用椅墊席地而坐就可以了。這種方式還是可以讓葛雷格成為眾人的焦點，艾蜜莉也可以一對一進行近距離的談話，無須被所有人注意。

模式的問題處理完之後，就要來處理比較棘手的問題：應該舉辦幾次？經過來來回回的討價還價，兩個人最後同意一個月可以舉辦兩次，也就是一年有二十四次的餐會，比原來的五十二次少了一半之多。艾蜜莉現在還是不太期待這種宴會，不過她其實有時候也玩得滿開心的，而且葛雷格還是可以繼續扮演主辦人角色，不但沒有失去自我，而且他最鍾愛的女人也一同參與其中。

①「親切程度」在本章稍後有定義。「對於新體驗的開放程度」以好奇心、對新觀念抱持多大的開放態度、對藝術、發明與新奇經驗的喜好程度等為標準來衡量。「良知責任」指的是律己甚嚴或甚寬的程度，以及責任感、效率、做事有組織等的程度。「情緒穩定」係指不受到負面情緒影響的程度。

第十一章

如何在紛擾的世界裡教養內向小孩

任何稚嫩脆弱的事物，如何幫它起頭都是最關鍵的，因爲這是性格形成以及最容易受到影響的階段。

——柏拉圖，《理想國》

馬克吐溫說過一個故事，從前有個男人上窮碧落下黃泉，一心想要找到世界上最偉大的將軍。有人跟他說那位將軍早已上天堂，所以他就跑到天堂的珍珠大門口去找。在天堂門口，聖彼得指著一個毫不起眼的人說那就是他要找的人。

這個男人抗議：「那個人哪是最偉大的將軍啊！他還沒死我就認識他了，他只不過是個鞋匠而已。」

聖彼得說：「我知道，但如果他可以做將軍的話，他就會是世界上最偉大的將軍。」

現實生活中，我們要多多注意，有沒有這種「本來可以」當大將軍的人。也就是說，要多注意內向的孩子，無論在家裡、學校或是遊樂場上，他們的天分都可能被大家忽略了。

以下這個發人深省的故事是由兒童心理學家傑瑞．米勒醫生告訴我的，他是密西根大學「家庭與兒童心理健康中心」的負責人。米勒醫生曾經輔導過一個名叫做伊森的小孩，伊森的父母帶他到這個中心做了四次治療，因為他的父母擔心伊森心理有問題，不過在米勒醫生的眼中看來，伊森是個心理狀況很健康的小孩。

伊森的父母一開始會懷疑他有病的原因很簡單。伊森七歲的時候，他四歲的弟弟揍過他很多次，可是伊森從不還手。伊森的父母兩人都非常外向，在公司裡擔任高階主管，平常休閒活動是在高爾夫和網球場上競賽，父母不覺得小兒子的攻擊行為有問題，卻很擔心大兒子伊森逆來順受的個性，認為這樣下去他可能「一輩子都會有問題」。

等到伊森年紀稍長，他的父母不停灌輸他「要反擊回去」的觀念，還把伊森送去棒球場和足球場上訓練，不過伊森只想回家閱讀。伊森在學校也不太想競爭，雖然他很聰明，但是成績只維持中上，明明他可以考更好，卻只想專心在自己的興趣上，像是組裝模型車之類的。伊森有幾個好友，不過他不喜歡參加人擠人的校園活動。伊森的父母很困惑，認為自己的小孩可能得了憂鬱症。

米勒醫生說，伊森的問題不是憂鬱症，而是父母和小孩「個性不合」。伊森身材瘦高，不太會運動，外貌就是典型書呆子，不過他的爸媽非常外向、有主見，「見到人都會微笑，會拖著小孩跟人攀談，伊森只能默默躲在他們身後。」

米勒醫生把他的評估報告，和伊森父母的主觀憂慮兩相比較之後說：「伊森就像是哈利波特那種小孩，一直在閱讀，沉浸在自己的想像遊戲裡面，他很喜歡組裝東西，而且也很樂於跟人分享他喜歡的事情。其實，伊森對他父母的接受度遠遠高於父母對他的接受度。他不會覺得自己的父母有病，只覺得他們跟自己不一樣，如果伊森出生在不同的家庭，可能會被認為是模範生。」

只不過伊森的父母從沒有這樣看待他，米勒聽說伊森的父母後來終於找到另一個心理醫生願意「治療」伊森。現在米勒醫生開始擔心伊森的狀況了。

「這顯然是一個明顯的『醫源性問題』案例，」米勒醫生說：「簡單來講，就是醫療行為反而讓病患真的生病，例如把同性戀小孩『治療』成異性戀一樣。小孩本來沒生病，這下都會被治出病來。我很擔心伊森，他的父母雖然很關心小孩，也沒有惡意，但他們覺得要是沒有把小孩治療好，以後他出社會的時候會適應不良，他們以為伊森需要『動力』。大概只有最後這個『需要動力』還算有點道理吧，其他的部份我就不贊同了。我很確定不可能改變這個小孩，我擔心他們會傷害一個好端端的孩子，讓他失去了自我。」

當然，不見得每個外向父母遇到內向小孩都會變成這樣。米勒醫生說，只要多一點關心和理解，就可以跟小孩相處融洽。但是父母必須先摒除成見，用內向孩子的角度看一下這個世界。

☾

來看一下喬伊絲和她七歲的女兒伊莎貝兒這個案例。伊莎貝兒是個瘦小可愛的二年級女生，喜歡穿閃亮的夾腳拖，纖細的手臂上常戴著彩色的橡皮手環，她有幾個要好的朋友，會彼此分享祕密，而且她跟班上的人都處得很好，要是誰心情不好，她就會去抱抱人家，甚至還把自己的生日禮物送給慈善機構。所以，喬伊絲這位美麗大方，個性又好，又有絕佳幽默感的媽媽，竟然發現伊莎貝兒在學校會有問題，實在感到很困惑。

伊莎貝兒一年級的時候，每天回家後一副非常害怕的樣子，她非常擔憂班上出現的言語霸凌。這種言語霸凌會傷到比較敏感的小孩。雖然那個欺負人的孩子很少拿伊莎貝兒開刀，她還是花了很多時間解讀這些尖銳的言詞，或是言詞背後的涵義，她甚至想像那位欺負人的小孩到底在家裡是遭受了什麼樣的折磨，才會在學校裡表現出那麼可怕的行為。

到了二年級，伊莎貝兒開始要媽媽不要擅自安排她和別人一起玩，一定要先經過她同意才行。通常伊莎貝兒寧可待在家裡。喬伊絲去學校接她的時候，常看到一群女孩聚在一塊兒，伊莎貝兒卻一個人在操場上投籃。喬伊絲說：「她沒有融入其他人……害得我好一陣子不敢去接她，因為看到那一幕實在太難過了。」喬伊絲不能理解為何女兒只想獨處，她擔心女兒可能生病了。她常常想，女兒雖然有同情心，但難道她無法跟別人交流？

經我提醒喬伊絲，她女兒可能是個內向的人，又經我向她解釋一番之後，喬伊絲才開始改變想法。從伊莎貝兒的角度來看，事情根本沒這麼嚴重。伊莎貝兒跟我說道：「放學後我想休息一下。上學好累，因為教室裡人好多，人多我就會覺得很累，如果我媽幫我安排和其他小孩一起玩，可是沒有先告訴我，我會瘋掉。我也不想讓我朋友很難過，但我就是想待在家。如果到別人家去玩，就要陪別人做他們想做的事情。可是，放學後我比較喜歡跟媽媽在一起，我可以跟她學很多事情，媽媽看過的事情比我多，我們可以討論一些比較深入的話題，我很喜歡跟媽媽討論事情，這樣讓我很開心①。」

才國小二年級的伊莎貝兒就告訴我們，內向的人其實會跟人交流。當然會！他們只是用自己的方式跟人交流。

既然喬伊絲現在明白女兒的需求了，母女倆於是常常一起思考事情，非常愉快，並且一起想辦法幫助女兒度過待在學校的時間。喬伊絲說：「以前我一直想要逼她出門，多多跟別人見面，她放學後我就安排一堆活動。現在我知道，對她來說上學的壓力很大，所以我們就一起想辦法，看什麼時間應該安排給社交活動，社交時間要持續多久等。」喬伊絲現在不在意讓伊莎貝兒放學後一個人待在房間，也不在意她在別人的生日派對上想早一點離開。她瞭解到，既然自己女兒不認為這樣有問題，她何必在意。

喬伊絲也學會了應該要怎麼幫女兒處理操場上的人際問題。有一次，伊莎貝兒在擔心要怎麼分配時間三個朋友，因為這三個朋友互相王不見王。喬伊絲說：「我以前直覺反應就是：『幹嘛擔心啊！大家一起玩就好了啊！』，但我現在知道伊莎貝兒是個很特別的孩子，她沒辦法同時在操場上應付這三個人，所以我們就討論何時應該跟誰玩，然後我們兩個就沙盤推演一下，避免到時候尷尬。」

有次伊莎貝兒年紀比較大一點之後，在學校餐廳看到她的朋友們分別坐在兩邊不同的桌子，其中一桌是比較安靜的朋友，另一桌則是一群外向的人，伊莎貝兒形容外向人那桌「吵鬧、講個不停，還會坐在別人身上！」伊莎貝兒看到她最好的朋友阿曼達跟吵鬧的那桌坐一起，可是她跟「冷靜桌」的朋友也很要好，所以伊莎貝兒很兩難，無法決定應該去哪一桌。

喬伊絲一開始的反應是，吵鬧的那桌好像比較好玩。但是她問女兒比較喜歡哪一桌，伊莎貝兒想了一下，然後說：「我可能偶爾會去跟阿曼達坐一起，不過我比較喜歡安靜一點，吃午餐的時候才可以好好休息一下。」

喬伊絲心想：「為什麼要這樣？」但是她壓抑住自己的念頭，對女兒說：「不錯啊，而且阿曼達還是喜歡你。她只是比較喜歡跟外向的人一起吃飯，不代表就不喜歡你，你這樣還可以有個安靜的時光，可以沉澱一下。」

喬伊絲說，多瞭解內向者的個性之後，她改變了教育子女的方式，而且有點感嘆，自己竟然花了這麼久的時間才真正瞭解自己的小孩。「就算全世界都認為伊莎貝兒應該去坐在外向人那一桌，我還是覺得最重要的是她能快樂做自己。事實上，我還是透過女兒的眼光才知道別人是怎麼看我的，瞭解到我其實應該稍稍控制自己外向的行為，才不會失去像是我女兒這樣的朋友。」

喬伊絲也開始懂得欣賞伊莎貝兒敏感的個性。喬伊絲說：「伊莎貝兒比較老成，我有時候會忘記她其實是小孩子。通常大人跟小孩講話會特別裝幼稚腔，跟她講話不用這樣，我也不用改用簡單的詞彙，就跟大人講話沒兩樣。伊莎貝兒個性敏感又很貼心，常常擔心別人的安危，所以情緒容易受影響，但是這些都沒什麼不好，我就愛我女兒這樣子。」

☪

喬伊絲是個體貼的母親，但因為母女倆天性截然不同，所以她在教養這件事情上有很多事情要學。如果喬伊絲自己也是內向的人，她就比較能夠和女兒相處嗎？這也不見得，內向的父母也會有自己的挑戰。有時候是自己年少的回憶會來打擾他們。

密西根州安娜堡有位叫艾蜜莉．米勒的心理輔導師，跟我說了一個她輔導過的小女孩愛娃的故事。愛娃極度內向，內向到無法交朋友或是進行課堂上的活動。不久前學校要求她加入另一群小孩子，大家一起在全班面前歌唱，愛娃就崩潰了。愛娃的母親莎拉因此決定把她帶到輔導老師艾蜜莉．米勒這裡尋求協助。米勒邀請莎拉這位成功的財經記者一起參與女兒愛娃的療程，沒想到莎拉自己突然哭了起來，原來她小時候也是個害羞的孩子，所以很內疚，覺得自己遺傳了這種個性給女兒，讓女兒這麼辛苦。

莎拉解釋：「我現在比較會隱藏害羞的個性，可是我跟女兒還是沒兩樣，我要靠記者的筆記本當作擋箭牌，才能靠近別人。」

莎拉這位假裝外向的母親會有這樣的反應，其實不罕見。莎拉看到女兒的樣子，就好像是時光倒流，而且以前可怕的回憶一幕幕都會投射在女兒身上。但是，莎拉自己要知道，她們母女是不同的個體，就算女兒的確有些特質是遺傳而來，像是愛娃一定也會受到父親的影響，加上環境的因素，所以愛娃的個性肯定不會跟母親相同。母親的困擾不見得是女兒的困擾；假如直接認定母女兩人有一樣的困擾，這樣對女兒會有負面影響。只要能正確引導愛娃的觀念，她就可以改變想法，大幅降低因內向個性所帶來的煩惱。

米勒說，就算是沒什麼自信心的父母，都可以幫助自己的小孩。父母若是能夠告訴小孩說，自己也能體會小孩的心情，這樣對孩子絕對大有助益。舉例來說，假設小孩第一天上學心情很緊張，父母可以跟他說自己以前上學也有一樣的感覺，現在甚至有時候上班也會緊張，但是慢慢就會習慣了。就算小孩不見得相信，他也會覺得爸媽瞭解、接受他的困擾。

要多用同理心來判斷什麼時候該鼓勵小孩面對恐懼，什麼時候對小孩來說負擔實在太大。例如莎拉應該知道，要求愛娃馬上就在全班面前唱歌實在太難；她也應該知道，可以先讓愛娃私下唱給幾個和藹可親的人聽，或是唱給一個可以信任的朋友聽，就算女兒反對，這還是值得嘗試的第一步。也就是說，媽媽應該要知道怎樣鼓勵孩子，適時推小孩一把，以及推的力道要多大。

☾

我在第六章談過心理學家艾蓮・愛倫博士針對敏感個性所做的研究。她曾經分析過一位名叫吉姆的好爸爸，提出了一些高明的見解。吉姆是個大喇喇的外向父親，有兩個女兒，第一個女兒貝緹絲跟他很像，第二個女兒莉莉則比較敏感，觀察敏銳又容易焦慮。吉姆是愛倫博士的朋友，所以他很瞭解內向和敏感這些特質，吉姆也因此接受了小女兒莉莉的天性，但同時吉姆又不希望女兒長大後還這麼害羞。

吉姆因此下定決心，要把生活中每個可能會讓她開心的事物都介紹給女兒知道，包含海浪、爬樹、家庭聚會裡的新餐點、足球，並且讓她的服裝盡量變化多端，不要每次都穿著那一套她感到舒服的衣服。每次莉莉一開始都會抗拒這些新東西，吉姆也尊重女兒的意見，從不強迫她嘗試，但是吉姆很會說服人就是了，他會分享自己在同樣情境的經驗，當然會說明當中的安全性和快樂的感覺，還有這個新東西跟以前女兒嘗試過的東西之間有什麼共通點。等到女兒眼睛一亮的那個瞬間，就代表女兒願意嘗試新鮮事了。吉姆願意等待，就算還要等一陣子也沒關係。

吉姆會仔細評估狀況，確保女兒不會被嚇到，可以安心體驗新事物，獲得成就感。有時候他故意讓女兒產生期望，然後才讓她體驗新事物。最重要的是，吉姆把這些來來回回的糾葛放在自己心裡，沒讓這些問題成為父女間的爭執……如果莉莉自己或是別人談到莉莉的內向或猶豫，吉姆馬上會回應：「這就是妳的風格啊，其他人或許有不一樣的方式，但是這就是妳啊，妳喜歡花一點時間然後再決定。」吉姆也知道莉莉這種行事風格可以交到一些溫和的朋友，知道她會小心謹慎，觀察家中大小事，也是學校足球隊裡面最厲害的軍師。

對內向的小孩來說，父母最大的協助就是陪伴他們面對新的事物。別忘了，內向的人不只是對陌生人有反應，也對新的地方或是新的事件有反應，所以不要誤會自己的小孩，以為他是抗拒人際互動。內向的小孩並不是害怕人際關係，而是害怕新事物或過度的刺激。我們在上一章說過，內外向的程度跟親切的程度或是跟別人的親密程度沒有關聯。內向的人跟其他的小孩一樣需要同伴，只是數量上不一樣。

關鍵就是讓你內向的小孩慢慢接觸新環境、新朋友，但是要尊重他的限度，就算他們接受的範圍真的很小也要尊重。在這樣的教養方式底下，小孩比較容易產生自信，比起過度保護或是過度逼迫的教養方式都好很多。要讓小孩知道，他的不安全感是很正常的，不過也要讓他們知道，新的事物沒有什麼好怕的。爸媽可以說：「我知道跟一個不認識的小孩玩，這樣好像很怪，可是如果你去問那個小男生要不要跟你一起玩卡車，他一定會很樂意喔。」跟著小孩的腳步，不要逼他。如果小孩年紀還小，有必要時父母可以站出來代替他向其他小孩打招呼。他在玩的時候，你盡量待在附近；如果他年紀真的很小，你可以把你的手輕輕貼在他背後來鼓勵他，讓他知道你在背後幫他。若小孩勇敢踏出社交的第一步，也要鼓勵他們：「我昨天有看到你跟新朋友玩耶！有點不好意思吧？很棒喔！」

同理，小孩到新環境也是一樣。假設有一個小孩比其他同年的小孩還怕海，父母夠細心就會發現這種恐懼感很自然，甚至應該是很聰明的。海洋的確很危險，但是爸媽不該禁止小孩去沙灘，也不該直接就把小孩丟到水裡，要他開始游泳。父母應該做的是，表達自己能夠理解小孩的不安，然後鼓勵小孩一小步一小步嘗試，可以在沙灘上玩幾天，跟海水還保持一段安全距離。然後過幾天再靠到水邊，小孩甚至可以騎在爸媽的肩上。等到天氣比較好或退潮的時候，可以下來踩踩水，一開始先用腳趾頭就好，慢慢可以讓水打到腳踝，再慢慢前進，到水及膝蓋的地方。細心的爸媽不會心急，小孩的每一小步都是一大步，最後小孩學會游泳的時候，就是非常重要的轉捩點，這麼做不只改善了小孩跟水之間的關係，更是讓他學會處理恐懼。

慢慢地，你的小孩自己就會感覺到，原來打破了這道恐懼之牆，就能在牆後找到新的快樂，然後他們就可以自己學著打破這道牆。馬里蘭大學「兒童、人際與文化中心」主任肯尼斯・魯彬曾經這麼寫道：「如果你持續用和緩、支持的態度幫助小孩控制他的情緒和行為，神奇的事情就會慢慢發生。過一陣子，你就會發現小孩默默開始肯定自己，他會說：『那些小朋友好像很開心，我也要去跟他們一起玩。』小孩慢慢就可以學會如何克服恐懼和不安。」

如果你想要小孩學到這些技巧，那就不要讓他聽到你說他很害羞內向，否則他就會相信你貼的這個標籤，然後就認為自己的害羞緊張是不可改變的，就無法理解原來害羞緊張是他可以控制的情緒，後來小孩也會在我們這個社會上發現「害羞內向」原來是個負面的詞彙。最重要的是，千萬不可以因為小孩內向就羞辱他們。

盡可能在小孩還很小的時候就教導他們如何說服自己的技巧，因為年紀小的孩子，比較不會因為社交遲緩而被貼上標籤。父母自己也應以身作則，用冷靜友善的態度跟陌生人和自己的朋友打招呼。也可以邀請一些小孩的同學到家裡作客，讓他知道別人來家裡的時候，你會陪伴他，但是不要讓他在家裡有客人的時候依舊在你耳邊竊竊私語或拉著你的衣角講話，這些是不好的習慣，要讓小孩學習把自己的需求清楚表達出來。同時，他玩耍的同伴要稍作挑選，不要一下子就去找太活躍的同伴，最好找他們彼此容易產生友誼的同伴。如果他跟年紀小的同伴玩耍時容易產生自信，那就讓他跟年紀小的孩子玩；如果他跟年紀大的同伴玩耍時可以受到鼓勵，那就讓他跟年紀大的同伴玩耍。

如果跟某個小孩就是不對盤，那也不用勉強，孩子早期的社交經驗要盡量維持正向，可以慢慢安排一些新的社交場合，但注意不要著急。舉例來說，如果你們要參加生日派對，那可以事先跟小孩討論派對會有什麼活動，然後教他怎麼和別的小孩應對，例如要對壽星說：「生日快樂！」跟別的小孩說：「哈囉！」盡量早一點抵達，才不會一下子突然要面對很多人，這樣交流也比較容易，小孩也會覺得是別人慢慢加入「他的空間」，如果比較晚到，會覺得自己好像要「打入別人的團體」。

同理，如果你的孩子每年開學前都會覺得很緊張，可以在開學前先帶他去教室看看，最好可以先跟老師一對一碰面看看，並且跟校園內比較友善的大人聊一下，如校長、輔導老師、工友或是餐廳的員工等等。可以用比較迂迴一點的方式告訴他：「我還沒看過你的新教室耶，我們一起開車去那裡逛逛好不好？」到了學校，親子一同找一下廁所在哪裡、使用廁所有什麼規定等。然後從教室走到學校餐廳看看，再一起確定一下放學後要在哪裡登上校車之類的。暑假的時候，替他找幾位班上比較好相處的同學一起玩。

你還可以教他一些簡單的技巧來處理心裡的不安，例如就算是自己沒自信的時候，也要露出有信心的樣子。有三個簡單的方法，無論在哪種情況下都適用：微笑、站直、眼睛要看著別人。教他如何在一群人中找到比較友善的人。巴比是個三歲的男孩，他不喜歡上幼稚園，因為下課的時候，班上的同學都離開教室，跟著其他比較大的男生爬上屋頂去玩，巴比會害怕，他只有在下雨天的時候想上學，因為這樣大家就不會爬上屋頂。巴比的父母跟他一起找出哪些同學比較適合跟他玩，然後協助他瞭解：不必因為那些年紀比較大的男生阻礙他交友。

如果你覺得這些方法都不適合你，或是你的小孩還需要一些額外的練習，可以問一下小兒科醫生，請他幫你看看附近有什麼孩童社交的工作坊可以參加。這些工作坊會教小孩如何打入群體，彼此自我介紹，然後教他們解讀肢體語言和表情。

十月間的週二早晨，我到紐約市某個公立學校參觀五年級的班級。學生正在學習美國政府的三權分立制度。教室燈光明亮，這些小孩盤腿坐在地毯上聽課，老師坐在椅子上，課本擺在腿上，先花了幾分鐘解釋三權分立的基本概念，接著是團體活動時間，團體活動要應用這課的內容。

老師說道：「吃過午餐後，教室會變很亂，桌子底下會黏著吃過的口香糖，食物包裝紙和迷你起司餅也會掉滿地，大家喜歡這樣嗎？不喜歡吧？」

學生搖搖頭。

「今天我們要來解決這個問題，大家一起解決喔！」

她把全班分成三個七人小組，分別是：立法組，制定吃午餐時大家應該遵守的規定；行政組，負責決定要怎麼執行規定；司法組，負責想出什麼方式來處理不守規矩的人。

小孩們興奮地分成三大組，他們分組的時候連桌椅都不用搬動，因為現在學校很多課程都有分組討論時間，所以教室的桌椅早就設計過，由七張長桌組成。全班現在進入鬧哄哄的狀態，有些小孩在分組前本來還擺著一張撲克臉，現在也很熱烈開始跟同學討論起來。

不過，並不是所有人這樣。整體來看，這些小孩就像是一窩小幼犬，很開心在那裡扭來扭去。假如你仔細觀察某幾個小孩，例如瑪雅這位綁著馬尾的紅髮女孩，她帶著金屬框眼鏡，臉上有夢幻般的稚氣，看著她，你就會發現讓人吃驚的事情。

瑪雅被分在行政組，除了她以外每個人都搶著同時發言，不過她比較退縮。領導全組的人是莎曼珊，她是個高大的女生，穿著紫色的T恤，從包包裡拿出一個袋子，然後宣布：「拿這個袋子才可以發言！」其他的學生把這個袋子傳了一輪，每個人都講了一些話，他們讓我想到《蒼蠅王》裡面的情節，那些島上的小孩「很文明地」傳著海螺，要講話的人要舉手拿海螺才可以講話。至少，在慘劇發生之前，都還很文明。

瑪雅看到袋子傳到她這邊的時候，表情很驚恐。

「我同意。」說完這句話就趕緊把袋子傳給下一個人，好像是燙手山芋一樣。

袋子傳了好幾輪，每次瑪雅都把袋子迅速交出去，沒有說話，最後大家就完成協議了。瑪雅看起來很困擾，我猜她應該尷尬吧，因為她沒有做出什麼貢獻。莎曼珊把大家討論出來的事情統整出一套執行的機制，寫在她的筆記本上，然後念給其他人聽。

她念道：「規則第一條，如果你違規了，下課就不能……」

「等一下！」瑪雅突然打斷她：「我有個點子。」

莎曼珊有點不耐煩：「說吧！」但是瑪雅就跟其他敏感又內向的人一樣，很能體察到別人細微的反感，她注意到莎曼珊的聲音有點尖銳，於是雖然開口說話，眼睛卻一直看著地板，只講出一些模糊、別人聽不太懂的內容，沒人聽清楚瑪雅到底說了什麼，也沒有人想搞懂。團體裡有個女孩打扮比其他人都時髦閃亮，她很誇張地嘆了口氣，瑪雅於是含含糊糊結束了自己的發言。然後那個時髦女孩說道：「好，莎曼珊妳可以繼續唸了。」

老師要行政組整理一下自己的結論，每個人都想要有上台發表的機會，當然，除了瑪雅以外。莎曼珊依舊領導全組，她的聲音蓋過每個人的聲音，大家只好默默靜下來讓她說。其實，莎曼珊的報告沒有非常好，可是她很有自信，而且性情討喜，所以她的表現究竟如何其實也沒那麼重要了。

反觀瑪雅，一個人躲在那一組的外圍，不停在筆記本上寫自己的名字，字體又大又黑，彷彿不斷重申自己的身分。對自己重申。

稍早，老師有跟我說，從瑪雅的作文來看，她其實非常聰明，而且很會打壘球，對待別人又和善，還會當小老師，協助成績不好的同學。但是那天早上，完全看不出她的才華。

☪

對任何父母來說，如果自己的小孩在學習、社交或是自我認知上碰到像瑪雅這樣的經驗，一定會感到擔憂。瑪雅是個內向的孩子，她遇到吵雜或是刺激太多的環境，像是那天的團體活動，就會比較怯懦。老師跟我說，瑪雅若是在安靜的環境下跟一群「同樣認真、注意細節」的小孩一起合作，或是如果大多數時間都是獨立作業的話，表現就會好非常多。當然，瑪雅的確需要學著在團體中表達意見，不過，我目睹的這種學習經驗可以讓她學會怎麼表達嗎？

事實是，很多教育方式都是針對外向的人設計的，內向的人需要不同的教育方式。這是威廉瑪麗學院的教育學者吉爾．布若斯和麗莎．坎齊希兩人所主張的。對於內向的學生來說，教育系統其實沒給他們什麼建議，只會不斷告訴他們要學習社交和群居生活，除此，什麼都沒有說了。

我們常常會忘記，其實群體學習這種學習方式並不完美。當初採用群體學習的教學法，並不是因為這樣最好，純粹是因為這樣「划算」，畢竟大人要上班，不把小孩放到學校還能放到哪裡？但是，如果你的小孩比較喜歡獨立作業，喜歡一對一的交流方式，他並沒有不正常，他只是剛好跟主流的模式不一樣。學校教育的目的應該是讓學生可以準備面對未來的挑戰，可是小孩在學校卻常常要面對學校本身帶來的困擾。

對內向的小孩來說，他們喜歡專心處理自己喜歡的事情，偶爾跟一兩個朋友出遊，因此，學校的環境可能非常不自然。一大早，校車的門一開，一群搭乘校車的孩子就又吵又鬧，爭相魚貫而出；課堂上又常有團體討論，老師會要求學生發言；中午得在嘈雜的學校餐廳用餐，還要想盡辦法在人擠人的餐桌擠出位子；最慘的是，沒有時間可以思考或創作。這種教育體制保證會耗盡內向者的精力，一點也無法讓他們產生活力。

連大人自己都曉得，並非每個人都適合這種群體活動的方式，那麼為什麼我們會接受學校這種「一體適用」的狀況呢？我們要是看到比較內向、比較「宅」的小孩轉變成有自信、開心的大人，大家就很驚喜，然後稱之為「成長」，但真正的原因可能不是小孩長大了，而是情境變了：長大後他們可以選擇自己的職業、伴侶和適合的社交圈，不會被大人硬塞到不適合自己的環境。有個專門的概念叫做「人境適配度」（person-environment fit），用利托教授的話來解釋這個概念的話，就是人若選擇了適合自己心性的職業、角色或情境，就會發光發熱。反之，若小孩有恐懼感，就會停止學習。

最瞭解這件事的人應該就是露安．強森了。她是退役的陸戰隊軍人，現任教師，講話很有威嚴，以教育一群加州公立學校裡最棘手的青少年聞名，過程後來改拍成電影《危險遊戲》，由蜜雪兒菲佛飾演露安．強森。我到新墨西哥州的小鎮去拜訪露安．強森，請教她關於教育各種學生的心得。

露安．強森剛好非常擅長跟害羞的小孩打交道。這也難怪，她的一項拿手好戲就是跟學生說自己以前有多害羞，她最早的上學記憶就是在幼稚園裡被老師叫去站在小椅子上，因為她喜歡躲在角落看書，老師希望她可以「參與互動」。她告訴我：「很多害羞的小孩聽到原來老師以前也很內向，都會很高興。我記得以前教高中英文的時候，班上有個非常害羞的女生，那個女孩的媽媽跑來謝謝我，因為我跟那女孩說她只是大器晚成，不用擔心自己高中成就看似不如人。單單這句話就改變了那個女孩對於未來的想法。要是老師說的是負面的評語，那麼對一個這麼敏感的小孩會產生非常大的影響。」

露安．強森說，若要鼓勵害羞的小孩說話，只要拿出夠有趣的話題，他們就會忍不住發言，忘記自己的羞怯。她建議，可以叫學生討論一些非常有爭議的問題，例如「當男生比當女生好」。露安．強森這位常常演說的教育家儘管一輩子都會怯場，但她的經驗告訴她，一個好話題能發揮莫大的效果。她說：「我到現在還是無法克服自己的羞怯，它就躲在我身邊，揮之不去。可是我對改變學校氣氛這件事充滿了熱情，只要我開始演講，這份熱情就會克服怯場。如果你可以找到激起熱情的事物，或是讓你想要挑戰的東西，你就會忘我，暫時忘卻自己緊張的心情。」

但千萬不要輕易叫小孩嘗試在全班面前演講，除非你已經提供了很多方法，讓他們具有基本的信心相信自己的表現不會太差。可以讓小孩先向一小群人講話，如果還是太害怕，千萬不要強迫他們。專家認為孩童時期如果有不好的演講經驗，之後一輩子都會害怕站上講台。

所以，到底怎麼樣的校園環境比較適合內向的學生瑪雅呢？下面是給老師們的一些建議：

不要認為內向是需要治療的疾病。如果內向的小孩需要學一些社交技巧，在課後另外幫他輔導，這就好像數學不好或是閱讀能力不佳的學生需要課後輔導一樣。但是，不要忘記我們應該接受他們原來的樣子。密西根州安娜堡的艾馬森學校前校長帕特．亞當斯跟我說，許多老師會在內向小孩的成績單上寫類似「希望茉莉在班上可以多說一點話」的評語；不過，我們應該理解小孩內向的性格，也引導他們發表意見，但不要因為他們內向就大驚小怪。我們認為內向的小孩只是學習方式不同而已。

研究顯示，有三分之一到二分之一的人屬於內向性格，也就是說，內向的人其實比你想像的還要多。有些人在年紀很小的階段就知道該怎麼裝出外向的樣子，所以要發現這樣的孩子不容易。老師應該針對班上小孩各種不同的個性，稍微平衡一下自己教學的方式。外向小孩通常喜歡移動、刺激、團體作業。內向的小孩喜歡獨立作業和聽講，活動中間需要休息。

這兩種活動都要有相當的比例。

內向的小孩通常會有一兩項特殊的愛好，這嗜好不見得跟大家一樣。有時候這些特別的嗜好會讓他們被別人誤認為怪胎。其實有研究顯示，這種特殊的專注力其實是天分發展的先決條件。多多稱讚他們的興趣，鼓勵他們，幫他們找到同好，就算這類同好可能不在班上。

有些團體作業滿適合內向小孩，甚至對他們有幫助，但是參與的人數不能太多，可以是兩三個人一組，而且老師設計作業的時候要很注意，每個成員的責任劃分要很清楚。明尼蘇達州大學的合作學習中心主任，羅傑．強森說：「內向或害羞的小孩特別可以從這種設計好的小團體合作中獲益，因為這樣他們就可以放心跟一兩個同學對談、回答問題、完成任務。在一般的情況下，他們絕對不想要在全班面前舉手發言。對這些小孩來說，把想法轉換成語言非常重要。」試想，要是瑪雅他們的小組成員少一些，然後有人將責任明確劃分：「莎曼珊，妳的任務就是要主持討論；瑪雅，妳的任務就是要寫筆記，然後回報給其他人聽。」這樣的話，瑪雅剛剛的經驗會有多大的不同？

另一方面，記得第三章所提到瑞典心理學家安德斯．艾利森的「用心練習」研究。在很多領域裡面，一個人如果不曉得如何獨自作業的話，不可能會成功。應該讓外向的學生也從內向學生那裡學習到這件事：獨立作業。

研究溝通的教授詹姆士．麥克羅斯基說，不要安排內向的小孩坐到「高度互動區域」，就算安排他們坐在那裡，他們也不會開口，反而備感威脅，溝通上會產生障礙。讓內向的同學參與，但是不用逼迫。麥克羅斯基寫道：「強迫年輕的孩子開口會傷害他們，只會增加他們的恐懼，還會降低他們的自信心。」

如果你服務的幼稚園或小學可以挑選學生，那麼在決定要錄取誰之前請三思，不要把兒童在團體遊戲的表現當成錄取與否的評價標準。很多內向的小孩面對一群陌生人時，就會把自己封閉起來；在他們無法感到放心或舒適的環境底下，這些小孩的真正面貌你是看不到的。

接下來是給家長的一些建議。如果你很幸運，可以選擇要把小孩送去哪間學校，不管是搬到明星學區還是把你的小孩送到私立學校，你應該要注意學校是否做得到下列這些事情：

會讚賞個人興趣和強調自主性

會進行小型、設計過的團體活動

重視友善態度、互相關懷、同情心、道德心等

注意教室的環境整潔

小班制，秩序良好

可以選擇比較能體會內向性情的老師

有你小孩喜歡的學業科目、體育或課外活動

嚴格執行反霸凌規定

強調互相忍讓、做人實在的文化

這間學校是否能吸引跟你小孩相似的學生，注意它能吸引的是特別聰明、藝術天分高或很有運動細胞的學生。依據小孩的喜好來挑選。

當然，很多家庭無法自由選擇要讓小孩讀哪裡。但不論是什麼學校，你都可以幫助自己內向的孩子在那裡茁壯。找出你的孩子最有興趣的科目，讓他好好投入，就算是要額外找家教或是另外參加科展、創意寫作課程等活動都值得。至於團體活動，你要告訴你的小孩，要他試著在大團體中找出自己可以接受的角色。即是是內向的孩子，團體作業還是有優點，那就是在團體作業當中有許多不同的專責，你可鼓勵小孩主動爭取要擔任紀錄、繪圖或是其他適合他的工作。如果知道自己的專責在哪，他就比較可以放心參與。

你也應該幫助小孩開口說話。告訴他，雖然大家好像都搶著要開口發言，可是他在開口之前先花一點時間整理想法，這樣是很好的。讓他理解早點開口比拖到最後再開口輕鬆，等到大家都講過了才輪到自己，壓力就會增加。如果不知道要說什麼，或是不敢直言自己的想法，那就要善用他的長處。他很會發問嗎？如果是，那麼多加稱讚他的這項特質，然後教導他，提出好的問題通常比找答案還要有用。他常常會有自己獨到的見解嗎？告訴他這樣很棒，並且讓他知道他可以怎樣跟別人分享他的觀點。

然後，跟孩子一起探索真實生活的情境。舉例來說，瑪雅的爸媽在家可以坐在她旁邊，然後跟她討論她那天在行政組的小團體裡，她可以怎樣反應。親子之間可以先進行角色扮演，盡量模仿得越詳盡越好。瑪雅可以練習說「我要當記錄！」或是練習說出當天的團體作業解答，如「要是我們規定，有人亂丟紙屑，就要罰他在午餐時間撿十分鐘的垃圾，大家覺得呢？」

這件事的關鍵在於，如何讓瑪雅敞開心房，告訴你今天在學校發生了什麼事。就算你平常很願意給予孩子協助，很多小孩還是不願意告訴父母自己丟臉的事情。小孩年紀越小，敞開心胸的機率越高，所以盡早在小孩入學的時候就開始進行對話。用溫和、不批評的方式詢問他們，問題要明確清楚。與其問「你今天過得好嗎？」不如問「你喜歡你的老師嗎？」或是問小孩「你覺得你的老師有什麼地方讓你很喜歡？」或是「為什麼這麼不喜歡他？」讓他慢慢回答。盡量不要用那種過度爽朗的態度問說：「今天上學好不好玩？」這樣的話，小孩會感覺他必須回答「很好玩啊」才是正確答案。

如果小孩還是不願意講話，那麼你就稍等一下。有時候他們需要幾個小時來紓壓，才會準備好開口說話。你會發現，只有在氣氛輕鬆的時候，像是洗澡或是睡覺前，他們才願意說話。假如是這樣的話，那就要盡量安排讓每一天都有這種氣氛輕鬆的時間。如果他就是不想跟你說，只願意跟別人分享，像是他信任的褓姆、阿姨或是哥哥姐姐，你也得放下自尊，尋求他們的協助。

最後，如果你發現自己內向的小孩在學校沒有結交一堆朋友，也不要太擔心。兒童發展專家告訴我們，內向的小孩有一兩位穩定的朋友，對他們的情緒和社交發展至關重要，沒有必要成為人氣王。很多內向的小孩結交朋友的方式和大家不同，可是他們長大後都有很棒的社交技巧。如果他需要一點時間來交流，或是只願意短時間參與活動，你都要有耐心，這些都是合理的。小孩需要的是交朋友的社交技巧，不需要把他變成花蝴蝶。並不是說人氣王就不好，你身為家長，非常希望小孩受歡迎，正如你也會希望小孩長得漂亮、智商高、有運動天分等等。但你要確認一下，你的願望是否投射出你自己的期盼，還有，請你切記，快樂的道路不是只有一條。

☪

很多通往快樂的道路，可以在教室外的嗜好裡面找到。外向者的興趣比較容易變來變去，不過內向的人通常會堅持到底，時間越久，這種堅持會對內向的小孩越有利，因為真正的自信心來自你的能力，而非先有自信才能培養出能力。專家發現，邁向幸福快樂的道路，就是持續專注投入在某件事上。只要小孩的天分和興趣獲得發揮，就會是他們自信心的一大來源，不管其他人覺得他有多怪，都不會影響他。

拿剛剛在「行政組」的瑪雅當作例子，她放學喜歡回家閱讀，不過，她也喜歡壘球，就算壘球需要很多社交互動，而且運動要拿下好成績會有壓力，但她還是非常喜歡。到現在她還可以回憶起第一天入選球隊的情況。瑪雅一開始都嚇呆了，但是她內心還是很堅強，覺得自己可以用力打擊出去，她稍後說道：「我想，以前所有的練習都值得了……我真的好高興、好驕傲，一直在微笑，我永遠忘不了那種感覺。」

不過，對父母來說，要為小孩「安排」這種強烈滿足感不太容易。舉例來說，你大概會覺得自己應該要鼓勵內向的小孩去參加球隊，這樣他才有機會認識朋友和提升自信。這樣當然很好，但是前提是，他必須要喜歡這項運動，而且擅長這項運動，就像瑪雅擅長壘球。球隊可以是個改善生活的方式，尤其是對不擅長社交的小孩來說，但是，要讓你的小孩自己決定要參與哪項運動。他可能不見得喜歡團體運動，如果是這樣的話，那也沒關係，幫助他找出可以和其他人互動的活動，而且別忘了，他還需要擁有自己的空間。你要盡量幫他培育他的強項。如果他的興趣對你來說太過於「離群索居」，別忘了，就算是一個人從事的活動，如繪畫、工程設計或是創意寫作，都會遇到另一批同好。

米勒醫生說：「我認識一些小孩，他們長大後因為自己的興趣，像是西洋棋、繁複的線上角色扮演遊戲，甚至是數學研究或歷史研究，而遇到自己的同好。」紐約市烏托寫作實驗室的主任瑞貝卡．華勒斯西格，是創意寫作工作坊的授課老師，她說報名工作坊的學生很多都「不會花好幾個小時談論時尚流行、名人明星，凡是喜歡這種事情的小孩不太會來參加寫作課，可能因為那些小孩比較不願分析、深入探討事情，那不是他們的強項。大家所謂害羞的孩子比較渴望動腦筋鑽研事情，解構想法、依據想法付諸行動。有趣的是，當他們這樣子互動的時候，他們一點都不害羞，他們會彼此交流，而且交流的層次比較深層。這種深層交流對一般其他學生來說會覺得很無聊或很累。」只要時候到了，這些內向的小孩自然會敞開內心世界。烏托寫作工作坊的大部分學生都會去當地的書店裡朗讀自己的作品，而且非常多的學生在國家級的寫作比賽獲獎。

如果你的小孩容易因為過度刺激感到不安，我建議你讓她選擇從事藝術、長跑之類的活動，這些活動不需要在高壓下拿出好表現。不過，如果她也喜歡表現自我，你還是可以幫助她。

我小時候喜歡花式滑冰，我可以花好幾個小時在溜冰場上，不停溜8字型，在場上旋轉又騰空飛起。不過每逢正式比賽我就崩潰了，前一天晚上還會失眠，真正上場表演的時候，平常很順暢的動作都會跌跤。大家都說我會怯場，還說很多人都會怯場，所以我也一直相信這些話。直到有一天，我在電視上看到德國奧運金牌選手卡塔莉娜．薇特的訪問，她說比賽前的緊張會讓她全身充滿腎上腺素，而這樣的感覺會讓她贏得比賽。

我當時就知道我跟卡塔莉娜．薇特是截然不同的生物。後來我花了幾十年才知道為什麼我和她不同。她的緊張程度很溫和，這種輕微的緊張會激發出她的能力，但我的緊張程度超大，連呼吸都有困難。我媽媽當時很支持我，她還去找其他滑冰選手的母親，詢問他們如何克服比賽前的焦慮，然後帶著她以為對我有幫助的答案回來：「克莉絲也很緊張啊，蕊娜的媽媽說她整晚都很害怕呢。」可是我跟這兩個人很熟，我很確定她們不可跟我一樣緊張。

我現在覺得，如果我當時比較瞭解自己，情況就會改善。如果妳是滑冰選手的媽媽，妳要幫助小孩接受事實：自己在重要表現前會緊張。可是不要讓他們覺得自己的緊張會阻礙成功。小孩最害怕的就是在大家面前失敗，所以要幫助她降低對恐懼的敏感度，方法就是要讓她習慣競爭，甚至習慣失敗。不妨鼓勵她去參加離家很遠的比賽，或是無關緊要的小比賽，在那裡沒有人認識她這個人，所以失敗也無妨。但是賽前一定要她徹徹底底練習。假如她想要前往一個不熟悉的場地參賽，那就先帶她到現場練習幾次，聊聊可能出錯的地方，以及出錯怎麼辦。例如：「好，萬一你跌倒了，名次是最後一名，那會怎麼樣呢？以後還要不要繼續過日子呢？」然後幫助她做模擬想像，在腦裡先想像自己每個動作都順暢做完的畫面。

☾

只要能釋放你的熱情，你整個人生也會因此改變。不只是改變小學、中學的時光，而是連往後的時光都會被改變。鼓手兼音樂記者大衛．魏斯就是一個例子，他從小到大都覺得自己很像史奴比故事裡面的查理．布朗，可是後來他的人生充滿了創意和生產力，而且非常有意義。大衛熱愛家庭，投入工作，有一群很有趣的朋友，住在紐約，而且他認為對音樂愛好者來說，紐約是世界上最有活力的地方。如果用事業和愛情這種傳統標準來衡量大衛，他的分數肯定很高。

不過，對大衛自己來說，他的人生方向並不是一開始就這麼清楚。小時候他非常害羞彆扭，有興趣的事情就是音樂和寫作，但這些東西看在當時他眼中最重要的人——同儕朋友們——眼中，一點意思也沒有。大衛回憶：「每次有人跟我說『在學校的時光就是人生最快樂的階段啊！』，我心裡就會想：『天啊，拜託，才不是！』我好討厭上學，我還記得我當時一直想著我一定要逃離學校。小學六年級的時候，上映了一部電影《書呆子復仇計畫》，而我這個人看起來就像電影裡的書呆子。我知道我很聰明，可是在家鄉底特律郊區，就跟全國百分之九十九其它的地方一樣：如果你很帥又很會運動，校園生活就一帆風順，但如果看起來只是『太聰明』，其他人才不會因此尊重你，反而會想揍你。聰明是我最棒的特質，我也很想運用我的聰明，可是還是要小心點，不能太招搖。」

那麼大衛到底是怎麼轉變成現在的光景？轉捩點就是打鼓。「後來有一天，我克服了小時候的羞怯，而且我知道原因在哪裡：我開始打鼓。打鼓就是啟發我的謬思女神，也像是星際大戰裡面具有神力的絕地大師尤達。我國中的時候，有高中生組成的爵士樂團來我們學校表演，我遠遠看就覺得打鼓最帥氣，我覺得鼓手就像運動員一樣，只不過是音樂領域的運動員，我當時就愛上音樂。」

一開始，打鼓對他來說是社交上的肯定，以前派對上常有體型大他兩倍的運動員把他轟出去，之後這種狀況越來越少。不久之後，打鼓的意義越來越深刻，「我突然瞭解，打鼓是創意的展現，我整個眼界都打開了，那年我才十五歲，決定要持續打鼓，從此以後我整個人生變得完全不同，到今天還在不斷變化。」

大衛清楚記得九歲時的自己是什麼樣子。「我一直覺得心裡還住著一個九歲的我，假如我今天正在做一件很酷的事，好比說我在紐約一個擠滿人的房子裡訪歌星艾莉西亞凱斯，那我好像還想傳達一個訊息給心底那個九歲的我：別擔心，後來一切都變好了。我好像又變回九歲的我，收到一個來自未來的好訊息，讓我有力量，能夠繼續往前。我把現在的我和過去的我連結起來了。」

另外，大衛的父母也給他很多力量。他的父母比較不在意小孩的自信心問題，反而比較在意他是否能夠發揮創意。他們並沒有限制大衛的興趣，只鼓勵他不斷去接觸，並且樂在其中就好。他父親非常喜歡看美式足球賽，但他父親從沒有對他說：「你怎麼不去打球？」有一陣子，大衛學起鋼琴，然後又換成大提琴，後來他又說要改去打鼓，雖然爸媽很吃驚，依然果斷決定繼續支持兒子的選擇。這兩位父母親，就是這樣接受自己的孩子。

☾

如果你覺得大衛．魏斯的故事聽起來有點熟悉，也是有點道理的，他這個例子就是心理學家丹．麥克亞當斯所稱的「自我救贖的故事」，這也是心理幸福和健康的象徵。

丹．麥克亞當斯在西北大學的生命故事研究中心工作，專門研究人們敘述自己的生命故事。他認為，我們就像小說家一樣，書寫自己的故事，有開頭、衝突、轉捩點，然後結局。過去的挫折深深影響著我們對現在人生的滿意程度。不開心的人會把挫折視為「汙染物」，破壞了其他美好的事情，會說些像是「我老婆離開我之後，我再也回不去以前的樣子了」這種話。能夠創造美好未來的人卻以塞翁失馬的心態來面對挫折，認為「離婚真是我經歷過最痛苦的事情，但是我很滿意我現在的新生活。」生活過得幸福又滿足的人，都能從挫折中發現意義，把這些意義回饋自己的家人、社會，最終回饋到自己。某種程度上而言，丹．麥克亞當斯讓我們對西方神話有了新領悟：「跌倒的地方，就是藏有寶藏的地方。」

對很多如大衛這樣內向的人來說，青少年時期就是容易跌倒的地方，這時期有很多問題糾結在一起，像是缺乏自信和社交不安等。在國中和高中的階段，最能讓你受歡迎的特質就是你有多活潑，有多會交朋友，在這個時候，具有深度或個性敏感等特質並沒有什麼「價值」。但是很多人跟大衛一樣，後來的人生中仍然譜出了美妙的樂章，其實，我們的「查理．布朗」階段就是一個必須付出的代價，換取未來幾十年可以開心打鼓的時光。

---

①本書出版前，負責審閱書稿的人士看見這段文字，當下表示：「這段引述不可能是真的。二年級的人怎麼可能會這樣說話？」但是，這段引述千真萬確是二年級的伊莎貝兒說的。

結論
美好世界

我們的文化讚揚外向的生活，反對追求內在的生命旅程，所以我們失去了自己的內在，只好再度找尋自己。

——法國作家阿娜伊絲・寧

無論你自己是內向的人，或者你很外向但喜歡跟內向者相處或一起工作，我都希望你可以從這本書獲得一些收穫。以下是一些你可以參考的原則：

愛才是最根本的東西，外向社交並非必要。要珍惜你最親近、最喜愛的人事物。跟你最喜歡和最尊敬的人共事。遇到新認識的人，檢視一下他是否符合這些標準，或是找看看有沒有誰會讓你相處起來很舒服的，不用煩惱要跟所有人都有交際。建立人際關係理應是讓人更開心的事，對內向者來說也應該是如此。但要注意，重質不重量。

生活要過得好，祕訣就是把自己放在正確的舞台上。有些人就是要站到百老匯的聚光燈下面，但也有些人適合在書桌的檯燈下。善用你天生的能力，是毅力也好、專注力也好，或是深刻的見解和敏感的觀察力也好，把這些能力善用在你喜歡的工作上，用來解決問題、創造藝術、深度思考。

你要找出自己有甚麼天賦可以貢獻給這個世界，而且要真的有所貢獻，即使這項貢獻牽涉到要你在大家面前演講、交際等等讓你不自在的活動，那也就做吧！不過要接受這種事，還是有一定的難度。有必要的話就好好訓練自己，這樣可以降低你不自在的程度。完成了之後，就給自己一點獎勵。

或許，你應該辭掉你主播的位子，去拿個圖資博士。不過，要是你很愛主播這份職業，那就創造一個外向的人格，以便應付工作上的需求。與人交際應酬的時候，大原則就是這樣：一個知心、有誠意的朋友比十張名片來得有價值。應酬結束之後就衝回家，倒在沙發上，為自己建構一個避風港。

尊重你另一半對社交的需求，也尊重自己需要獨處的需求。（如果你是外向的人，那就是相反的狀況，尊重另一半獨處的需求，也尊重自己對社交的需求。）

假日怎麼安排？要安排自己喜歡的事，不要認為自己「最好得做些什麼」。翹掉開會吧。如果跨年夜想待在家，那就待在家裡。在路上看到認識的人，如果不想漫無目的閒聊瞎扯，那就趕快過馬路躲開。想閱讀就閱讀，想下廚、慢跑或是撰寫故事就動手去做。你也可以規定自己要出席幾個社交場合，用這種方法來免除沒參加其他場合的罪惡感。

如果你的小孩很安靜，那就協助他們跟新環境和新同伴相處；在其他的情況下讓他們自然做自己就好了。要好好欣賞他們腦中的原創力，也要對他們強韌的良知和堅定的友誼感到驕傲。不要期待內向的孩子會跟著群眾，只要鼓勵他們追隨自己的熱情；不管他們是坐在鼓手的位子上還是在壘球場上奔跑，甚至是交出稿紙上的成品，只要他們的努力有了成果，就別忘了幫他們喝采。

如果你是老師，好好享受那些外向或熱於參與的學生，也千萬不要忘記栽培那些內向、溫和、單獨行動的學生，他們可能自己一個人一頭栽進了化學的世界，或者可以將鸚鵡的種類倒背如流，要不然就是熱愛十九世紀藝術。他們就是未來的藝術家、工程師或偉大的思想家。

如果你是主管，記得有三分之一到二分之一的員工很可能都是內向的人，不管他們看起來是內向還是外向。公司在安排空間和動線之前都要三思，不要期待內向的人會把公司的活動變得多有趣，午餐時間的慶生會或是大家的交誼時間不會因為內向的人而變得更熱鬧。不過倒是可以好好利用內向者的特質，這些人會幫助你深入思考、擬定策略，解決複雜的問題，還可以預先察覺到危險。

還有，別忘了第三章說過的，「新團體迷思」這件事會帶來的風險。如果你追求的是創意，那就要員工先各自想好解決方案，再跟大家一起分享。如果你真的需要大家集思廣益，那也要每個人用電子信件或是單獨寫下自己的想法，而且不要讓大家看到別人的答案，務必要讓每個人都有機會貢獻自己的想法。面對面溝通很重要，這樣可以建立信任感，只不過群體的互動不可避免會壓迫創意發揮的機會。最好盡量安排一對一的互動模式，不要把「堅定的態度」或「一流的口才」誤認為絕對的好點子。如果你有幸能擁有主動的下屬，記得他們在內向的領導者底下工作會比在外向或是迷人的領導者底下工作更有效率。

不管你是內向還是外向，請記得，外表呈現出來的不見得是真相。有些人看似很外向，其實他們花了好大的功夫，犧牲了真實的自我，甚至犧牲自己的健康，才能裝出外向的樣子。有的人看起來很高傲或很難接近，可是他們的內心世界可能非常多采多姿，很有戲。所以下次你看到一個個性穩重、講話溫和的人，說不定他的腦袋裡正在解算式、寫一首古詩或是正在設計一頂帽子，也就是說，這個人可能正在發揮他「溫和的力量」。

神話或是童話故事裡告訴我們，世界上有很多種力量。有的小孩拿的是彎刀，有的小孩拿的可能是魔杖，重點並不在於我們必須學會所有的魔法，而是要善用天生的特性。內向的人可以通往富饒的祕密花園，但是要擁有這把鑰匙，就得像《愛麗絲夢遊仙境》的愛麗絲一樣，先跌到兔子洞裡去。愛麗絲並不是自己決定要前往仙境，但是她讓這趟冒險旅程變得又新鮮又刺激，而且是只屬於她自己的冒險。

順便一提，《愛麗絲夢遊仙境》的作者路易斯．卡洛也是個內向的人。沒有他，世界上就沒有這部偉大的作品。我到了本書的結論才告訴大家這件事，相信你也不會吃驚了。

後記一

獻給我的爺爺

我爺爺這個人說話總是輕聲細語，有一雙深富同情心的藍眼睛。他熱愛思考和閱讀，總是穿著一身西裝。看到任何值得驚呼的事情，還是用一種很有禮貌的方式表達他的驚訝，尤其在小孩身上發現什麼的時候，更是如此。他是布魯克林區的猶太教拉比，那個社區都是戴黑帽的男人和穿著過膝黑裙的女人，還有乖得讓人不敢置信的小孩。他去猶太會堂的時候，會跟路人打招呼，稍稍稱讚一下這個小孩好聰明，那個小孩長好大了，讚許一下某某人對於時事的高見。小孩都愛他，商人尊敬他，迷失的靈魂更常常纏著他尋求答案。

雖然人緣這麼好，他還是最喜愛一個人閱讀。他喪偶後一個人在小小的公寓裡面獨居好幾十年，所有的家具上都疊滿了書，金邊的希伯來文書籍、瑪格麗特·愛特伍的小說、米蘭·昆德拉的作品全都混在一起。我爺爺會坐在廚房的小桌旁，桌上擺著一盞圓形的日光燈，邊啜飲著立頓紅茶邊吃大理石蛋糕，一本書攤在白色的棉質桌布上。講道時爺爺的話語裡交織了古代的人文思想，還會跟聽眾分享他那個星期的閱讀心得。他是個很害羞的人，講道時往往不敢看著聽眾的眼睛，但他卻用無比的勇氣，在精神和智慧領域裡探索，每次他講道時會堂裡都擠滿了人，甚至要站著聽他佈道。

其他的家人也都效法爺爺的榜樣，閱讀成為家裡最重要的活動。週六下午，我們會拿著書躲到小書房，此時是兩種世界最美好的交會：我可以感覺到其他家人溫暖的活力就在身旁，但是同時也可以在自己內在的世界裡漫遊。

不過，我還沒進入青春期時，就開始懷疑我們家這種沉浸在書本裡的習慣，會不會讓我變得「不合群」。十歲那年我出門參加夏令營，我的不祥預感也成真：營會第一天，我看到有個戴著厚眼鏡、額頭很高的女孩，不肯放下她的書本參加夏令營安排的活動，結果她馬上被打入「賤民」階級，每天每晚都被排擠。看到她這樣，雖然我也很想閱讀，還是乖乖把我的書留在行李箱裡（我心裡有點愧咎，那些書好像很需要我的樣子，而我竟然背棄它們）。當我發現那個沉浸在閱讀世界的女孩竟被大家視為害羞的書呆子，我馬上就學乖了，知道我得把真實的自己藏起來。

那個夏天過後，每當我一個人閱讀時，心裡總會有點疙瘩。往後高中、大學和剛成為律師的時候，我都努力讓自己看起來比較外向，比較不像書呆子。

隨著年紀增長，我越能夠從爺爺的典範中獲得激勵。他是個安靜的人，更是一個偉大的人，他九十四歲過世前，總共花了六十二年的光陰在講壇上，舉辦喪禮時紐約市的警察還必須封街，才能容納所有來悼念的人海。要是他地下有知，一定會很吃驚。今天，我認為他最為人景仰的一項特質，就是他的謙虛。

這本書獻給我最愛的家人，獻給我的母親，她在餐桌前面對這麼安靜的家人還可以滔滔不絕的熱情談話，讓我們這些小孩感覺到她的愛。我真的很幸運，可以有這樣奉獻自己的母親。獻給我的父親，一個認真工作的內科醫生，他用身體力行讓我們知道，一個人獨坐在書桌旁追求知識，是一件多麼有樂趣的事。不過他還是會突然跑來我旁邊，跟我分享他最喜歡的詩和科學實驗。獻給我的兄弟姊妹，他們到今天依舊與我共享家庭的溫暖與親情，共享這個充滿文化氣息的家庭。獻給我奶奶，感謝她的勇氣、堅毅、對家人的照料。

最後，當然要獻給我的爺爺，他使用一種叫做安靜的語言，滔滔不絕而且辯才無礙。

後記二

關於內向和外向這兩個詞

本書採用文化的觀點來討論內向這個議題，其中最主要的關切焦點當然就是古老的二分法：「行動的人」和「思考的人」；其次則是如何在這兩種類型中尋求平衡，使得世界更美好。

內向的人自認符合以下這些特點：經常自省、理性、書蟲、低調、多愁善感、嚴肅、常沉思、細膩、喜歡回顧、內在導向、溫和、冷靜、謙虛、獨行俠、害羞、常避開風險、臉皮薄。外向人的個性有下列這些形容詞的特質：行動派、熱情、誇張、八面玲瓏、合群、容易激動、主導性強、強勢、有主見、活潑、願意冒險、臉皮厚、外部導向、無憂無慮、大膽、喜歡大家注意自己。

當然，分類的方法很多，也很少人會完全符合某一種分類的每項特質。但我們大多數人很快就可以發現自己比較傾向哪種，因為外向與否這在我們當今的文化裡非常重要。

當代的人格心理學家可能跟本書對於內向外向的觀點有些不同。支持心理學五大性格理論的人，常常把理性、內在世界多采多姿、道德良知很強烈、某種程度的焦慮（尤其是害羞）等等特質，分類到另一種類型裡面，而且是與內向無關的類型。對他們來說，上述這些特質，比較是放在「對於新經驗的接受程度」，「良知」、「神經敏感度」等等類型底下來討論。

我使用的「內向」定義比較寬廣：一方面受到五大性格的影響，同時也包含了榮格派的看法，認為內向者的內在世界「有無止盡的魅力與主觀的經驗」。此外，下列學者的研究也包含在我對「內向」的定義：傑若姆．凱根對於高度反應和焦慮的研究（第四章、第五章）；艾蓮．愛倫博士博士針對「感官處理敏感度」的研究，以及「感官處理敏感度」與良知、強烈情感、內在導向、記憶的深層處理（depth of processing）等因素之間的關聯（第六章）；還有眾多針對內向者在解決問題時展現的堅持與專注之研究，這些研究在學者傑洛德．馬修斯的論文裡有漂亮的結論。

的確，三千多年來，西方的文化已經把這些上述的特質全部串聯起來，就如同人類學家瓦倫泰所形容的：

西方文化傳統對於個人差異性的觀念似乎很老舊了，但又廣為流傳且難以破除。大家熟悉的架構就是行動派、實際、現實主義或是社交型的這一種人，和思想家、夢想家、理想主義、害羞的另一種人成為對比。這種傳統最常以「外向」和「內向」這兩種標籤呈現。

瓦倫泰對於內向的定義還包括現代心理學家所說的「對新經驗的接受度」（思想家、夢想家）、還有負責任的良知（理想主義者），或是神經質（害羞的人）。

非常多的詩人、科學家和哲學家也習慣將這些特質綁在一起。早在聖經的第一卷書〈創世記〉當中就可以看見例子：我們可以發現理性的雅各（安靜的男人，住在帳篷中，後來改名為「以色列」，意思是「和上帝摔跤的人」）跟自己的哥哥以掃對抗（虛張聲勢的以掃是個很會在野外打獵的人）。甚至在古希臘時代，希波克拉底以及伽林兩人都曾經提過下列這很有名的說法：我們的天性，甚至是命運，都是仰賴體內的液體來運作，例如多餘的血液及「黃膽汁」會讓我們比較樂觀和易怒（穩定性或是神經外向性）；過多的痰和「黑膽汁」會讓我們比較冷靜或憂鬱（穩定或是神經內向性）。亞里斯多德說過，憂鬱的性格跟哲學、作詩和藝術等能力有關聯（今天我們可能會把這歸類在「對於新經驗的接受度」這個類型底下）。十七世紀的英國詩人約漢・米爾頓寫了《幽思的人》（Il Penseroso）和《快樂的人》（L' Allegro）這兩部作品，比較住在鄉下的快樂人和住在城市裡老是在思考的人這兩者如何過活，後者會在夜半時分穿過森林，一邊思考，一邊在自己的「深幽孤塔」裡面研究。（在今天，我們對於老是在思考的「幽思人」的描繪，不但符合內向的條件，而且也符合「對於新經驗的接受度」和「神經敏感度」等分類。）十九世紀德國哲學家叔本華比較了「有精神的人」（精力旺盛、主動、容易不耐煩），跟他自己比較喜歡的另一種「有智慧的人」（敏感、有想像力、憂鬱）；同樣是來自德國的海涅曾經說道：「你們這些驕傲的行動派聽好了！你們只是一些思考派手中的工具，毫無自己的意識！」

內向和外向在定義上太複雜，我本來還想要發明新的詞彙來描述這些特質，但是後來因為文化上的考量，所以決定不要發明新的詞彙：內向和外向這兩個字原本就已經廣為人知，能夠引起大家迴響。每次我在飛機上或是晚宴上跟坐隔壁的人提起這兩個字，他們都滔滔不絕吐露自己的心聲。同理，我用的「外向者」英文拼字是一般人使用的extrovert，捨棄了研究文獻裡用的extravert拼法。